KB271025

이렇게 전도하면 교회가 부흥된다

이렇게 전도하면
교회가 부흥된다

초판 2쇄 ■ 2008월 10월 7일

지 은 이 ■ 최원수
펴 낸 이 ■ 최원수
펴 낸 곳 ■ 엘맨출판사

등록번호 ■ 제13-1562호 (1985. 10. 29)
등록된곳 ■ 서울시 마포구 합정동 433-62
전　　화 ■ (02) 323-4060, 322-4477
팩　　스 ■ (02) 323-6416
이 메 일 ■ elman1985@hanmail.net

I S B N ■ 978-89-5515-285-2

값 12,000원

이렇게 전도하면 교회가 부흥된다

최 원 수 지음

엘맨

Contents

머리글

할렐루야! 모든 영광을 주님께 돌려 드립니다. 하나님의 소원이 전도고, 예수님이 목숨 드린 목적도 전도고, 성령님이 오신 목적도 전도인데 요즘 성도들 중에 전도를 잊어버리고 사는 이들이 많습니다. 이 책이 한국 교회 성장과 영혼 살리는 일에 귀하게 쓰임 받기를 바라면서 부족하지만 책으로 엮게 되었습니다. 전도현장 간증과 17년의 노하우와 많은 교회 전도 자료와 신문에 연재된 원고와 TV방송 원고를 정리하여 실었습니다. 여러 유형의 전도와 정착, 양육 안내에 대한 책들도 참고하고 소개 하였습니다.

한국교회가 1년에 3000여개 교회정도 문을 닫고 있습니다. 지금처럼 좋은 환경에서 교회가 부흥되지 않는 것이 기적입니다. 왜! 교회가 부흥되지 않을까요? 그것은 단, 한 가지 전도하지 않기 때문입니다. 전도하지 않는 이유는 영혼 사랑하는 마음이 없고 구원의 확신이 없는 성도가 교회 안에 54.5%나 됩니다. 그리고 낙심 자가 천만 명이 되도록 구원의 확신이 없어 교회를 떠났습니다. 무엇보다 구원 받는 확실하고도 핵심적인 복음을 교회 안에서도 밖에서도 전해야 합니다.

교인 숫자는 1200만 명이라고 말하지만 통계청 발표는 이단들을 포함해서 876만 명밖에 되지 않습니다. 너무나도 심각합니다. 과거 러시아에서 예배는 자유롭게 드리도록 허락했으나 전도는 못 하게 했더니 교회당들이 문을 닫고 공회당, 슈퍼마켓, 심지어는 술집이 된 교회도 있다고 합니다. 우리 한국교회도 전도하지 않으면 그렇게 될 수밖에 없습니다. 한국교회, 엄청나게 큰 교회당을 지은 교회도 전도하지 않으면 그 큰 건물이 러시아 교회, 서구의 교회처럼 용도가 바뀌거나 텅 빈 교회가 될 수도 있습니다. 지금 참! 심각합니다. 불교에서 기독교로 전도되는 것보다 기독교인이 불교로 가는 숫자가 더 많고 천주교로 옮겨가는 숫자도 훨씬 많은 실정입니다.

큰 교회가 수평이동으로 부흥된 교회들도 많지만 그러나 소망이 있습니다. 저도 한국복음화를 위해 도시와 농촌교회를 살리기 위해 한국도농선교회를 설립하여 17년째 회원 목회자님들을 섬기고 있습니다.

저희 선교회는 국내외 81개 지회가 있고 이중 많은 지회에서는 5~10 교회씩 모여 매주 1회 또는 3회 품앗이 팀 전도로 복음화를 이루어가기 위해 힘껏 달려가고 있습니다. 대형교회의 작은 교회 살리기와 이웃 영혼을 전도하고 전국교회는 전도하는 구원선교회가 되고 전 성도들은 모두 전도자가 된다면 민족복음화는 이루어 질것을 확신 합니다.

이제라도 전도하는데 총력을 다 하여 정말 전도를 잘 하는 한국교회가 되어 수평이동이 아닌 불신 영혼과 천만명 낙심자들을 건지는데 꼭! 필요한 것 같아 책을 내게 되었습니다.

성도들께도 많이 읽게 하시면 전도자가 됩니다. 성도들도 주님을 사랑하는 사랑의 표현이 전도요! 제일 귀한일이 전도요! 내가 사는 일이 전도요! 100배 축복받는 일이 전도요! 하늘나라에 가서 많은 상급을 받고 큰 집 만들어 큰 영광 누리며 주님의 사랑을 크게 받도록 준비하는 것이 전도입니다. 최선을 다하여 남도 살리고 나도 사는 길이 전도임을 명심하시고 꼭!

실천 해 봅시다. 이 책대로만 하면 목회가 성공하고 교회는 부흥되고 전도의 열매는 주렁주렁 열리고 성도는 승리의 삶! 성공적인 삶을 누리게 될 것을 확신 합니다.

큰 교회들은 이웃과 작은 교회를 살리기에 최선을 다 해주기를 주님은 분명 바라실겁니다. 개척교회도 교회가 부흥되는 전도를 위해 천 만명 낙심 자와 불신영혼 건지는데 초점을 맞추시고 전 성도, 전 교회는 전도에 총력을 다해봅시다. 전도는 현장이지 이론만으로 안됩니다. 그러므로 신학교는 전도 이론만 가르치지 마시고 매 학기마다 2명이상 전도해서 출석교회 당회장의 확인서를 받아온 학생에게만 학점을 주는 운동이 일어나야 한국교회를 살릴 수 있습니다. 목회자님 성도님 미쳐 봅시다. 열정을 갖고 전도에 미치면 됩니다. 전도만이! 전도만이! 유황불이 '펄펄' 끓는 지옥으로 가는 영혼을 주님께로 인도 할 수 있습니다. 하나님께 귀한 일에 쓰임 받고 인정받는 성도가 됩시다.

부족한 저를 써 주시고, 인도 해 주시고 또 영혼을 살리는 책자를 발간케 축복해 주신 하나님께 진심으로 감사드립니다.

전도 체험사례를 보내 주신 분들께도 감사드립니다.

30년간 신앙을 지도해 주셔서 사역할수 있도록 해주신 최부영 목사님께 감사드립니다. 추천 해 주신 박 재열 목사님께 감사드립니다.

원고정리를 위해 수고한 나의 사랑하는 딸 은희와 이명선 집사님과 기도로 적극적으로 도와주신 장인어른과 어머님 가족들과 특히 사랑하는 아내 신 영자 권사님과 기도 해 주신 국 내외 목사님과 우리교회 장로님과 성도님들께 감사드립니다.

지은이 최 원 수 장로

추 천 의 글

목사라는 입장에서 최원수 장로님과 친분을 맺게 됨이 너무 큰 은혜라고 생각됩니다. 장로라는 직분으로 목사인 저를 부끄럽게 할 정도로 영혼을 사랑하시기 때문입니다. 목사로서 당연히 할 일인 영혼사랑을 가르치고 행하는 일을 최 장로님은 목회자보다 더 뜨겁게 열심히 감당하시기 때문입니다.

그 영혼구원의 열정과 불타는 마음으로 이렇게 구체적으로 전도에 모든 면을 환하게 가르쳐주시는 책을 쓰시니 너무 감사한 일입니다.

실제로 전도에 투신하고 헌신하신 분이 아니고는 알아낼 수 없는 세밀한 부분까지 언급하시며 전도를 자세히 가르치시니 전도에 핑계를 할 수 없게 되는 책입니다.

시중에 전도에 관한 책이 엄청나게 많이 나와 있지만 대부분 추상적이 아니면 이론적이거나 단편적이 아니면 지극히 주관적인 것들입니다. 그러나 최 원수 장로님의 본 저서는 실제적이고 구체적이고 경험적이고 넓고 깊게 전도를 말하고 있다는 사실입니다. 그리고 영혼사랑의 열정이 응축되어 발산하는 책이기에 더욱 전도를 부추기는 책이라 생각됩니다.

그러므로 평신도에게, 목회자에게, 모두에게 전도의 노하우를 가질 수 있어 아주 좋은 책입니다. 또한 교회에서 신학교에서 전도의 교과서로 활용하기에도 좋은 책이라 사료됩니다.

그러기에 저는 본서를 성도와 영혼을 구원하려는 참 성도와 살아있는 교회와 영혼을 구원하려는 참 지도자들에게 간절한 마음으로 추천합니다.

최 원수 장로님을 사랑하는 박재열 목사가 추천 하는 바입니다.

박 재 열 목사
서울동선교회 담임
한국교회살리기운동본부장

제1부
꼭 읽고 넘어가야 할
전도의 긴박성

꼭 읽고 넘어가야 할 전도의 긴박성

전도는 해도 되고 안 해도 되는 것이 아니고 성도라면 누구나 꼭 전도해야 된다.

죄의 암 병 걸린 많은 사람들이 지옥을 향해 죽어가고 있는데 그냥 아무 생각 없이 바라만 보고 있다. 죄의 암 병에 즉효 약은 예수님의 피 주사 한 방이면 다 살아난다. 우리가 가진 예수님의 피 주사, 꼭 죄의 암 병에 걸려 지옥 가는 사람에게 나누어주자. 부산 모자이크교회 김 두식 목사님은 "전도는 어명이요" 라고 말씀 하시면서 전도운동을 펼치고 계신다. 정말 전도는 만왕의 왕이신 예수님의 크나큰 어명인데 어명을 거역 하면 엄청난 벌이 돌아오는데 성도들은 깨닫지 못해 그냥 살아간다. 누가복음 16장에 나오는 부자만 지옥 가는 것이 아니고 우리 주위에 있는 불신자도 지옥가고 아니 교회 다니면서도 구원의 확신이 없는 자, 예수님을 영접하지 못한 자는 지옥 간다. 한국 교인의 54.5%나 구원의 확신이 없다. 이 얼마나 안타까운 사실인가? 교회 다니다 낙심한 낙심 자들도 한국에 1000만 명이나 된다. 지옥을 향해가는 사람이 남한에만 4,000만 명이 넘는다. 이들이 후

일에 지옥 가서 우리에게 ○○성도님 ○○집사님 ○○권사님 ○○장로님 ○○사모님○○목사님 나를 전도해 주지 않아서 내가 여기 왔소! 어쩜 당신은 좋은 사람으로 알았는데 당신은 그토록 행복한 천국을 알고 이 뜨겁고 영원히 고통 받는 지옥을 알고 있었으면서 나를 이토록 고통스런 지옥에 보내려고 내가 세상에 있을 때 전도 안 해 주었소! 나는 당신이 전도 안 해 주어서 당신 때문에 이 고통 받는 곳에 왔소! 라고 지옥 간 영혼들은 천국에 있는 나를 원망 할 것이다. 우리는 영의 귀를 열고 다시 한 번 지옥의 소리를 들을 수 있도록 지옥에 심방을 가보자. 누가복음16장에 부자는 아브라함에게 세상에 내형제 다섯이 주님을 알지 못해 지옥으로 오고 있으니 나사로 좀 보내달라고 애원 했지만 거절당했다. '아브라함은 모세와 선지자들이 있으니 그들에게 들을지니라'. 고 하셨다. 그럼 이 부자 세상의 성도들을 향해 내 형제 다섯을 구해 달라고 애원 할 것이다. 그럼 이 부자뿐 아니라 우리 주위에 우리를 아는 사람 중에도 지옥 간 영혼들이 많다. 그들은 지옥에서 아무개 성도야 내 가족도 구원의 길로 인도하고 네 가족도 지옥에 가지 않도록 전도하라고 애걸 복걸 애원 애통 절규 하는 장면이 보이는가! 우리는 지옥의 광경을 한번 더 생각 해 보자 유황불이 펄펄 끓는 유황불 못에 빠진 사람들에게 불로 소금 치듯 뿌리니 뒤틀고 뛰고 "아이고 뜨거워 목마르다 물 좀 달라" 소리치고 야단 법석 대는 광경이 끝도 없이 연속 된다.구세군의 창시자 부스대장은 신학교 졸업식 때 졸업생 여러분을 마음대로 할 수 있는 권한을 하나님께서 주신다면 나는 신학공부를 더 하지 않게 하고 24시간만 여러분을 지옥에 보냈다가 꺼내겠다고 하셨다. 제군들이 "지옥의 불 맛을 보고 고통을 체험하고 나면 전도하지 않고는 견딜 수 없을 것이다." 라고 하셨다. 정말 지옥은 너무나 끔찍하고 너무나 고통스럽다. 나는 1981년 12월에 영육이 분리되는 체험을 해 봤기 때문에 확실하게 알고 있다. 우리는 죽고 나면 육신은 고향 찾아 흙으로 간다.

그리고 영혼도 고향 찾아 하나님 앞에 가서 심판을 받아 죄용서 받은 사람은 천국가지만 죄 용서 받지 못한 모든 사람은 지옥 간다. 여러분 주위에 지옥 가면 안 될 사람을 한번 이름을 적어서 성경책 속표지에 붙여 보아라. 엄청 많을 것이다. 이분들을 위해 계속 기도 하면서 전도 한다. 좋은 관계를 형성하기 위해 웃어주자. 눈을 바라보자.

사랑의 인사를 나누고 대화를 나눌때는 가능한 많이 들어 주라. 그리고 "개인 전도"를 읽고 전도할 때 잘 적용하여 이 민족을 살리고 땅 끝까지 지옥 가는 영혼을 살리는데 총력을 다 하여 주님을 기쁘시게 해 드리자. 지금 이 전도를 깨닫고 일어설 때다. 왜 성도가 일어나 전도의 태풍을 일으켜야 하는지 생각 해 보자. 많은 이단들이 난무하고 신천지가 교회를 넘어뜨리려 하고 불교에서 기독교로 전도 된 사람보다 기독교에서 불교로 포교 된 사람이 8%나 많다. 또 천주교에서 기독교로 전도된 사람 보다 기독교에서 천주교로 전도된 사람은 3배나 된다. 무슬림은 2020년까지 한국의 지역마다 이웃 주민들이 쉴 수도 있고 활용 할 수 있는 열린 공간으로 그들의 성당을 짓는다고 한다. 대학가에서 무슬림의 포교활동이 활발하다. 이럴 때 우리 한국교회는 일어나야 한다. 그런데 반가운 소식은 하나님께서 부족한 저에게 주신 천국 가는 약도가 몇 년 만에 전국 6000여 교회와 9개 국어로 번역되어 선교용으로도 쓰임 받고 있다. 더 놀라운 것은 한 여름 8월초에도 전도지 주문이 폭주하는 것을 볼 때 분명 전도의 태풍이 일어나고 있다. 지난 6월5일은 흰돌산 기도원 목회자 세미나에 강의 할 기회를 주셨다. 이 날 강의 때 하나님께서 시기적절하게 평신도 전도자들을 들어 쓰시는 것 같다는 아래 내용의 말씀을 증거 했다. 여 운학 장로님을 통하여 이슬비 전도편지로 불신영혼들을 촉촉이 적셨다. 젖어있는 불신 영혼들을 김 기동 집사님(현재 목사님)의 고구마 전도로 찔렀다. 그리하여 영혼들이 찔려 있는데 박 병선 집사님을 통해 진돗개 전도로 물었다. 이슬비에 젖고 젓가락에 찔리고 진돗개에게 물려 영혼들이 기가 팍 죽었다. 이때 주님께서 최원수 장로를 통해 소금을 뿌리시니 얼마나 잘 스며 들겠습니까? 소금이 그냥 소금이 아니고 천국 가는 약도가 있어 확실한 복음으로 절이니 불신자가 영적소금이 된다! 하니 우레와 같은 박수 소리가 나왔다. 이 박수는 전국에서 모이신 목사님, 사모님들이 전도의 태풍을 일으키라고 전도의 태풍이 시발된 박수라 생각되고 또 주님의 음성처럼 들렸다. 그래서 10월 2일은 한국교회 전도의 태풍이 진행되도록 서울 종로 5가 에 있는 백주년 기념관 대강당에서 김준곤 목사, 박재열 목사를 주강사 초청하고 박상철 목사, 김종수 목사, 최원수 장로도 강사로 세워 전도 엑스포를 개최케 되었다. 개척교회 목회자님, 이제 큰 교회에 뺏긴 교인 때문에 안타까워하시지 말고 일천 만 명의 낙심자를 위해 안타까워합시다. 이들을 세상에 뺏기고 마귀에게 뺏겼는데도 많은 교인들이 관심을 갖지 않는 모습을 보신 주님께서 얼마나 마음 아파하실까 라고 말씀을 전했더니 많은 목회자님과 사모님들이 은혜 받았다고 여러 교회 집회신청도 했었다. 개척교회 성도들 때문에 큰 교회들은 쉽게 부흥 할 수 있게 되었다. 그럼 큰 교회가 빚 갚는 심정으로라도 개척교회를 전도로 살려야 할 텐데 선교비 지원만 하니 개척교회는 늘 제자리걸음이다. 서울 동선교회 박 재열 목사님께서는 한국 작은 교회 살리기 운동본부를 조직하여 매월 100교회를 전도용품과 현금을 합쳐서 한 교회당 30만 원씩 지원한다. 그리고 매월 마지막 목요일에 100교회 목회자님과 사모님을 모아서 한 달 전도 보고와 전도 훈련을 시켜 현장으로 보낸다. 더 놀라운 것은 동선교회 성도가 4000여명 되는 큰 교회이지만 건축부채가 남아 있는데도 매월3000만원 지원할 수 있는 것을 하나님이 참으로 기뻐하실 일이고 동선교회가 복 받을 일이다. 더 놀라운 것은 매월 3000만원 중 1500만원은 교회가 부담하고 1500만원은 박 재열 목사님 사례비와 부흥회 가셔서 받아오신 사례비를 몽땅 털어 이 귀한 일에 쓰시는 목사님 감사합니다. 사랑합니다. 존경합니다. 큰 교회들은 이제 한국교회가 다 같이 살도록 동선교회처럼 개척교회 살리기 운동을 한다면 주님께서 얼마나 기뻐하실까? 주님 이런 운동을 펼치는 교회를 한국에 100개만 허락하여 주옵소서. 라고 주님께 기도드렸다. 그리고 부산에서 조용기 목사님과 조용목 목사님 초청 성령치유 부산 대성회가 8월28일 부산 사직체육관에서 삼만 명 목표로 준비 할 때였다. 이때 부족한 종이 8월12일 날 준비집회에 강사로 초청 받아 갔다. 금정순복음교회에서 경남, 부산지역의 많은 목회자들이 모였을 때 이렇게 말씀 드렸다. 조용기목사님 영혼사랑하시는 열정을 그리고 영혼을 사랑하는 뜨거움을 그대로 전수 받으셔서 예배 때 마다 영접기도 하고 치유기도도 조 목사님처럼 하시라 당부 드렸다. 부산과 영남지방은 우상의 도시라 지옥 갈 영혼들이 대표적으로 많은데 이번 기회에 불신자를 중점전도 하여 오도록 성도들을 달달 볶아서라도 전도합시다. 사직체육관을 채우고 광장에까지 채웁시다. 참석자는 꼭! 교회로 정착 할 수 있도록 지속적으로 관계를 맺게 하고 선물도 하고 열매 맺는 전도를 해야 합니다. 집회 참석토록 전도한 것보다 더 신경을 써서 정착시켜 부산 복음화를 이루십시오! 라고 강의를 마무리 지었다. 드디어 8월 28일 이 왔다. 나는 TV 앞에서 CTS로 생방송을 보면서 기도 했다. 주여 여기 참석한 지옥 갈 영혼들 모두 천국 가는 복 받게 해주세요. 집회 마지막 무렵 조용기 목사님께서 "예수님을 영접 할 사람은 일어서세요" 하시는데 엄청난 사람들이 일어서서 영접기도를 따라했다. 그리고 치유시간에는 그 많은 사람들이 몽땅 일어서서 기도했다. 사직체육관에 오신 불신자들부터 부산지역 교회들이 심방하고, 관계 맺어, 열매 맺는 집회가 되어 천국가게 하소서 라고 기도했다. 지난 8월5일에는 오산리 최자실 금식 기도원에서 강의 하는 기회가 주어졌다. 그날 강의때 하나님께서 예수천당 불신지옥 외치며 전도하시던 최권능 목사님을 전도자로 쓰시더니 할렐루야 아줌마인 최자실 목사님도 전도자로 쓰셨습니다. 주님께서 최씨의 전도의 열기의 피가 최원수 장로에게도 흐르게 하셨나 봐요 했더니 와! 하고 박수가 터져 나왔다. 정말 우리는 최권능 목사님과 최자실 목사님의 열정 꼭 이어 받아 한국에 전도의 태풍을 일으키는데 귀하게 쓰임 받자!

구원의 확신과 전도

구원의 확신이 있어야 전도 할 수 있다. 우리는 아담이 죄를 지어 원죄를 상속 받게 되었다. 아담이 죄인의 대표가 되었다. 국가대표선수가 이기면 우리나라가 이겼다는 것은 대표로 나갔기 때문이다. 그러므로 우리는 아담의 후손이라 죄인이 되었다. 김 씨 후손은 김 씨이고, 박 씨 후손은 박 씨다. 소 새끼는 송아지요 개의 새끼는 강아지다. 죄인의 후손은 죄인으로 태어날 수 밖에 없다. 그래서 원죄와 자범죄로 지옥 간다. 지옥은 가장 뜨거운 유황 불못으로 탈출 할 수도 없고 자살도 안 되고 끝이 나지 않는 곳, 영원히 고통 받는 지옥, 절대로 가지 말자. 죄인은 죄인인데 용서 받은 죄인은 천국 가고, 용서 받지 못한 죄인은 지옥 간다. 흑인의 후손은 흑인이고 백인의 후손은 백인이고 황인종의 후손은 황인종이 되듯이 죄인의 후손은 분명하게 죄인이다. 예수님이 이 땅에 오신 목적은 죄인을 구하러 오셨다. 구원을 이루신 삼위일체 하나님 성부 하나님께서 인간들이 지옥 가는 것이 너무 안타까워서 구원을 계획하시고, 아들을 죽는 자리에 까지 내어주신 성부 하나님이시다. 하나님께서 나 때문에 우리 때문에 아들을 희생 시키신 사랑의 하나님 너무 감사합니다. 예수님은 우리의 죄를 위하여 몸소 희생을 각오 하시고, 땅에 오셨다. 예수님께서는 높고 높은 하늘보좌를 버려 두시고, 이 땅에 오셔서 우리 죄를 담당하실 때 얼마나 채찍을 맞으셨는지 넘어지고, 쓰러지신 그 길을 저는 성지 순례 시 감사의 눈물을 흘리면서 올라갔다. 주님이 맞으신 가죽채찍 끝에는 뾰족한 뼈를 달아 채찍을 치면 긴 가죽 채찍이 예수님의 온몸을 휘감으면서 뼈들이 피부에 박혀 채찍을 당기면 살이 떨어지면서 붉은 피 들이 흘러내리지만 인정사정없이 채찍을 가해서 십자가의 옆으로 가는 막대 한 개도 지고 갈 힘이 없어 두 번이나 쓰러지니 구레네 시몬에게 십자가를 대신 지게 하셨다. 그 후 맨 몸으로만 올라가는데도 조금 가시다 쓰러지셨다. 이 글을 읽고 계신 독자 여러분과 저의 죄를 대신 담당 하시려고 올라가셨다. 골고다에 도착한 예수님을 미리 올려놓은 긴 나무와 구레네 시몬이 지고 온 작은 나무로 만든 십자가 형틀 위에 올려놓고 양손목과 양발에 대못을 박았을 때 주님은 얼마나 아프셨겠어요. 머리엔 가시관 씌워놓고 옆구리는 창으로 찔리고 6시간동안 달려 계실 때 머리에서 흐르는 피는 눈에도 고이고, 입에도 고이면서 뚫어진 구멍마다 물과 피가 쏟아질 때 심장에 몰려오는 고통을 이루 말로 표현 할 수 없이 아프다고 하는데 주님 얼마나 아프셨어요. 나는 이 글을 쓰면서 오늘도 주님 담당하신 고통과 사랑에 감격 감사 충격 때문에 눈물을 흘리며 이 글을 쓴다. 주님께 이 몸을 다 드려도 온 세상을 다 드려도 부족할 텐데 지난 날에 주님의 피 맺힌 마지막 부탁하신 말씀(전도)의 사명을 감당 못 한 것이 부끄러울 뿐이다. 예수님께서 우리가 흘릴 피를 대신 흘리시고, 우리가 죽어야 할 죽음을 대신 죽어 주시고, 부활 하셔서 구원의 확증을 주시고, 죄를 용서 받게 해 주신 은혜는 측량 할 수 없다. 우리를 구원하시기 위해 하나님은 계획하시고, 성령님께서는 우리에게 예수님께서 내 죄 위해 죽으시고 다시 사셨음으로 예수님의 피 공로로 우리 죄가(이 글을 읽고 계신 분) 온 인류의 죄가 용서 받았다는 믿음을 갖게 역사하신다. 성령님의 은혜가 너무나 감사하다. 삼위의 사역으로 구원은 완성되었다. 이 사실이 믿어지지 않는 분은 이 믿음을 갖게 해 달라고 기도하세요. 그리고 전도 할 때는 A집사가 전도 하던 사람을 B권사가 전도 하였는데 C장로가 교회로 인도 해 오는 경우도 있다. 그러나 이때 A와B가 섭섭하게 생각하는 경우가 있다. 그러나 전도는 혼자 하는 것 보다 여러 사람이 전도하면 성공률이 훨씬 높고 누가 마지막에 인도 해 왔더라도 그동안 전도한 댓가의 축복과 상급은 주님께서 각자에게 주므로 섭섭하게 생각 말고 전도하자. 그리고 일단 교회에 나와서 하나님의 자녀가 되었다면 이 사람은 세 사람의 영적 자녀가 되었으니 세 사람 모두 특별한 관심과 사랑과 보살핌으로 그 영혼이 자라고 교회에 정착되도록 하는 것이 주님이 원하시는 일이다. 어떤 이는 여러 사람이 권하니 안 나올 수도 없어서 나왔다고 하는 이도 있다. 그러면 나 혼자 전도하다 성공 못할 것을 다른 사람이 도와서 함께 전도하여 성공했다면 그 보다 더 기쁜 일이 어디 있겠는가? 우리 모두 천국 가서 영원히 하지 못 할 전도나 실컷 해서 복 받고 상급 받자!

이 땅에 불신자가 있는 한
땅끝까지 복음 전파해야 한다

싱가폴에서 오신 콩히 목사님은 "싱가폴 사람들 모두 예수를 믿어도 기쁘지 않다. 온 인류가 모두 예수 믿어야 기쁘다고" 말씀하셨다. 그리스도의 계절이 오도록 복음 전파를 그치지 말아야 한다. 그러나 오늘날 교회와 성도가 본분을 망각해 버리고 산다. 복음 전파가 우리의 본분인데 건망증에 걸려도 단단히 심하게 걸린 교회와 성도들이 적지 않다. 우리의 이웃과 세계도처에 많은 사람들이 지옥 불 못을 향해 달려가는데 그냥 방관만 하고 있는 것은 불을 몰라 불에 빠지는 어린아이를 쳐다보고만 있는 것과 같다. 이것은 바로 영적인 살인 방조죄를 짓는 것이다.

영혼을 향한 불타는 마음으로 뜨겁게 기도하고 찾아가서 정을 주면 마음 문이 열리고 복음이 들어간다.

복음 전파를 위해서 전도 선물이 꼭 필요한 것 같다. 선물을 갖고 가면 방문 공포증이 해소 된다. 전도 용품 선물주고 오는 일은 누구나 할수있다.

첫째, 전도는 복음과 선물을 들고 현장으로 가야 된다 (막1:38).

예수님도 전도하러 현장으로 가셨다.

① 전도 선물은 전도에 접촉점이 된다.

② 전도 선물은 사람의 마음을 기쁘게 한다.

③ 전도 선물은 정을 주는 것이다.

④ 전도 선물은 전도의 두려움을 없애 준다.

⑤ 전도 선물은 마음 문을 열도록 중요한 역할을 한다.

⑥ 전도 선물은 상대방에게 보답의 심리를 갖게 한다.

⑦ 전도 선물은 전도자의 제안을 거절 하지 않도록 한다.

⑧ 전도 선물은 복음이 건너가는 다리가 된다.

둘째, 전도는 핵심적인 복음을 전해야 된다 (듣지도 못한 이가 어찌 믿으리요).

하나님께서 못하시는 일은 예수님 안 믿는 자를 천국 보내는 것이다.

한국교회 안에서 구원의 확신이 없는 자가 54.5%나 된다.

핵심적인 복음은 교회 안에서도 전해야 한다.

전도 선물 속에 예수님의 낚시가 있다 (한국 사람은 공짜를 좋아 한다).

셋째, 양육하는데 힘 써야 한다.

낳은 아기를 잘 키워야 하듯 예수님 영접한 사람을 잘 양육하여 재 파송해야 한다.

구원의 확신을 갖고, 전도자가 양육은 출산보다 더 중요하다. 팀 전도하는 전국지회에서도 꼭 기억할 것은 전도팀원은 전도하여 영접은 시켰지만 지 교회에서 사후 관리와 양육이 부족하여 잡은 고기를 놓친 셈이다. 거듭

팀 전도하는 교회는 명심해야 할 것이다. 개척교회는 모든 여건이 불리함으로 적은 교회에 장점을 살려 초 신자가 오면 회식을 해 주고 온 성도와 함께 뜨겁게 사랑해야 정착된다.

농촌교회는 잔치를 많이 하면 전도가 된다 (잔치할 때 음식만 대접하지 말고 복음을 제시하라! 교회 올 때는 예수님에 대한 이야기를 들을 각오하고 온다).

천국 가는 약도는 영혼 살리는 귀한 도구다

천국 가는 약도 전도지를 보신 안산 동산교회 김인중 목사님께서 "금세기 최고의 전도지이고, 불신자의 눈높이에 맞고 우리 민족 정서에 맞는다!" 고 칭찬해 주셨다. 나는 이때 큰 힘을 얻었다.

많은 목사님들이 이렇게 좋은 전도지를 어떻게 만들었냐며 칭찬 하신다.

서울 동선교회 박재열 목사님께서는 영혼을 살리는데 너무 좋은 전도지라고 말씀하시면서 매년 20만 봉지를 주문하셔서 본 교회와 개척교회에 지원하여 전도하도록 했다.

1. 불신자가 돌아오는 전도

불신자들은 자기 영혼이 지옥 가는 줄 몰라 못 믿는데 천국 가는 약도 전도지를 통해 지옥을 거부감 없이 확실하게 전할 수 있어 효과적으로 전도가 된다.

강원도 동해 나안리 교회(조의현 목사)는 아파트 현관문에 올려놓았는데 불교인 두 사람이 교회 나왔다고 한다.

2. 낙심 자가 새 출발하는 전도

낙심 자들이 구원의 확신이 없어 교회 다니다 쉬는데 천국 가는 약도는 복음제시가 확실하여 다시 출발하게 하는 전도법이다. 대구 선교교회(이재국 목사)도 아파트 현관문에 올려놓았는데 교회 다니다 쉬는 분 두 명이 새 출발 하였다. 그 때부터 열심히 전도하기 위해 천국 가는 약도 전도지를 수차례 2만장 주문하여 전도 했더니 1년 반 만에 3배로 부흥 할 수 있도록 하나님께서 채워 주셨다.

3. 확실한 전도무기가 된다.

전도는 현장이고 현장에서는 꼭 무기가 있어야 승리 할 수 있다.

천국 가는 약도는 복음 설명이 너무 쉽기 때문에 울산대현교회 목사님은 쉬운 전도법이라 참 좋다고 말씀하셨고, 대구 원대제일교회(김종성 목사)는 확실한 복음 제시가 되는 천국 가는 약도로 전도하여 몇 주 만에 10여 명이 교회 출석을 잘 하고 있다.

4. 성도가 구원의 확신을 얻는 전도

구원의 확신이 없는 교인들이 한국교회 안에 54.5%까지 된다는 사실은 참 놀라운 일이다. 천국 가는 약도로 전도실습 또는 현장전도 다니다가 하나님의 역사로 성도가 구원의 확신을 갖게 되고 구원의 감격 속에서 살아가면서 성령 충만한 전도자로 변하게 만드는 전도법이다.

현장에 나가기 전 짝을 지어 주어 서로 읽어 주면서 전도 실습 하고 나간다 전도를 처음 전도 나갈 때는 천국가는 약도를 어린이 10명에게 먼저 읽어주면서 전도하고 나면 전도 잘하는 성도가 된다.

복음 제시는 구체적으로 일곱 번 전해 주어야 결실할 확률이 높아진다고 미국 레리모어 목사님께서는 말씀하셨다. 그래서 복음을 반복적으로 전 할 수 있도록 7단계 전도지를 갖고 단계별로 전도하면 더 효과적이다. 그리고 전도지에 황토에 구운 소금이 들어 있어 버리지 않고 용도에 따라 욕실과 주방에 두고 소금을 사용하는 동안에 전 가족들이 읽어 봐 전 가족에게 복음을 증거 되어 교회주변 전 주민들이 훗날에 복음을 듣지 못해 지옥 왔다는 핑계하지 못 하도록 확실한 복음을 제시 하며 전도해야한다.

열매 맺는 전도를 위해서는 노방 전도에서 복음 제시 후 눈 뜨고 영접 기도 한 후 눈 감고 진지하게 영접기도를 따라 하는 사람은 익은 영혼이다. 그러나 억지로 교회로 인도 하지 말고 관계를 갖고 진정한 친구가 되도록 노력하며 관계가 형성 될때 2차 복음 또는 7단계 전도지도 복음 제시로 양육시켜 왜 예수 믿어야 하는지를 알게 한 후 교회로 데려오라! 교회사명을 다할 수 있는 것이 바로 전도이므로 교회마다 성도마다 전 지역에 '가가호호' 전하여 교회가 부흥하고 천국에 빈자리를 채우는데 쓰임 받으시기 바란다.

제2부
전도는 하나님의 대명이다

전도는 하나님의 대명이다

전도는 어명보다 더 강력한 하나님의 대명이다.

모든 성도들이 전도는 해야 하는 줄 알고 있지만 정작 삶은 그 좋은 천국에 나 혼자만 가야지 하는 식의 삶을 살고 있다.

성도는 어디서 무엇을 하든지 언제든지 전도해야 하는 것이 우리의 본분이다.

살아 있는 성도라면 주님의 참뜻을 이루어 갈 교회라면 꼭! 전도해야 할 것이다. "그좋은 천국에 나 혼자 갈수 없다"는 마음으로 전도하자.

오늘날 한국교회가 외국선교는 잘하는데 지역을 살리는 전도는 교회적으로 또 개인적으로 미약한 상태이다. 한국교회가 80년대의 전도운동이 다시 일어나야 된다. 선교 2000년 역사 가운데 가난하고, 병들었을 때 전도가 잘 되었던 것을 알 수 있다. 의학이 발달되었지만 많은 사람들이 한두 가지 이상의 질병을 가지고 있는 것이 사실이다.

불치병이 많고 건강에 관심이 높은 요즘 건강에 도움을 주면 관계가 좋아지게 되고 마음 문이 열린다. 그러므로 불신자의 필요를 채워주면 교회의 필요를 채워주고 천국의 빈자리도 채워지고 전도의 열매가 잘 맺어진다.

1. 전도자는 구원의 감격 속에 살아야 한다.

구원의 확신의 단계를 넘어서 구원의 감격 속에 심령천국, 가정천국, 교회천국을 누리며 성령의 충만한 삶을 살아갈 때 몸속에서는 엔돌핀보다 훨씬 강력한 따이몰핀 이라는 호르몬이 나와 건강에 너무 좋고, 얼굴도 예뻐져서 전도하면 전도밭도 잘 받는다.

2. 전도자는 영혼을 사랑하는 마음이 뜨거워야 한다.

눅 16:19-31절에 지옥에 간 부자의 고통을 통하여서 영의 귀를 열어 들을 줄 알고 영안을 열어 지옥의 광경을 볼 줄 알아야 전도 할 수 있다.

구세군의 창시자 부스대장은 신학교 졸업식 때 "하나님께서 졸업생 여러분을 마음대로 할 수 있는 권한을 내게 허락하신다면 나는 여러분에게 신학공부를 더 시키지 않고 24시간만 지옥에 보내서 체험하게 할 겁니다"라고 말씀하셨다고 한다. 이는 지옥에서 고통 받는 영혼들이 유황 불 못에서 불로 소금 치듯 뿌려지는 고통 가운데 너무 고통스러운 처절함을 맛본다면 전도 안 하고는 못 베길 것이라는 뜻에서 나온 이야기다.

영혼을 사랑한다면 내게 있는 귀한 것이라도 나누어 주면서 또한 투자하며 전도해야 한다. 전도에 투자되는 돈은 실패가 없고, 손해 보는 법이 없이 하나님께서 100배로 갚아주신다.

3. 주님의 은혜보답, 내게 100배 복, 하늘나라의 엄청난 상급을 잊지 말아야 한다.

나를 위해 그 쓰리고 엄청난 아픔을 견디시면서 십자가를 지시고 죽어주신 주님의 은혜를 잊고 사는 배은망덕한 성도들이 얼마나 많은지 생각해 보아야 한다. 하지만 이런 배은망덕한 성도가 되지 않고 주님의 은혜에 보답하는 첫 번째가 바로 전도인 것이다.

전도자는 주님의 은혜 보답하기 위하여서 하고 (막 10:28-31) 100배의 복을 받기 위해서라도 전도해야 한다. 하늘나라 상급, 면류관, 좋은 집, 하나님의 큰 사랑, 큰 영광 가운데 굉장한 왕권을 누리게 될 것을 바라면서 내세를 준비하는 현명한 성도, 전도하는 성도가 되어야 한다.

박용규 목사님께서 천국에 가보니 제일 큰 집의 문패는 전도자의 삶을 살고가신 무디 목사님과 최권능 목사님 집이라는 간증을 하신 적이 있다. 우리 모두 열심히 전도하여 천국 집을 빌딩으로 지어 가자.

4. 전도는 예수님처럼 하면 된다.

예수님도 전도 하셨는데 성도는 당연히 전도해야 하고 주님께서 전도하신대로 하면 전도가 잘 된다. 적어도 이 글을 읽고 계신분들 만이라도 기도가 바뀌어야 한다.

이것도 주세요, 저것도 주세요, 달라는 기도는 그만하시고 영혼을 살리는 간절한 기도를 하고 전도하면 달라는 기도 만번 한것 보다 더 크고 좋은 것을 받게 되는 줄 믿는다. 나는 그런 복을 이미 받았다. 성경책 안쪽 표지에 "지옥가면 안 될 사람"이라고 전도 대상자 이름을 적어 놓고 매일 뜨겁게 영혼을 사랑하며 살리기 위한 기도를 드리는 참 된 성도가 되자.

① 뜨겁게 기도하고 (마 6:33)

하나님이시며 하나님의 아들이신 예수님도 영혼구원을 위하여 (눅 22:44) 땀방울에 피가 섞여 나오도록 간절히 기도 하셨다. 전도는 마귀의 종 되었던 자를 뺏어서 하나님의 자녀로 회복시키는 일이기 때문에 꼭 하나님의 역사와 성령님의 능력이 함께 하도록 뜨겁게 기도해야 한다. 저는 아버님 전도를 위해 결혼 직전까지 뜨겁게 기도하고 전도 했더니 곧 바로 결단하셔서 신앙생활 하시면서 많은 사람을 전도 하셨다.

② 찾아가서 증거하고 (요 4:7-26)

예수님도 천한 사마리아 여인에게 직접 찾아가서 정을 주고 마음문이 열려올때 구체적인 복음을 전하셨다. 전도는 마음문을 열리게 하고 한 사람에게 적어도 구체적인 복음을 일 곱 번 이상씩 전해야 결실할 확률이 높아진다.

③ 강권하여 데려와서

전도는 강권하여 데려와야 한다. 저는 강권을 두 가지로 생각한다. 익은 영혼이 된 친한 사람은 손목을 잡아 당겨서라도 교회로 데려와야 한다. 우리의 전도대상자에게 내가 베풀고 사랑하고 식사도 대접하고 울어주고 아픔을 같이하고 필요를 채워주고 안 나오고는 못베기도록 하는 것도 강권이다.

④ 사랑으로 양육하자.

부모가 어린 애기를 키우듯 사랑으로 영적인 자녀를 전도자는 돌봐주어야 한다.

교회는 말씀으로 새 신자 교육부터 시작하여 영혼의 살이 통통해 지도록 먹여야 한다. 말씀은 쉽고, 재미있고, 은혜롭고, 복음적으로 먹이면 정착이 잘 된다.

목사님께서는 성도들이 하나님의 대명인 전도를 잘 할 수 있도록 인도해야 한다. 그냥 전도를 해오라고 하면 성도 중 95%는 전도를 못한다. 쉽게 전도하고 교회가 습관적으로 전도 할 수 있는 방법이 있다. 성도들에게 선물을 갖다 주고 오라면 100% 전도에 동참한다.

전도용품이 함께 있는 7단계 전도지를 매주 한 성도에게 10봉지씩 전해 주도록 하면 누구든지 전도 할 수 있다. 3번까지는 아무 설명 없이 선물만 건네주게 한다. 4번부터는 읽어 주든지 "일곱 번 읽어 보시면 천국 가는 복을 받습니다" 라고 말씀드리고 전하도록 한다. 반복적으로 하면 교회가 전도 체질화로 바뀐다.

왜 전도에 동참하지 않을까

많은 교회와 성도들이 전도는 해야 되는데 안 되니까 못 한다고 그냥 전도를 잊어버리고 사는 성도와 교회들이 있다는 것이 너무 안타깝다. 그 이유를 알아보자.

1. 소극적인 생각 때문이다.

많은 성도들이 우리 가족은 전도 안 돼! 우리 마을은 전도가 안 된다고 하는 부정적인 생각을 버려야 한다. 잡초를 뽑듯이 성도들 마음속에 전도가 안 된다는 생각을 쏙 뽑아버리고 " 할 수 있거든이 무슨 말이냐 믿는 자에게는 능치 못함이 없느니라."는 말씀을 부여잡고 긍정적인 믿음 갖고 전도하면 된다. '우리 남편은 고집이 세서, 우리 동네 사람은 절에 다녀서 예수 믿을 사람이 아니야' 라고 말하며 아예 전도는 잊고 사는 교인 직분자들 중에는 전도 안하고 오히려 전도 방해꾼이 될 때가 많다. 전도하기 위해 이웃집에 뭘 주고 나누면 전도하면서 "뭘 뇌물 먹이고 하니"라고 말하는 성도도 있고 심지어는 가난한 초신자 나이 많으신 노인을 전도해 놓으면 "밥만 한 그릇 축내지"(주일 낮 예배 후 점심식사)하면서 '천하보다 귀한 생명' 이라고 말은 하지만 실제 한 영혼이 건짐 받으면 천하를 선물하는 것보다 귀한 일 인데 그걸 모르고 전도하는 사람까지 힘 빠지게 만드는 교인들 의식이 개혁되어야 그 성도도 전도할 수도 있고 다른 사람이 전도해 온 사람도 정착이 될 수 있는데 참! 안타까운 현실이 우리 한국교회 현 주소라고 볼 수 있다. 그러나 지금도 열심히 전도하고 불신자 전도로 부흥하는 교회도 있기는 하지만 그리 많지는 않다는 것이 현실이다.

2. 영혼을 불쌍히 여기는 마음이 없어서

눅 16:19-31절에 지옥 간 부자가 고통당하는 것을 우리는 영안을 열고 볼 줄 알아야 한다. 이 부자만 지옥 간 것이 아니고 우리 가족과 이웃들도 예수님 믿지 않고 간 사람들은 모두 지옥 유황 불 못 가운데서 신음하며 절규, 비명 지르는 소리도 영의 귀를 열고 들어보면 그들이 "나는 이미 유황불 가운데 빠져서 불로 소금 치듯 함을 당하며 목이 말라 못 견디고, 아프고, 따갑고, 쓰리고, 애기 낳을 때 보다 몇 곱이나 힘이 드는데 너는 왜? 지옥을 알면서 내게 전도하지 않았느냐." 또 어떤 이들은 "이렇게 고통스러운 지옥에 가는 줄 알면서 나에게 몇 번 '교회가지' '예수 믿으면 좋아' 하는 정도로만 전도해서 '이 나쁜 사람아 너는 세상에서 제일 나쁜 사람이야. 어찌 한 이웃에 살고 한 가족으로 살면서 그 정도만 전도 했어. 너무너무 억울하고 분하지만 이젠 나는 틀렸어. 그러니 내 형제 내 가족, 네 이웃에 살고 있는 사람들에게 죽기 전에 지옥에서 고통 받는 영혼의 고통 알려주어 절대로 이 지옥만은 오지 않게 전도를,해 주오 라고 호소하는 지옥 간 영혼들의 소리를 들을 귀를 갖고 영안을 열고 지옥가면 절대로 안 될 사람들의 영혼을 불쌍히 여기는 마음을 갖고 꼭! 전도하자. 전도 할 때 천국도 알려주고 지옥도 꼭 알려주는 것이 너무너무 중요하다. 많은 사람들이 지옥 애기하면 싫어 할 까봐! 안하는데 황토소금도 쓰고 내가 쓴 전도책자 참! 행복의 비결이 여기 있습니다에 지옥과 천국을 확실하게 실었더니 이 책을 읽고 12년간 절간생활 하던 홍태현 씨가 예수 믿고 암자에서 내려와 울산공단에서 전도하는 전도자로 변했고, 철학관 하는 분도 돌아왔고 이런 간증은 많이 있지만 지면 때문에 이만 줄인다. 제 아내 신영자 권사는 "불타는 지옥"이라는 영화를 볼 때 마다 너무 고통 하는 것이 불쌍하여 눈물을 흘리면서 불신 영혼을 결부 시켜 "주님 우리 전도대상자는 저 지옥 가지 않게 해 달라고 하루에 몇 시간씩 기도하고 있다. 전국 목회자님과 성도님 꼭! 지옥 간 영혼들의 광경을 상상하면서 우리 가족과 이웃들이 그 곳에서 빠져 고통당하는 모습 바라보며 영혼 살리는 뜨거운 기도를 하여 많은 영혼 건지는 주님이 가장 좋아하시는 전도를 전국교회와 성도가 해주기를 주님도 간절히 바란다.

나는 지옥의 맛을 보라고 권하고 싶다. 비닐봉지를 손에 들고 태우면 파란 불빛이 나면서 비닐이 녹아 떨어 질 때, 손목에 한 방울만 떨어 뜨려 보면 지옥 맛이 참 절실하게 느껴질 것이다. 그러나 이 맛은 지옥의 유황불 못에서 불로 소금 치듯 하는 고통에 비하면 아무 것도 아니다. 내가 이런 발상을 하게 된 것은 세계적인 전도자요! 구세군의 창시자였던 부스대장은 신학교 졸업식 때 하나님께서 내게 졸업생 여러분을 마음대로 할 수 있는 권한을 주신다면 나는 여러분을 몇 년 더 공부시키지 않고 24시간만 지옥 보내서 지옥을 맛보게 하겠다. 그리고 나면 여러분들이 전도 목회 정말 영혼을 사랑하는 목회를 하게 될 것이라고 말했다.

♠ 이런 이유때문에 전도하지 않는다.

1) 하나님의 심정을 몰라서.

2) 예수님의 십자가를 져 주심의 은혜를 몰라서.

3) 지옥의 고통이 얼마나 심한지 몰라서.

4) 땅에서 100배의 축복을 받게 되는데도 몰라서.

5) 천국에서 상급을 받게 되는데도 몰라서.

6) 교회 부흥에 관심이 없어서.

7) 구원의 확신이 없어서.

8) 성령 체험이 없어서.

9) 부활에 대한 확신이 없어서.

10) 이웃 사랑에 인색하여.

11) 재물에 인색하여.

12) 주님 앞에서 부끄러움 보다 세상 체면을 생각하여서.

13) 자기만 아는 이기주의적인 신앙생활을 하기 때문에.

14) 영혼 사랑하는 마음이 없기 때문에.

전도 할 때 무엇을 전해야 하나

예수그리스도는 구원자이시며 살아 계신 하나님의 아들로서 우리의 죄를 대신하여 십자가에 못 박혀 피 흘려 죽으시고 사흘 만에 다시 부활 하셨으니 이제 우리는 예수님을 영접하고 마음으로 믿고 입으로 시인하여 죄를 용서함 받고 하나님의 자녀가 되고 구원을 받아 천국에서 주님과 함께 영원히 살게 된다는 사실을 전하는 것이다. 또 사람들이 죄 때문에 지옥 간다는 것을 알려 주는 것이다. 또 더 다양한 복음지로 전하려면 7단계 전도지를 활용하면 복음제시가 쉽다.

전도는 주님의 명령에 순종하는 일이고, 영혼을 살리는 일이고, 또 지옥 가는 길을 알려주는 것이다. 그러므로 당장 교회 안 나와도 전도는 핵심적인 복음만 전했다면 실패가 아니고 성공이다.

그러나 꼭 열매 맺는 전도를 할 때 더 확실한 전도가 될 수 있다.

교회가 성장되지 않아도 관심 갖지 않는 성도

1) 가족이 지옥가도 이끌어 내지 않는 성도.

2) 전도를 두려워하는 '겁쟁이 성도'.

3) 사랑보다 서열을 중시하는 '권위적인 성도'.

4) 이웃과 사이가 안 좋은 '욕먹는 성도'.

5) 양보를 모르고 내 자리만 고집하는 '지정석 성도'.

6) 새 신자를 무시하는 '텃세하는 성도'.

7) 봉사는 싫고 축복만 원하는 '이기적인 성도'.

♠ 하나님의 뜻은 모든 사람들이 예수 믿고 천국 가는 것이다.

아울러 하나님은 우리가 많은 전도의 과실을 맺고 예수 그리스도의 이름으로 무엇이든 달라 하시면 하나님은 다 주시겠다고 약속 하셨다.

"너희가 나를 택한 것이 아니요. 내가 너희를 택하여 세웠나니 이는 너희로 가서 과실을 맺게 하고 또 과실이 항상 있게 하여 내 이름으로 아버지께 무엇을 구하든지 다 받게 하려 함이니라" (요 15:16)

　　많은 성도들은 하나님이 나를 선택한 이유와 하나님의 뜻을 이해하지 못하고 있다. 먼저 주님의 뜻이 아니라 먼저 내것, 먼저 내뜻, 먼저 내재산, 먼저 내 욕심을 위하여 살아가는 어리석은 신앙생활을 하고 있다.

주님이 전도 하셨으니
우리도 전도 해야 한다

성도는 삶의 목적이 분명히 있어야 한다. 잠시 살다 갈 이 땅에 부귀영화가 우리의 목적인가? 결국 썩어질 육신의 쾌락이 내 삶의 목적인가? 집 한 칸 늘리는 것, 더 큰 자동차를 사는 것이 내 삶의 목적인가? 오래 사는 것, 부자 되는 것이 우리 인생의 목적인가? 조금 더 산들, 조금 더 돈이 많은들 우리의 인생은 언젠가는 주님의 심판대 앞에 서게 될 것이다. 그 때에 우리가 어떠한 심판을 받게 되느냐가 중요한 것이다 (고후 5:10).

성도의 인생은 뭔가 보람 있고 위대한 삶의 목적이 있어야 한다. 그것은 주님이 우리에게 마지막 당부하신 위대한 사명, 즉 죽어가는 영혼을 구원하기 위하여 애쓰는 전도자의 삶이 바로 우리의 삶의 보람이요, 삶의 기쁨이요, 삶의 목적이 되어야 한다.

왜냐하면 그것이 주님이 우리를 구원하신 목적이며 우리에게 당부하신 명령이기 때문이다. 우리가 주님의 일하면 주님께서 우리의 일을 해 주신다.

● 전도하러 갔다가 돈 벌어 옵니다.

● 전도하러 갔다가 공부하고 옵니다.

● 전도하러 갔다가 시장 봐서 옵니다.

　모든 삶이 전도가 되면 주님께서 큰 복을 주시고 상급도 엄청납니다. 전도자는 천국 삶을 준비하고 지옥 가는 영혼을 천국으로 인도하는 참으로 소중한 삶, 고귀한 삶을 사는 멋진 인생이다.

전하지 않으면 지옥 간다

복음을 들려주지 않으면 내 주변에 있는 불신자들은 몽땅 지옥 간다. 당신의 가족, 친척, 친구, 아는사람 중 불신자는 유황불이 펄펄타는 지옥으로 가고 있는데 그냥 보고만 있어서야 되겠는가. 그러므로 성도는 복음을 전하는 자가 되어야 한다. 전도는 땅에서 100배의 복을 받고 천국에서 상급을 받는 나를 위해서는 소중한 일이다.

"누구든지 주의 이름을 부르는 자는 구원을 얻으리라 그런즉 저희가 믿지 아니하는 이를 어찌 부르리요 듣지도 못한 이를 어찌 믿으리요 전파하는 자가 없이 어찌들으리요" (롬 10:13, 14).

교회는 전도 할 때 참다운 교회가 된다

교회는 천국 길로 인도하는 방주가 되어야 한다. 많은 교회가 사람을 낚는 구원선이기 보다 유람선과 같고 성도들은 유람객이 되어 버렸다. 농부가 씨뿌리기를 포기 한다면 참다운 농부가 될 수 없다. 불은 탈 때 참 불이고, 교회는 전도 할 때 참 교회가 된다. 교회는 전도를 위하여 주님이 피 값으로 세우신 곳으로 교회가 전도하기를 포기 한다면 교회로서 존재의 이유가 없는 것이다.(행 20:28)

※ 교회는 예배 비중만큼 전도의 비중이 커져야 참 교회라 할 수 있다. 성도가 전도하지 않는 것은 참 성도이기를 포기하는 일이다.

교회가
전도하는 교회로 바뀌면...

1) 교회가 활력이 넘치고 생기가 있는 교회가 된다.

2) 성도들이 체험 신앙을 갖게 된다.

3) 성도들의 신앙이 뜨거워지고 사랑이 넘치는 교회가 된다.

4) 예배에 생동감이 있고 은혜가 넘친다.

5) 교회의 문제들이 쉽게 해결된다.

6) 성도들이 하나 되는 교회가 된다.

7) 성도들이 적극적이며 자신감을 갖고 매사에 승리의 삶을 살게 된다.

8) 성도들이 복을 받고 하늘나라에 상급이 쌓인다.

9) 늘 성장 하는 교회가 된다.

10) 성령이 충만한 교회가 된다.

전도자가 가져야 할 자세

1) 구원의 확신이 흔들리지 않아야 한다.

2) 전도자는 믿음이 있어야 한다.

3) 사랑을 베푸는 자세를 가져야 한다.

4) 말씀에 무장을 해야 한다.

5) 전도자는 희생을 감수하며 주머니를 털어 베풀어야 한다.

6) 전도자는 자기의 몸을 헌신 할 각오를 해야 한다.

7) 쉬지 말고 상대의 필요를 채워주며 지속적으로 찾아가야 한다.

8) 핵심적인 복음을 전해야 한다.

전도자가 받을 상

1) 다음과 같은 면류관을 받게 된다.

　"생명의 면류관" (계 2:10).

　"의의 면류관" (딤후 4:7-8).

　"영광의 면류관"(벧전 5:4).

　"기쁨과 자랑의 면류관" (살전 2:19-20).

2) 일한 만큼 상급을 받게 된다.

3) 전도자의 이름이 생명책에 기록 된다.

4) 전도자는 천국에서 누리는 영광이 다르다.

5) 별과 같은 상급을 받게 된다 (하늘의 별과 같이 영원토록 비취리라).

6) 전도자는 땅에서 100배의 축복을 받게 된다.

전도자는 이렇게 성장하게 된다

1) 모든 면에 잘 적응 할 수 있는 사람이 된다.

2) 표현력과 설득력이 풍부해진다.

3) 부지런하고, 명랑하고, 웃으면서 기쁨과 감사가 넘치는 생활을 할 수 있다.

4) 매사에 자신감을 갖게 되고 적극적인 사람으로 변화 된다.

5) 삶의 생동감이 넘치고 보람 있는 삶을 살 수 있다.

6) 끈기와 인내심을 키우게 된다.

7) 친절하며 겸손한 사람이 될 수 있다.

8) 믿음이 성장하며 체험적인 신앙인이 될 수 있다.

9) 영혼이 잘 되고 강건하고 범사가 잘 된다.

10) 신유의 능력자가 될 수 있다.

전도 나갈 때 기도

1) 불신자의 영혼을 사랑하는 마음으로 전도하게 도와주소서!

2) 사명감에 불타는 마음으로 전도하게 도와주소서!

3) 성령의 인도 따라 전도하게 도와주소서!

4) 상대를 배려하며 전도하게 도와주소서!

5) 핵심적인 복음을 전하게 도와주소서!

6) 전도 대상자의 마음을 옥토로 만들어 주소서!

7) 거절이나 고난은 나를 단련시키는 영광으로 알게 하소서!

8) 예수의 이름으로 사단을 물리치고 사단의 유혹과 방해로부터 승리하게 하소서!

♠선물을 주고, 이렇게 말하면서 집안으로 들어간다.

처음 방문할 때 인터폰을 누른 후 "심부름 왔습니다." 안에서 '누가 보내서 왔습니까?' 라고하면 ○○○목사님 성함은 톤을 높여서 하고 목사님은 소리를 낮추어서 ○○○목사님께서 보내셔서 왔습니다. 문이 비교적 잘 열리는 화법이다. 문이 열리면 ○○교회 목사님께서 지역 주민들에게 이 선물을 드리라고 해서 왔습니다.

선물을 주면"뭐 이런 걸 "이라며 기뻐 할 때에 반응을 보면서 긍정적이면 발을 안으로 넣으면서 자연스럽게 집 안으로 들어가면서

"물 한 잔 먹고 갈 수 있지요?"

"집안을 너무 예쁘게 잘 꾸미셨네요. 잠깐 구경해도 될까요?"

"다리가 아파서 그러는데 잠깐 앉았다 가도 될까요"

그 다음 소금활용법을 알려주고 교회 자랑, 목사님 자랑을 하면서 안 좋으신 데가 있으시면, 다음 방문 시에는 소금활용법과 소금을 또 갖다 드리겠습니다. 말씀드리고 나올 때 집에 계시는지 연락 후 올 수 있게 전화번호와 성함을 물어서 기록하여 지속적인 관계를 갖고 불신자의 필요를 채워주면서 갈 때 마다 다른 소금 요법 또는 미용법(마스크 팩,방향제,에센스)을 알려 주면서 선물도 주고 끈기 있게 찾아가서 좋은 친구로 사귀어 간다.

급하게 교회 오다. 예수님 믿으세요 라고 하지말라.

제3부
전도자가 지켜야 할 것

전도자가 지켜야 할 것

전도는 마귀의 종 되었던 자를 빼어 하나님의 자녀로, 예수님의 신부로 중매하는 중매자다. 그러므로 성령의 도움으로 마귀를 진멸하고 예수님의 이름으로 물리 쳐야 하는 영적 전쟁이다.

1. 전도자의 자신이 구원의 확신이 있는가를 점검한다.

2. 전도훈련을 필히 받고 자기 발전을 위해 노력하라.

   (지속적인 훈련을 위해 이 책을 일 곱 번 읽어라)

3. 전도의 동역자를 만들어라.

4. 기도와 말씀으로 무장하고 나가라.

5. 사단의 방해가 있음을 잊지 말라.

6. 예수그리스도의 이름의 권세를 사용하라.

7. 목표를 정하여 몰두하라.

8. 하나님께서 주신 기회를 잡아라.

9. 이웃을 위해 봉사하라.

10. 웃는 얼굴과 부드러운 자세를 연습하라.

11. 하나님과 성령님이 함께 동행하심을 믿어라.

12. 경험이나 지식보다 성령님을 앞세워라.

13. 준비된 영혼과 열매 맺을 것을 확신하라.

14. 담대하게 찾아가고 두려워하지 말라.

15. 논쟁을 피하고 지혜와 슬기로 대처 해 나가라.

16. 자신을 적극적이고 긍정적인 성격으로 바꿔가라.

17. 자신의 기능(능력)을 최대한 활용하라.

18. 하나님이 주신 은사를 지속적으로 개발하라.

19. 전도를 생활화 하고 삶의 목적임을 명심하라.

20. 인내와 끈기를 가지고 포기하지 말라.

21. 끝내 핵심적인 복음을 구체적으로 전하라.

전도 시 대화법

전도는 대화로 시작되어 대화로 열매를 맺게 됨으로 실언하면 전도의 기회를 잃을 수 있다.

1. 쉽고 부드러운 말로 차근차근 말해야 한다.

2. 사랑이 담긴 따뜻한 말은 영혼을 살리는 도구가 된다.

3. 나쁜 감정 상태 일 때는 대화를 피하고 좋은 감정이 전달되게 온화한 마음으로 진실한 대화를 나누어야 한다.

4. 음성에는 감정과 색깔이 있다. 전화 목소리만 들어도 감정이나 상대의 기분을 알 수 있다. 그러므로 언제나 영혼을 사랑하는 마음으로 첫사랑의 연인과 대화 하듯 하라.

5. 대화는 긍정적이고 적극적이며 희망적인 대화를 해야 한다.

6. 전도대상자가 관심 있는 대화로 시작해야 한다.

7. 쉽고 재미있게 이야기해야 한다.

8. 그림 그리듯 이야기 하다 "교회에 오시면 많은 사람들이 당신에게 찾아 와서 잘 오셨습니다! 라고 하면서 뜨겁게 환영해 주는 좋은 친구

를 얻게 될 것입니다" 라고 한다.

9. 처음부터 교회 나오세요! 예수 믿으세요! 라는 말은 하지 말라.

10. 진정한 친구가 되어주고 정말 육신의 자녀 이상으로 영적자녀가 될
    전도 대상자를 사랑하라.

11. 눈으로 대화 하라, 부드럽게 눈을 바라보면서 사랑의 대화를 하면 좋
    은 인상을 준다.

12. 대화를 끝내고 싶으면 시계를 보면서 끝내자는 분위기를 만든다.

전도 시 칭찬 법

1. 전도 대상자의 자존심을 살려주는 칭찬으로 좋은 대화 분위기를 만들어라.

2. 자존심을 건드리는 말은 치명적이고 전도의 문을 막는다.

3. 입에 발린 형식적인 칭찬은 상대방도 눈치 챈다.

4. 영혼을 사랑하는 마음으로 진실 되게 칭찬하라

5. 칭찬 할 일이 있을 때는 기회를 놓치지 말라 (집안정리, 화분, 의상).

6. 상대방이 생각지 못한 것을 칭찬하라.

   (얼굴에 윤기가 나는걸 보니 오래 사실 것 같습니다.)

7. 전도 대상자가 스스로 자랑하도록 질문하면서 칭찬하라.

8. 아이들에게 무조건 칭찬하라. 참! 잘 생겼구나! 장래에 장군이 되겠어요. 예쁜 여자아이에게 참! 예쁘구나! 장차 미스코리아가 되겠다. 어떤 아이라도 그에게 장점이 있다. 칭찬꺼리를 찾아서 칭찬하라.

9. 우리아이도 칭찬으로 키우자. (인사 잘 한다. 공부도 잘 하고 얼굴도 잘 씻는다.)

10. 전도자는 남편도 칭찬하자! 당신 참 멋~있어요! 나는 당신 때문에
    행복해요! 용기를 가지세요! 힘내세요! 제가 있잖아요! 늘 기도하고
    있어요! 하나님은 당신 편이예요! 늘 지켜주고 계신 하나님은 당신을
    기다려요.

전도 시 자랑 법

1. 교회자랑 : 우리교회는 불우 이웃을 이렇게, 저렇게 돌보고 지역을 위해 이런, 저런 일을 한다고 구체적으로 자랑한다.

2. 목사님 자랑 : 우리 목사님은 너무 사랑이 많으셔요! 사랑을 몸소 실천해요! 구체적으로 자랑하라. 말씀이 너무 좋아서 삶의 용기가 '팍팍' 생겨요! 믿음은 들음에서 나기 때문에 목사님 자랑을 많이 해 놓고 등록 시켜야 은혜를 빨리 받고 정착이 된다.

3. 성도들 자랑 : 구체적으로 우리 장로님은 사랑이 많으셔요, 매번 주일 학생들을 자가용으로 태워왔다 또 집까지 태워줘요. 우리 집사님은 동네 경로당가서 늘 청소도 해 드리고 떡도 해다 드렸어요! 새신자가 동네골목길 청소도 하고 너무 변했어요! 라고 자랑한다.

4. 하나님 자랑 : 하나님은 너무 좋으신 분이셔요! 우리에게 햇볕도 공짜로 쪼이게 하시고 공기도 공짜 물도 공짜로 주셨습니다. 그 보다 억만배 값진 선물을 주셨어요! 영원히 행복한 나라 천국에 살 수 있는 특권을 우리에게 공짜로 주셨어요!

5. 예수님 자랑 : 사랑! 사랑! 엄청난 사랑으로 우리를 사랑하신 예수님은 우리가 죄 때문에 지옥 가는 것이 안타까워서 우리 죄를 대신 지시고 십자가에 못 박혀 죽으셨어요!

6. 성령님 자랑 : 우리에게 믿음의 선물을 주셨어요! 하나님을 내 아버지로 예수님을 나의 구원자로 믿게 하세요! 마음의 담대함도 평안함도 즐거움도 능력도 주셔요! 이런 하나님, 예수님, 성령님은 마음 문을 열고 예수님만 영접하면 만날 수 있어요, 영접기도를 하도록 도와준다.

※ 자랑은 많이 하되 내 자랑되지 않게 하나님께 영광을 돌리고 교회의안 좋은 일은 절대로 이야기 하지 말라. 잘못된 이야기는 전도문을 막는다. 타 종교, 타 교파, 타 교회 비평도 금물이다.

전도 시 이름 기억 법

꼭! 이것은 기억하라 한 번 만나 인사한 사람은 두 번째 부터는 이름을 불러 주면 굉장히 좋아한다.

1. 인사 할 때 이름을 꼭! 기억 했다가 안 보이는 곳에서 전도수첩에 적어 둔다.

2. 전도수첩에 적은 이름 옆에 그 사람의 얼굴, 특색, 연령정도, 키, 헤어 스타일 등을 메모를 해 둔다.

3. 2 차 방문 갈 때는 그 사람 이름 옆에 적어둔 특징들을 보면서 그 사람을 머리에서 그려보고 기억 해 보고 이름을 부르면서 찾아간다.

예) '딩동' 누구세요? 최원수님 계십니까! 하면 된다. 문이 열렸을 때 '또박 또박' 정확한 발음으로 성함을 부르면서 사랑의 인사를 드린다.(이렇게 하면 다른 사람이 영접시킨 사람을 열매 맺기 위한 심방 할 때도 굉장한 효과가 있다. 빈손으로 가지 말라).

4. 축복기도 할 때도 꼭! 이름을 불러가면서 기도하면 좋다. 잘 기억이 안 날 때는 기록 해 둔 것을 전도대상자가 눈치 채지 못하게 보고 기도한다.

전도자가 소금 역할을 다하면 전도는 된다

주께서 "너희는 세상의 소금이니 소금이 만일 그 맛을 잃으면 무엇으로 짜게 하리요"(마 5:13)라고 말씀하셨다. 우리가 소금의 역할을 다할 때 전도되어 진다는 뜻이다.

전도자는 소금처럼 온 몸으로, 온 삶으로 복음을 전해야 한다. 이 지구는 흙 30%, 물 70%인데 이 많은 바닷물에 하나님께서 얼마나 많은 소금을 바다에 풀어 놓으셨는지 바닷물이 짭짤합니다.

1. 맛을 내는 소금이라야 전도 된다.

소금의 가장 큰 역할은 맛을 내는 것이다. 저 사람 만나면 밥맛이 없어. 이렇게 되면 전도는 안 된다. 저 성도님을 만나니 밥맛이 있다는 소리를 듣는 매력(상대를 끌리게 하는 힘)이 넘치는 사람이 되자! 예수님께서 너희는 세상의 소금이라 하신 것은 맛있는 성도가 되라는 말씀이다. 상대에게 호감을 갖게 하는 방법을 찾아라.

2. 맛을 잃은 소금은 회복 되어져야 한다.

맛을 잃으면 사람에게 밟힐 뿐이다. 맛을 잃은 성도는 사람에게 밟힌다.

물 – 불세례 , 물로 씻고 불로 태워(구워) 맛 나는 소금....

전도자는 죄 씻음 받고 성령 충만 받아야 한다. 그리고 말씀으로 나의 삶이 회복되어야 한다.

3. 녹아져야 전도 된다.

내 자존심이, 내 욕심이 녹아지고 나의 형체는 없어지고 희생이 되어져야 전도가 된다. '희생만이' '희생만이' 능력이라 하시네! 시간을 바치고 물질을 드려 정성을 다해 내 몸과 내 영혼 사랑하듯 사랑하며 친구가 되어줄때 열매 맺는 전도가 된다.

전도 대상자를 섬겨야 전도가 된다.

① 전도 대상자의 아픔을 함께 할 때 마음 문이 열린다. 부모의 죽음, 질병, 실직, 사고, 자녀 문제, 이혼 등 인생의 중대한 문제로 고통하며 슬퍼할 때 진정한 친구가 되어준다.

② 그의 기쁨도 함께 하여주라. 개업, 생일, 입학, 졸업, 취업, 결혼, 승진, 회갑, 칠순 등 축하 할 일이 생겼을 때, 축하 해 주고 함께 기뻐한다.

③ 전도 대상자에게 필요한 사람이 되어 준다. 그가 누군가를 필요로 할 때 필요한 사람이 되어 준다. 이사할 때 도와주기, 아기 봐주기, 무거운 물건 들어주기, 아플 때 간호해주기, 출산 후 장봐주기, 김치 담굴 때 도와주기.

④ 사랑은 눈빛을 주고받을 때 생기고, 정은 물건을 주고받을 때 생긴다. 김치, 과일, 떡, 음료수, 기념품, 치약, 비누, 소금, 된장, 간장 나누어 먹기, 식사 대접 하기, 좋은 영화 함께 보기, 좋은 책 빌려 주기, 혈압측정 해 주기, 장난감 빌려 주기, 직장에서 휴가 날짜 바꿔주기, 그 외에도 다양한 방법으로 전도대상자를 섬겨야 가까운 관계가 형성되고 전도가 잘 된다.

4. 방부제 역할을 잘 해야 전도가 된다.

　소금이 바다를 살리듯 썩어져 가는 세상에 하나님의 말씀인 복음이 들어가야 세상을 살릴 수 있다. 핵심적인 복음을 일곱 번 이상을 전해야 영혼이 살아난다.

열매 맺는 전도의 십계명

1. 전도는 길을 알고 가야 열매 맺는다.

2. 전도 대상자를 위해 기도하라.

3. 영혼을 사랑하는 자에게 영혼을 붙이신다 (살전 2:7-9).

4. 현장으로 가서 부딪쳐라 (마 9:35).

5. 열린 곳으로 가라 (행 8:26-35).

6. 관계중심으로 전도 하라 (요 1:40-42).

7. 삶속에서 베풀고 섬기면서 전도하라 (행 5:42).

8. 옥토를 만들어 복음을 심어라 (마 13:23).

9. 깊은 곳으로 가라 (눅 5:1-11).

10. 끈기를 가지고 하라 (때를 얻든지 못 얻든지).

전도자의 자기 점검표

그렇게 생각 한다-3점. 하려고 노력 한다-2점. 앞으로 해 보겠다-1점.
관심이 없다-0점 '나는 과연 몇 점의 전도자인가 점검 해 보자.'

1. 하나님께서 지금 불러도천국갈 구원의 확신이있다. 　　　　　　　(　)

2. 전도훈련에 빠지지 않고 참석하여 좋은 전도자가 되려고 한다. 　　(　)

3. 하나님께서 부르셨다는 확신이 있다. 　　　　　　　　　　　　　(　)

4. 예수님의 관점에 초점을 맞추고 전도를 위하여 매일 기도한다. 　　(　)

5. 성령의 인도하심에 순종하는 편이다. 　　　　　　　　　　　　　(　)

6. 구원받지 못한 성도를 보면 가슴이 아프고 불쌍하게 느껴진다. 　　(　)

7. 전도하다가 핍박 받는 것을 두려워하거나 부끄럽지 않게 생각한다. 　(　)

8. 급한 일이 있어도 전도 하는 일이라면 먼저 순종할 자세가 되어있다. 　(　)

9. 전도를 통하여 주님께 사랑을 표현한다. 　　　　　　　　　　　(　)

10. 하루일과 중에 영혼을 구원하는 전도를 제일 우선순위에 두고 있다. 　(　)

11. 전도 대상자를 파악하고 그 이름을 불러 가며 기도한다. 　　　　(　)

12. 전도를 위하여 최대한 많은 정보를 얻으려고 자세히 살피고 노력 한다. 　(　)

13.전도 목표와 대상자를 작정 하신 것은 성령께서 하신 것이라 믿는다.　　(　)

14.하루 일과 중 일정 시간은 전도하는 일에 반드시 시간을 사용 한다.　　(　)

15.전도 대상자 때문에 가족과 교우들에게 비난을 받아도 참아낼 수 있다.　(　)

16.복음제시를 분명히 숙지하고 있으며 전도할 때 사용한다.　　(　)

17.복음의 핵심을 다양한 방법으로 전할 준비가 되어 있다.　　(　)

18.언제, 어디든 전도 대상자를 만나면 간단하게 간증 할 준비되어 있다.　(　)

19.전도를 나갈때 동역자에게 도움을 구하고 함께 나간다.　　(　)

20.언제나 웃음과 친절이 전도지라는 자세로 전도하여 사람들에게 인정받는다. (　)

21.전도 후에는 반드시 기도하고 다음 만남과 방문 계획을 세운다.　　(　)

22.전도대상자가 생기면 내 몸 같이 사랑하고 지속적으로 방문 계획을 세운다.　(　)

23.전도대상자를 위해 기도할 때 전도의 문이 열린다는 경험과 체험이 있다. (　)

24.전도를 위하여 시간을 쪼개고 물질을 투자하여 전도에 사용한다.　　(　)

25.언제든지 누구를 만나도 전도의 기회를 주신 것으로 알고 복음을 전한다. (　)

26.하루에 한명이상 복음을 전하고 한 달에 한명이상 등록을 목표로 전한다. (　)

27.노방 전도만이 아니라 축호전도에도 잘 동참 한다.　　(　)

28.전도 문자나 전도 편지, 전화전도, 메일을 통해 계속 전도 한다.　　(　)

29.예배를 통하여 하나님의 임재를 경험하고 능력을 충전 받는다.　　(　)

30.전도는 죽은 영혼을 살리는 지상 최대의 소중한 일로 생각한다.　　(　)

31.전도자에게 100배의 축복과 상급이 있음을 확신한다.　　(　)

　　총　　　　　점　　　　(　　　)

교회가 부흥되는 전도는

많은 교회들이 교회가 부흥되기를 소망하고 기도하고 있으면서 전도는 안하는 교회가 너무 많다. 농부가 추수를 많이 하여 곡간을 채우려면 열심히 뿌리고 가꾸고 김매고 거름 주고 벌레를 잡아 주어야 추수 할 수 있는데 그냥 빈 논으로 버려두고 있다. 가을 낫을 들고 가는 농부와 같은 교회들이 너무 많다. 이 글을 읽으시는 목회자님의 목회가 신바람 나고 교회가 부흥될 것이다.

1. 성도가 구원의 확신이 있어야 전도할 수 있다.

한국교회 성도들이 이미 구원을 받았지만 확신이 흔들리고 구원의 감격 속에 살아가지 못하므로 전도하지 못한다.

전도의 첫째 단계는 성도들이 구원의 확신이 있는가? 점검해 볼 필요가 꼭 있다.

2. 목회자가 앞서면 전도가 많이 된다.

자동차 운전대도 돌리는 대로 가는 것처럼 성도는 목회자가 이끄는 대로 간다. 목사님의 설교 때마다 한 번씩 전도의 내용을 전하십시오. 그리고 전도의 현장에서 직접 한번 뛰어 보십시오. 제가 섬기는 한국 도농선교회 속초 지회장이신 권태복 목사님의 말씀을 들어보면 30년 목회생활 중 요즘 와서 매주 현장 전도를 하고부터 가장 신바람 나는 목회를 하고 있다고 말씀하셨다. 또 많은 전도 현장의 간증을 말씀하셨다. 그 중 한 가지만 소개 한다면 아파트 전도를 갔었지만 집안에 사람은 있는데 문을 열어 주지 않았다는 것이다. 그래서 아래 집에 살고 있는 다른 교회에 나가시는 집사님에게 이 사실을 말하자 곧 그 집사님은 위층으로 올라가 00엄마 문 좀 열어요! 그렇게 해서 전도를 했다는 간증이 너무 은혜가 되었다.

또 권태복 목사님께서 전도를 하니 첫째 내가 은혜가 되고, 둘째 설교에 현장전도 간증이 있으니 설교가 힘이 있고, 셋째 목사가 전도하니 교회 분위기가 달라지고, 넷째 하나님께서 영혼을 교회에 자꾸 보내주시고, 다섯째 교회가 부흥이 된다는 것이다. 권태복 목사님은 (속초갈릴리교회) 재적 교인이 약 500명 정도 되는 큰 교회에 시무하시는 목사님이시다.

같은 팀원 목사님의 교회는 7년 성장한 것보다 목회자가 직접 전도현장에 뛰어든 4 개월 동안에 더 많이 수적으로 늘어났다는 것이다. 권목사님은 목회자는 입으로만 전도하는데, 전도는 예수님도 현장전도 하셨고 목회 30년 만에 현장전도를 깨닫고 보니 목회가 너무 행복했음을 말씀 하셨다. 또 힘주어 말하기를 목회자가 할 일이 기도하고 말씀전하는 것인데 노회모임, 시찰여행, 동창회, 또 무슨 회의 하는데 성경 어디에 회의가 목회자의 사명이라고 기록된 곳이 있느냐며 팀원들이 전도하는 날은 모든 모임을 뒤로하고 전도하는 것을 최우선으로 하고 있다. 그러나 교회 사정에 따라 목회자가 현장전도를 다하실 수가 없으므로 전도를 이끄시는 것만으로도 주님이 기뻐하십니다. 전국의 목회자들님께서 팀전도를 동참 하시려면 한국 도농선교회 (T.053-961-0691~3)로 연락주시면 전국 81개 지회에 (전국

약800 여명의 목사님, 사모님, 평신도들)전도 팀 중 가장 가까운 지역에서
매주 하루씩 꼭 전도에 동참하실 수 있다.

3. 전도형 교회로 만들어야 한다.

온 성도들이 전도를 습관적으로 할 수 있도록 한다, 너무 급격히 바꾸면
역반응도 있을 수 있다. 그러므로 7단계 전도지가 있는 전도용품을 성도들
의 특별 전도헌금으로 준비 한다. 그리고 매주 한 사람이 10개 이상 주위
에 나누어 주면서 전도 하도록 한다. 전 성도가 전도의 공포증에서 벗어나
도록 매일 한 사람 이상에게 선물을 나누어 주는 일을 습관적으로 하면서
관계를 좋게 한다. 한 달 지난 후는 선물 드릴 때 뒷면을 "일 곱 번 만 읽어 보시
면 천국 갑니다." 라고 광고 시간에 반복적으로 복창 시켜 다음 주엔 실천을
확인한다. 또 1개월 지나면 선물을 주고 읽어 주면서 복음제시와 영접도
시킨다. 이 때 익은 영혼은 1단계 복음제시를 복음으로 양육하면서 교회
초청 행사도 모두 초청하여 이때 등록을 권면하여 정착 시킨다.

칭찬 받는 교회는 전도가 쉽다

밑밥을 주는 교회, 칭찬 받는 성도라야 전도가 잘된다. 교회답게 성도답게 칭찬 받아야 하고 성도끼리 화평이 있어야 칭찬받는다 (행 2:43-47).

성도끼리 화평이 있고 사랑해야 이웃을 사랑 할 수 있다. 교회가 싸우면 불신자들이 여기가 교회인줄 알아 싸우긴 왜 싸워 천국 문을 막는다! 이웃에 봉사 할 때 칭찬을 듣는다. 이웃의 필요를 채워주고 다른 사람을 위하는 단체가 교회구나. 초대교회는 구제, 한국교회 초창기도 구제로 전도 되었다. 노인 종합 복지관 운영, 어린이집 운영, 주민들의 모임, 투표장소, 주차장 개방, 교회를 통하여 이웃이 도움을 받는 이웃을 섬기는 교회가 되어야 한다. 재정도 50%까지 이웃을 위해 쓰면 칭찬을 받는다. 서울의 한 교회가 이사 못 가게 지역민들이 원하는 교회가 되었다. 남해 장포교회 주민들이 교회 음향시설……. 불신자 주민 거의 전도 집회에 참석하여 큰 은혜의 집회가 되었다. 지구는 사형수를 태우고 가는 배다. 우리는 어차피 다 죽을 몸인데 왜 사느냐. 하나님 편으로 볼 때는 영광 돌리라고 살게 해 주셨다. 인간 편으로 볼 때는 불신자는 예수님 믿고 구원 받아 천국 가는 복 받도록 살려 주신다. 그러나 성도는 왜 오래 살게 하시는가. 그것은 천국에 가서 큰 영광을 누리며 하나님의 사랑받고 상급 받아 영원토록 잘 살 수 있도록 준비하게 오래 살려 주신다. 전도 하라고 오래 살려 주셨다. 우리를 구원 하신 이유 중 가장 큰 이유는 전도 하라고 구원하셨다. 그 좋은 천국에 나 혼자 갈수 없다. 왜 사느냐 물으면 전도하기 위해 산다고 대답 할 수 있는 전도자의 삶을 사실 수 있기를 바란다.

제4부
어떻게 전도해야 하나

어떻게 전도해야 하나

1. 거절을 극복해야 한다.

전도는 거절부터 시작된다.

♧ 가짜 거절 : '무조건 안 믿어요? 회피하기 위해 "생각해 보고요"

농담으로 "하나님이 보여야 믿지요" 거짓말로도 "불교 믿어요! 라고 한다.

♧ 진짜 거절 : 교리에 대한 의문 - "죄와 구원에 대하여 이해가 안 간다."

"위선적인 교인들 때문에 싫다." "성공하여 잘 살 때 나가겠다."

많은 사람들이 나중에 성공 후에 형편이 좋을 때 나오겠다는 말을 한다. 그러나 주님은 의인을 부르시는 것이 아니요 죄 많고, 부족하고, 형편이 안 좋은 사람들을 찾아 오셨음을 잘 알려 주면서 친절하게 다가간다.

⑴ 전도는 거절이란 강을 건너야 된다.

전도 할 때 거절에 속아서는 안 된다.

"예수 안 믿어요! 라고 불신자가 말하는 것은 사단이 못 믿게 하려고 하기 때문이다.

이 때 그의 영혼이 나를 전도해서 당신 교회로 데려가서 천국까지 인도해달라는 애원하는 소리로 알고 바꾸어 듣는 습관을 가져야 한다.

구세군의 창시자 부스대장은 젊었을 때 전도대상자가 하루는 술이 만취되어서 평소와 달리 큰소리로 "여보시오 부스 씨 정말 지옥이 있습니까?" "네"라고 대답하자 '여보시오 정말 지옥이 있다면 그렇게 전도 하오. 당신이 전도하는 것 보니 유황불이 '펄펄' 타는 지옥이 있다면 그렇게 전도하지는 않겠소! 만약, 내가 전도한다면 당신처럼 전도하지 않고 누군가가 안 갈려고 하면 목을 잡아끌고서 라도 당신 다니는 교회로 끌고 가서 당신이 가는 천국에 같이 가도록 하겠소! 하는 소리를 들은 부스대장은 큰 충격을 받았다. 알지 못해 유황불 펄펄 끓는 고통스런 지옥으로 가고 있는데 강권 전도를 해야 되겠다고 생각하고 전도하여 세계적인 전도대장이 되셨다. 이 술주정뱅이처럼 취중에 한말이 진담이고, 평소에 예수 안 믿어요! 하는 소리는 사단이 속이는 가짜 거절임을 알아야 한다.

(2) 전도자인 나를 거절 하는 것은 아니다.

처음 거절당하면 자신을 무시한 것으로 생각되어 불쾌하게 생각 할 수 있다. 그의 거절은 그리스도의 복음을 거절한 것이다. 그러므로 거절당할 때, 핍박당할 때 기뻐하라. 하늘에 상급이 쌓이는 축복의 기회임을 잊지 말아야 한다.

복음은 싫어도 전도자는 마음에 든다는 평을 들어야 다시 전도 할 수 있다. 영혼을 사랑하는 주님의 마음으로 그를 사랑하라. 그리고 실례 했습니다! 다음에 좋은 만남이 있기를 바랍니다. 라고 상냥하게 인사하고 나온다. 그를 위해 계속 기도하라.

2. 상대를 배려하고 전도해야 한다.

전도 대상자를 배려 해 주어야 접촉점이 이루어지고 마음의 문을 열게 된다.

3. 전도는 아는 사람부터 해야 전도의 열매가 맺어진다.

한 번 핵심적인 복음을 전하기도 하지만 전도는 열매 맺는 전도를 해야 한다. 그러므로 모르는 사람도 아는 사람으로 만들어야 전도가 된다. 아는 사람, 친구, 친척, 이웃, 직장동료, 가족, 거래처 사람 그 외에도 아는 사람이 많이 있다. 그러나 아는 사람에게 복음을 제시 하기란 쉽지 않다. 그 동안 전도 하지 못 했다면 이렇게 하면 된다. 황토에 구운 소금으로 대화를 시작하여 소금 보다 더 귀한 천국 가는 약도가 있는데 잠시 소개 해 드릴게요! 하면서 천국 가는 약도를 읽어도 주고 아니면 여기를 한 번 읽어 보세요! 하면서 진행한다.

그래도 쑥스러워서 안 될 것 같으면 우리 목사님께서 숙제를 내어 주셨는데 좀 들어만 주시면 제가 숙제를 해 갈수 있는데 좀 도와주세요! 대신 제가 소금을 선물로 드리겠습니다. 또는 차 한 잔 대접 하겠습니다. 하고 이렇게 만날 때 마다 반복적으로 일곱 번 읽어 주면서 핵심적인 복음을 전해 주어야 결실할 확률이 높아집니다. 어떤 친구들은 영혼이 살아나서 이 친구야 나는 교회 가면 안 되나 하고 나올 수도 있다. 낯선 사람도 여러 번 만나면 아는 사람이 되고 친구가 된다.

4. 전도 대상자가 나를 좋아하게 만들어야 전도가 된다.

상대를 잘 이해 해 주면서 비위를 잘 맞추어 주고 이야기를 들어주고 그 때 맞장구를 쳐주라. 아! 그렇군요. 맞아 정말 자기는 나하고 통한다고 하며 맞장구를 치면 친해지고 나를 좋아하게 된다. 그런데 뒷 문제가 생기지 않도록 맞장구를 쳐야 한다. 내 자랑과 과시는 금물이다. 내가 덜 이야기하고 상대 얘기를 많이 들어 주어야 나를 좋아한다. 상대와 가까워지려면 대화 할 때 상대를 이해하고 맞아요, 그렇군요! 그렇고 말고요, 참 억울했겠어요, 제가 대신 사과드릴게요! 라고 맞장구를 쳐주고 상대방과 공감대가 형성되는 대화를 할 때 가까워 질수 있다. "네 이웃을 네 몸과 같이 사랑하라"(마 22:39)하셨으므로 전도 대상자를 내 몸 같이 내 영혼 같이 주님의 사랑으로 그들의 아픔과 슬픔도 같이 하고 필요를 채워 줄 때 전도의 열매가 맺어 진다.

뜨겁게 기도하고 전도한다.

전도 대상자를 위해 이렇게 기도하라.

성경책 맨 앞쪽 속표지 앞 뒷장을 넘겨보면 빈 공간이 있다. 이 곳 맨 위에 크게 "지옥 가면 안 될 사람"이라고 쓴 후 내가 알고 있는 사람들이 지옥 가면 안 되니 그 아래쪽으로 이름을 적는다.

매일 이 명단을 보고 이렇게 기도한다. 이름을 쭉 부른 후, 하나님 이 사람들에게 세상에 제일 큰 복, 천국 가는 복을 받게 하소서!

그 이름이 하늘나라 생명책에 기록되게 하소서!

유황불이 '펄펄 끓는 지옥만은' 절대로 가지 않게 도와주소서!

제가 전도 할 때 마음 문을 활짝 열고, 복음을 받아 들여 구원 받게 하소서!

저에게도 성령 충만 주셔서 전도 왕이 되게 하소서!

저를 통해 전도의 태풍이 일어나게 도와주소서!

영혼을 사랑 하는 마음을 갖고 간절히 기도 하세요. 그리고 만나면 "큰 복을 받으시도록 기도 하고 있습니다." 라고 말씀 드리면서 선물도 드리고 식사도 대접하고 어떻게 해서라도 내 주변 사람은 지옥 보내면 절대로 안 된다. 참으로 귀한분, 주님께서 좋아하실 성도님 한분을 소개 한다. 김성훈 성도는 부천 반석선교교회를 섬기고 있는데 세탁소 안정문 집사를 통하여 천국 가는 약도로 전도 받고 얼마 안 되어서 전도하기 시작하여 지금까지 수년 동안 전도용 소금(천국 가는 약도 전도지가 있는 소금)을 매달 1000

개씩 꾸준하게 주문하여 전도 하고 있다. 그는 강냉이, 튀밥 튀우는 뻥튀기 장사인데도 영혼의 소중함을 깨닫고 상당한 금액을 투자하여 전도한다.

내가 충일 교회 집회 때 앞자리에 앉아 있는데도 금방 알 수가 있어서 혹시, 김성훈 성도님 아니십니까? 하고 물어 봤더니 맞다고 하였다. 나는 간증 집회 중간쯤 그에게 간증을 부탁 했더니 온 성도님들도 뜨거운 그의 간증을 듣기 위해 박수가 나왔다. 그는 준비도 없이 즉흥적으로 한 간증이었지만 예수님 만나고 그의 생활은 너무나 바뀌었고 영혼을 사랑하는 마음이 얼마나 뜨거운지 날마다 전도하여 수십명이 교회 나와 신앙생활을 잘 한다고 했다, 그는 본업이 전도고 그의 사업이 뻥튀기는 부업이었다. 저와 모든 성도들은 그의 간증에 은혜를 받았다. 김성훈 성도는 나를 거쳐 간 사람이 그냥 지옥 가면 안 되잖아요! 하면서 만나는 모든 이에게 전도한다. 김성훈 성도님 앞으로는 아파트 장사가면 사람들이 모일 테니 그 장소에서 미니 전도 집회를 했으면 좋겠다! 라고 말씀을 드렸더니 다음날 바로 천국 가는 약도 현수막을 3장을 보내라고 연락이 왔다. 그는 봉고차 옆면과 뒷면에 천국 가는 약도를 걸고 손님들이 모이면 전도 집회를 즉석에서 인도하여 복음을 전하고 물건을 팔기 위함보다. "복음 파는 뻥튀기 장수" 거참 잘 어울리는 이름이다. 그날 충일교회 간증집회는 김성훈 성도의 간증을 덧 붙여서 두 명의 강사가 되어 성도들이 더욱 도전이 된 것 같았다. 다른 교회보다 전도대원으로 지원한 성도들이 많았다. 참 우리 하나님께서 우리를 변화시켜 승리의 전도자로 쓰심을 생각할 때 너무 감사 감사하다. 곰곰이 생각해 보니 사람으로 태어난 것만으로도 감사한 일 인데 구원 받아 하나님의 자녀가 된 것과, 장로 직분을 주신 것과, 전도자로 쓰임 받는 것만으로도 감사한 일 인데, 무엇보다도 전도운동을 일으키는 강사로 써주시니 하나님의 은혜가 너무 감사합니다. 모두가 하나님의 사랑 때문이다.

이렇게 하면
전도의 열매를 맺을수 있다

전도대상자에게 집중하여 감동을 주고 열정을 갖고 성령의 역사를 믿고 사랑하면서 친구가 되어주면 쉽게 열매를 맺는다.

① 전도 대상자 찾기 : 노방전도 또는 축호 전도 때 복음을 잘 받아들이며 예수님을 영접하고 이름과 주소를 정확하게 알려 주면 익은 영혼이다.

② 전도 대상자 정하기 : 나와 관계있는 사람, 초신자, 주변사람(친구, 부모,자녀,형제,이웃, 기타)초신자와 동행하면 많은 전도 대상자를 만날 수 있다. 주일학생 부모 등

1.영적 진단: 방향제(독도는 우리 땅)를 드리면서 1차 방문시 웃으면서 사랑의 인사를 드린다. 전도자는 (이웃에 사는 00엄마 라고 한다.) 칭찬을 많이 하고 방향제 전면 중앙부위에 볼펜으로 찔러 향기를 체험케 한다. 상대방의 장점을 주제로 대화를 시작한다. "다음에 올 때 황토에 구운 소금 드릴께요!" 재방문을 약속한다.

2.마음 문 여는 단계: 황토에 구운 조리용 소금(원인을 알면 해결됩니다.)을 드리면서 조미료를 넣지 않아도 음식에 맛이 난다고 설명 할 것, 2차 방문 손잡으면서 인사. 맞장구를 치며 얘기를 들어주라. 사랑의 교제시작 절대로 교회 오라고 하지말라. (친하게 지내고 싶어요! 또 놀러 오겠습니다.)

3.친구가 되어주기: 허브 미용염(사람은 세 번 산다는 이야기 들어 보셨습니까?) 샤워 할 때 물을 적신 후 온몸에 발라 문지른 후 물로 헹구면 시원하다고 설명한다. 보고 싶더라! 친구가 되어준다. 자기의 문제를 털어놓으면 마음이 열렸다. 문제파악(건강, 경제, 자녀 등 필요한것을 채워준다)간증과 소망의 말을 한다. 잘 놀아 주면서 전도는 저절로 된다. 여성은 잘 꼬시키고, 잘 꼬시는 능력이 있다.

4.영접 단계: 터놓고 대화할 사이가 되었을 때에는 일반대화를 나누다가 분위기가 좋을 때 미네랄 소금(천국 가는 약도)으로 확실한 복음을 설명 하여 잘 받아들이면 영접시킨다.(복음 제시는 원안대로 짧게) 세상에 제일 좋은 복 받도록 축복 기도해 준다.

5.익은 영혼1차 양육: 안부를 묻고 칭찬을 하며 언제나 웃는 얼굴로 눈을 바라보면서 반가운 얼굴로 대화한다. 마스크팩(천국가는 약도2) 복음 설명, 진실로 영혼을 사랑하는 마음으로 친구가 되어준다. 마음 문이 확실히 열린다. 최고의 복을 받도록 간절히 축복기도 해 준다.　　**2차 선물**

6.영혼이 확실히 익었는지 찔러보기

조리용 소금을 주면서(우주최대 빅뉴스) 위하여 기도 해 드리도록, 기도제목을 물어본다. 잘 알려주면 많이 익었다. 문제를 위해 기도해 준다. 간증과 소망의 말을 해 준다. 덜 익었으면 뜨거운 기도로 뜸을 들인다. 복의 복을 더한 복을 받도록 간절히 축복기도 해 준다.　　**3차 선물**

7.열매따기: 문제를 위하여 기도하고 있음을 전달하고 나 혼자 기도하기 보다 같이 기도하면 하나님이 잘 들어주신다고 권면하여 함께 기도한다. 양치용 소금(영원한 행복 찾는 비결)을 알려주고, 구원의 확신 점검(오늘 하나님 불러도 천국 갈 믿음 있어요)구원의 확신이 있으면 교회 출석권유, 약속, 주보 보는 법, 기도하는 법(기도는 하나님을 부르고 부모에게 얘기하듯 하고 예수님 이름으로 기도 드립니다. 아멘)설명, 환란 근심이 없도록 축복기도 해 드리고 구원의 확신이 없으면 3번부터 선물 주며 다시 양육하며 교제 한다.　　**감동선물 4차**

8.새신자 등록: 주일 아침 약속시간에 모시러 간다. 예배시 같이 앉아서 함께 도와준다. 교회에서는 열렬한 환영을 해 주고 성도들은 친절하게 웃으면서 반겨 주어야 한다.

9.등록 후 관리: 등록한 날 집까지 배웅하면서 교회와 보시니 어떠냐고? 질문하면 의외의 답이 나온다. 나도 처음 교회 나왔을때 꼭 그렇더라고, 잘 설득 해야 정착이된다. 집에 가서 축복기도 한다. 전도자가 준비한 성경 찬송을 사인 하여 선물한다.

10.양육과 정착: 새신자반 공부, 새신자 공부가 없는 교회는 전도자가 1:1 심방 양육, 기관 구역 셀에 가입, 7명의 친구를 만들어 주어 어울려 주면 확실한 정착이 된다.

(5차 선물내역 ①코청소 ②조리용 소금 ③천연 방향제 대형 ④에센스 ⑤다이야몬드 소금. www.yc.kti114.net)

전도는 기도하고 사랑한 만큼, 감동을 준만큼, 투자한 만큼 열매를 맺는다.

주머니 터는 전도자는 땅에서 100배의 복을 받고 하늘에 상급이 더 크다.

7단계 전도지와 감동선물도 성도의 헌금이나 전도자가 준비하면 더 큰 은혜가 된다. 네 보물이 있는 그곳에는 네 마음도 있느니라 (마 6:21).

7단계 복음을 제시하는 전도지 활용법을 꼭 적용 하세요

열매 맺는 전도의 기억해야 할 점

전도 갈 때 성경책은 가방에 넣고 기도할 때 방문하여 눈 감고 기도 하지 말라.

첫 만남은 인사차 들렀습니다. 이웃에 사는 ㅇㅇ엄마 라고 인사하고 절대로 예수 믿으세요! 교회 나오세요! 라는 말은 하지 말라. 완전히 마음 문이 열리고 영혼이 살아 날 때 까지 교회에 나오세요라고 말하지 말라

첫 만남은 부담주지 말고 좋은 인상만 남기고 돌아와야 한다.

가정의 애경사에 적극 참여하라. 상대의 관심이 어디에 있는지 파악한다.

주 1회 이상 정기적으로 관심과 사랑을 베푼다.

전도하다 보면 어떤 때는 '너 안믿어 너 지옥 가는거지 더러워 죽겠네' 하는 소리가 목가지 올라와도 참고 견디면 전도왕이 된다. 전도는 희생만이 희생만이 능력이라 하시네, 전도의 왕도는 희생이다. 전도하기 위하여 쓸개가 없는 것처럼 하여야 한다.

상대가 아픔을 마음 놓고 의논 할 수 있도록 신뢰감을 갖게 하라. 애기도 봐주고, 시장도 같이 가고, 병원에도 함께 동행 하고, 취직도 시켜주고, 중매도 서주고, 외식도 같이 해야 빨리 열매를 맺는다. 등록카드와 교패는 소지하고 다니다가 잘 양육되어 다 익었으면 바로 등록을 권유하고 잘 설득해서 교패도 부착하고 기도 해 준다. 주일날은 반드시 교회에 오도록 약속을 받아야한다. 장사하는 분에게는 고객이 왕이고 전도에는 전도 대상자가 왕이다. 주일날 모시고 가야함은 물론이고 가장 좋은 친구가 되어준다. 정착하여 새 가족이 된 후에는 매우 좋아하면서 엄격하고 무서운 사람이 되어야 한다.

7단계 복음을 제시하는 전도지 활용법

복음을 한사람에게 일곱 번 전해야 결신한다고 레디모아 목사님이 말씀하셨다.

전도지 속에 가정에 필요한 용품이 들어 있으니 버리지 않고 사용 중 다른 가족들까지 복음을 접하게 된다. 복음지(전도지)는 불신자 눈높이에 맞추어야 한다. 불신자는 영적인 문제보다 물질에 관심이 많기 때문에 아주 귀한 것이라 자랑한다. 불신자가 좋아하는 전도 용품이 전도지 속에 들어 있어 사용할 때 까지는 버리지 않고 잘 보관한다. 선물을 드리는 전도라서 누구든지 할 수 있다. 1번부터 3번 전도지 까지는 친한 사람을 만났을 때도 동일하게 전도한다. 교회이름을 익히고 자연스럽게 복음을 접하도록 아파트 현관문에 끼워 둔다.

1. 독도는 우리 땅

지금 우리 민족의 관심은 독도에 집중 되어 있다. 이 때 독도는 우리 땅!이란 전도지는 누구든지 읽어 본다.

천연 방향제라서 향이 은은하고 기분 좋은 향이라서 전도 접촉점으로 좋다.

볼펜으로 뚫어서 향을 코로 체험해 보게 하면 좋아하고 마음 문이 열린다. 그냥 선물로 주고 "교회 나오세요. 예수 믿으세요." 라고 하지 말라.

(9.2Cm X 13Cm)

2. 원인을 알면 해결 됩니다.

황토에 구운 아주 특별한 소금이라 조미료가 없어도 맛이 좋고 건강에 좋다고 설명하면서 전하고 친해지도록 노력 한다.

"콩나물국 끓일 때 넣어 보세요! 시원합니다." 라고 말하면서 건네준다.

(10.2Cm X 14.5Cm)

3. 사람은 세 번 산다는 이야기를 들어 보셨습니까?

허브 미용염은 "샤워할 때 물을 적신 후 온몸에 발라 맛사지 후 시원한 물로 헹구면 피부가 부드러워지고 시원 합니다." 라고 말씀드려서 소금에 매력을 갖게 만든다. (대상자의 얘기를 맞장구를 치면서 들어준다).

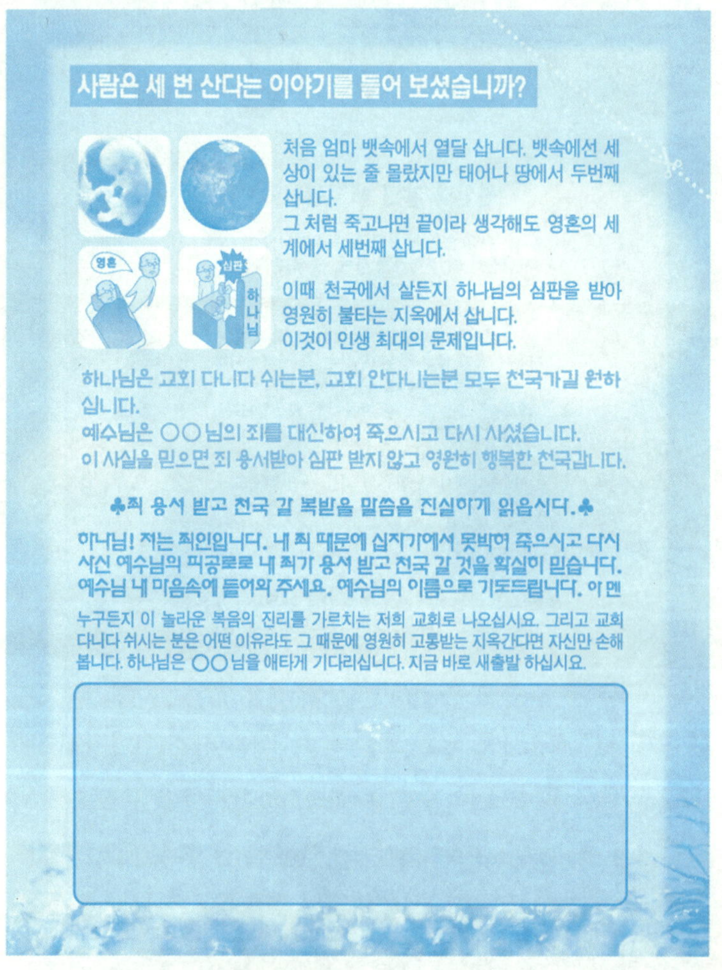

(9.2Cm X 13Cm)

4. 천국 가는 약도(1)

확실한 복음을 직접 읽어 드리고 영접도 시키고 선물도 준다.

이 소금은 건강유지용이다. 사용법을 읽어주고 마음문이 열렸으면 천국 가는 약도로 전도 한다.

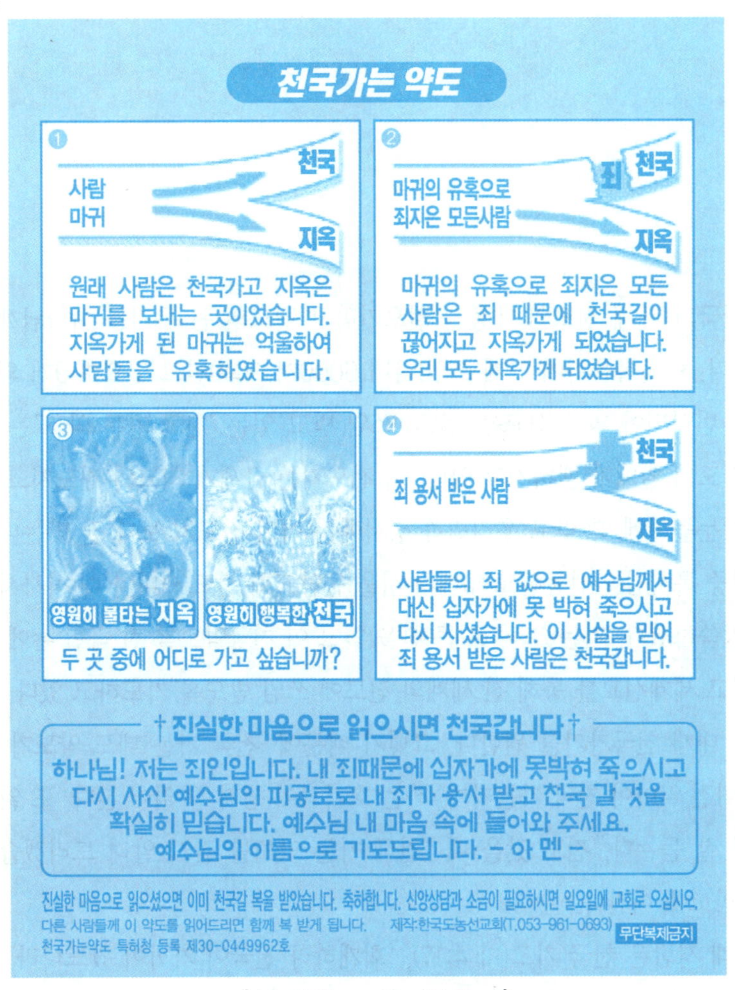

(11.5Cm X 15Cm)

천국 가는 약도 전도지 해설

한국과 세계 전도의 태풍을 일으키라고 전도의 큰 무기를 하나님께서 주셨다. 민족복음화에 크게 쓰임(국내 6000여 교회)받고 있으며 9개 외국어로 번역되어 외국 선교용으로도 쓰임 받고 있는 "천국 가는 약도"는 많은 전도의 열매가 맺혀지고 있다. 이 전도지는 금세기 최고의 전도지고 불신자 눈높이에 딱 맞고 우리민족 정서에는 어떤 전도지 보다 잘 맞는다고 김인중 목사님(안산동산교회)께서 서울 동암교회 전도 세미나 때 식사시간에 말씀하셨다. 저는 그 후로 큰 힘을 얻고 이 천국약도를 전 국민 손에 들려지고 세계선교를 통해 전 세계의 전도에 쓰임 받도록 기도하고 있다. 사람은 대개 천국가기를 원한다. 그렇기 때문에 "천국 가는 데도 약도가 있네, 이걸 알아야 천국 가는가봐" 하는 호기심이 생겨 잘 읽어 본다. 또 읽어주면 잘 듣는다. 전도 갔을 때 "천국 가는 약도를 잠시 알려 드리겠습니다."라고 들어간다.

원래 사람은 천국 가고(마 4:17), "회개하라 천국이 가까이 왔느니라" 라는 말씀은 회개할 것 없는 선악과를 먹기 전 아담이 살던 에덴동산을 천국으로 만드신 목적은 사람들이 영원히 행복하게 살도록 하는 천국의 삶이었다. 하나님께서 천국을 만드신 목적은 사람들이 영원히 행복하게 살도록 하는 것이다. (벧후 2:4)하나님이 범죄한 천사(마귀)를 용서치 아니하시고 지옥에 던져라 기록 되어 있다. 하나님께서 지옥은 마귀를 보내려고 만드셨습니다. 그러므로 지옥은 마귀를 보내는 곳 이었습니다. 라고 전도지 내용이 전개된다. (마 25:41)마귀와 사자들을 위하여 예비 된 영영한 불에 들어가라

  (창 3:1-13)아담과 하와는 마귀의 유혹을 받아 선악과를 먹게 되었으므로 지옥가게 된 마귀는 억울하여 사람들을 유혹 하였습니다.라고 말하면 마귀가 사람들을 유혹해서 어떻게 되었나 하며 궁금증을 가지고 ②번을 듣고 싶어 한다.

  마귀의 유혹으로 죄지은 모든 사람은(창 2:17) 선악을 알게 하는 나무의 실과는 먹지 말라 네가 먹는 날에는 정녕 죽으리라고 말씀하셨지만, 아담과 하와는 하나님의 말씀을 불순종하여(창 3:1-13)선악과를 먹어 원죄를 짓고 말았다. 죄의 삵은 사망이요(롬 6:23)라고 하였다. 죽음이란 육체적인 죽음뿐만 아니라 영혼이 하나님과의 관계가 단절되어 죄 때문에 천국길이 끊어지고 지옥가게 되었습니다. 우리 모두가 지옥가게 되었습니다. 라고 하면 전도하러 온 분도 지옥가게 되었던 사람이군. 그런 지옥 이야기를 듣고 싶어 하면서 ③번을 듣게 된다.

  ①영원히 불타는 지옥은 불도 꺼지지 않고 불로 소금 치듯 함을 받는 곳이라고(막 9:47-49) 기록되어 있다. 계 20:7-15에도 지옥의 고통을 잘 말해 주고 있다. 불신자가 안 믿는 것은 자기가 지옥 가는 줄 몰라서 입니다. 그러므로 그 영혼을 불쌍히 여기는 마음을 갖고 성령님의 도움을 요청하면서 애절하고 진지하게 지옥을 전해 주어야 한다.

②영원히 행복한 천국 계 20:7-15에 잘 알려주고 있습니다. 영원히 불타는 지옥과 영원한 행복의 천국 두 곳 중 어디로 가고 싶습니까? 라는 질문을 꼭 드려야 한다. 이 질문을 하면 많은 사람들은 "천국이요"라고 말하고, 어떤 할머니께서는 물어보는 네가 등신이지 라고 말씀하셨다. 이 말은 당연히 '천국가고 싶지' 하는 표현이다. 전도는 칭찬이 중요하다. 아이고 할머니 말씀 하시는 것 들어보니 천국 가실분이 틀림없으시네요. 할머니 천국 가는 길 아세요? 라고 질문을 던지면 아참! 그렇지 천국은 가고 싶은데 가는 길을 알고 싶구나 하는 마음을 갖게 될 때 할머니 제가 천국 가는 길을 알려 드리겠습니다. 라고 하신 후 ④번으로 넘어 간다.

사람들의 죄 값으로 예수님께서 대신 십자가에 못 박혀 죽으시고 다시 사셨습니다.

"그가(예수님) 상함은 우리의 죄악을 인함이라고 했다 (사 53:5). "네가 만일 네 입으로 예수를 시인하며 또 하나님께서 죽은 자 가운데서 살리신 것을 네 마음에 믿으면 구원을 얻으리니 사람이 마음으로 믿어 의에 이르고 입으로 시인하여 구원함에 이르느니라."라고 (롬 10:9-10)말씀 하셨다. 이 사실을 믿어 죄 용서 받은 사람은 천국갑니다 라고 확신을 심어준 다음에 영접기도문(진실한 마음으로 읽으면 천국 갑니다)을 인도할 때 눈을 뜨고 천국 가시도록 저 따라 해보세요! 라고 말씀 드린 후 하나님하고 저는 죄인입니다. 는 꼭 띄워서 처음 하나님 했는데 대상자가 안 따라하면 하나님 한 번 해 보세요. 하면 거의 따라한다. 그리고 눈감고 우리 천국 가는 복 받으시도록 예수님을 영접하는 기도를 드리겠습니다 라고 했는데 잘 따라오면 익은 영혼이다. 익은 영혼들을 놓치지 말고 등록카드로 전도현장에서 등록 시키고 잘 말씀드려 교패도 붙이고 축복기도도 해 드린다.

5. 천국 가는 약도(Ⅱ)

마스크 팩이 시중 것과는 다르다. 지장수와 황토소금 에센스가 들어 있어 끈적이지 않고 피부를 부드럽게 한다. 고 말씀드린 후 천국 가는 약도를 들었던 사람에게도 천국가는 약도Ⅱ를 읽어주고 또 영접기도를 같이한다.

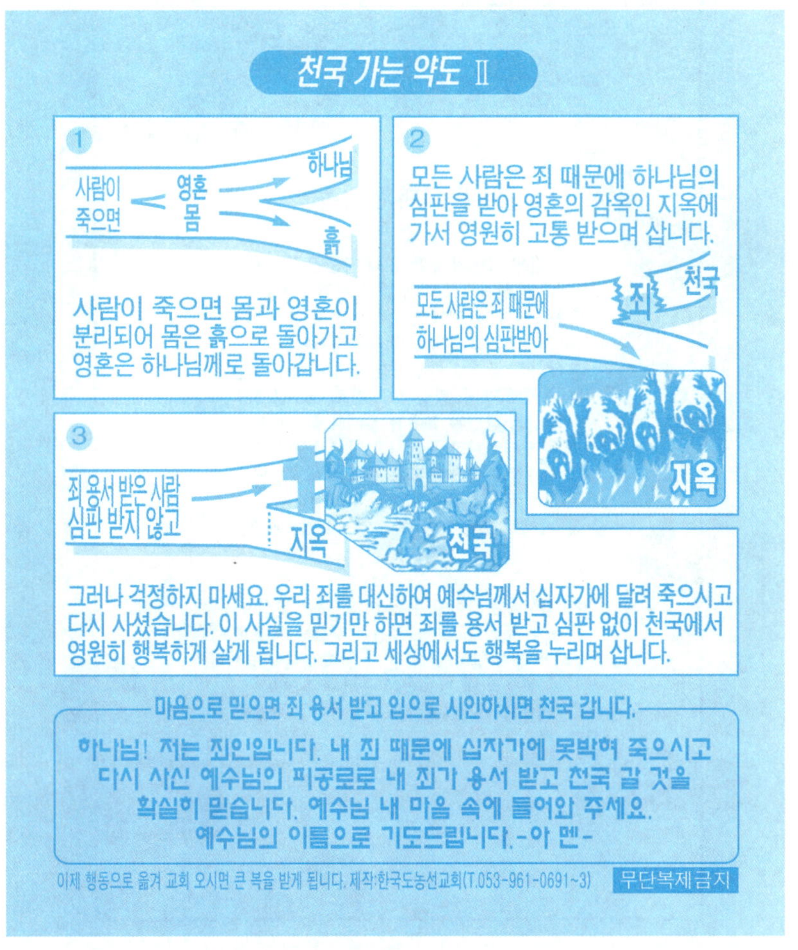

(12.5Cm X 14.5Cm)

6. 우주 최대의 빅뉴스

이 뉴스보다 더 큰 뉴스는 없다. 조리용 소금은 많이 쓰이므로 25g씩 두 종류 전도지로 준비 하였다. 이번에는 물김치를 한 번 담아 보세요! 건강 음료가 됩니다. 라고 하면서 전도지를 읽어 준다.

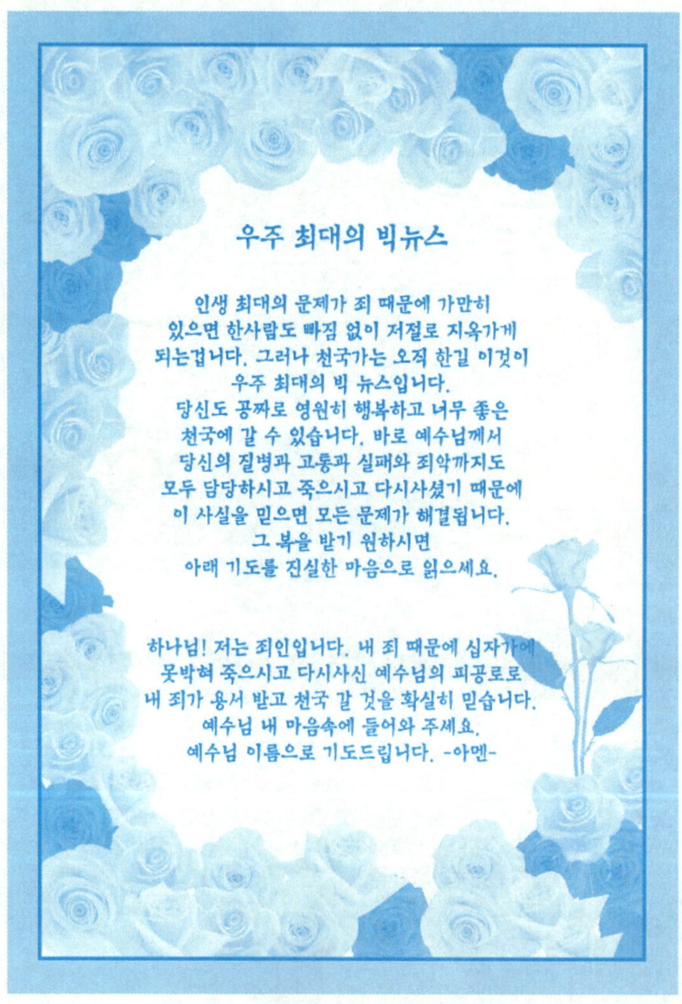

(10.2Cm X 14.5Cm)

7. 영원한 행복을 찾는 비결

양치용은 양치할 때와 잇몸 건강에 탁월하다. 소금으로 잇몸에 맛사지를 한 후에 헹구지 않는다. 하고 마무리 복음제시를 하고 영접기도를 진실되게 따라하고 영혼이 익었으면 교회출석을 약속 받는다.

(11Cm X 15Cm)

이렇게 하면 열매 맺는 전도가 된다. 를 꼭! 적용하세요

전도지 내용과 전도용품을 칼라로 보실려면 http://yc.kti114.net에서 볼수있다.

[전도는 접촉점이 중요하다]

많은 불신자가 좀처럼 마음 문을 열지 않고 있지만 건강의 획기적인 도움이 되는 필요를 채워 주면 전도 대상자와의 관계가 가까워 질 수 있다.

분주한 어느 날 현풍 비슬산 암자에서 울음 섞인 다급한 목소리로 한통의 전화가 걸려왔다. "장로님! 장로님! 날 좀 도와주세요!"하기에 "누구신지…" 했더니 "저는 12년 동안 진리를 찾아 봤지만 천국 갈길 못 찾았는데 장로님이 만드신 전도지를 읽는 중 석가모니는 내 죄를 위해 죽으시지 않았는데 예수님께서 내 죄를 위해 죽어 주신 것이 확실히 믿어져 영접 기도란을 울면서 읽고 지금 막 전화를 합니다." 어떻게 해서 절에 계신 분이 그렇게 되었는지 경위를 들어보니 경북 영양에 시주를 갔는데, 주인이 교회 다니는 집사라 시주는 못하고 소금을 드릴 테니 묵은 변을 제거하고 소금물 아침공복에 2컵을 마시고 물 마실 때 마다 소금을 약간씩 넣어 마시고, 또 그 주인이 주는 전도지를 이해가 될 때까지 꼭! 읽으라고 해서 받은 소금과 전도지를 통해 건강이 회복되고, 12년 동안 살든 절에서 내려와 개종하게 되었단다. 그가 곧 홍현태 성도다 전도를 위해 하나님께서 신유의 기적을 보여 주신 것이다. 개 교회에 가서 전도까지 해주는 한국도농선교회는 81개 지회가 있고 이들 지회에서는 전도팀이 전국에 목회자와 사모를 중심으로 평신도까지 지역별로 10명, 20여명의 회원이 매주 화, 수, 목 3일 중 하루, 또는 삼일씩을 직접 축호 전도하고 있으므로 품앗이 전도 지원 하실 분은 한국도농선교회로 연락 하면 된다.

주님이 가장 기뻐하시는 전도!! 건강에 도움을 줄 때 효과 만점이다.

소금 활용 전도 법

전도는 무엇보다 마음 문을 열게 하는 것이 중요하다.

물과 소금은 약이 아니므로 약처럼 쓰지 말고 개인적으로 불신자들에게 쉽게 접촉 할 수 있는 전도용품들을 기호에 따라 잘 활용하여 만날 때마다 한 두 가지씩 알려 드리고 계속 찾아가서 전도한다. 또 지속적으로 전도하기 위해 7단계 전도용품으로 바꿔 가면서 전도하면 더욱 효과적이다.

[물과 소금 이야기]

물 마실 때 소금 넣기(몸에 물과 염분이 부족하면 피곤이 쌓인다.)

2.0리터 생수 한 병에 소금 한티스푼을 타서 아침 공복에 2컵을 마시고 수시로 모두 마신다.(하루 한 병) 소금물 두 컵은 반드시 아침 공복에 마시면 좋다.

냉장보관도 가능 하다. 소금물 마시는 법은 각자 체질에 따라 양을 조절하여 짜다 싶을 댄 반드시 물을 마신다. 소금물 마시다가 몸이 붓는 분은 소금은 넣지 말고, 식초(현미, 감, 사과, 기타식초)물을 붓기가 빠질 때까지 마시고, 묵은 변을 제거 하시면 안 된다.

　출근하거나 외출 하실 때는 아침공복에 물2컵에 황토소금 한 티스푼을 넣어 마시고 낮에는 물만 4컵 정도 마시면 건강에 좋다.

　생식, 녹즙, 녹차, 커피, 보리차 끓일 때, 아기 우유에도 소금을 짜지 않게(한 컵당 1/6티스푼) 타서 드시면 건강에 도움이 된다.

　※ 물을 마셔 건강 되찾고 지키자! 물이 안 먹힐 때 소금물 마시면 물을 많이 먹게 된다.

물 마실 때 소금 넣기	물 2.0 리터 (1-2일 전에 타면 맛이 좋음)	소금 반 티스푼 ~한 티스푼

묵은 변 제거하기

마실 때 소금 넣기대로 소금물 5~10일 마신 후, 하셔야 더 잘된다.

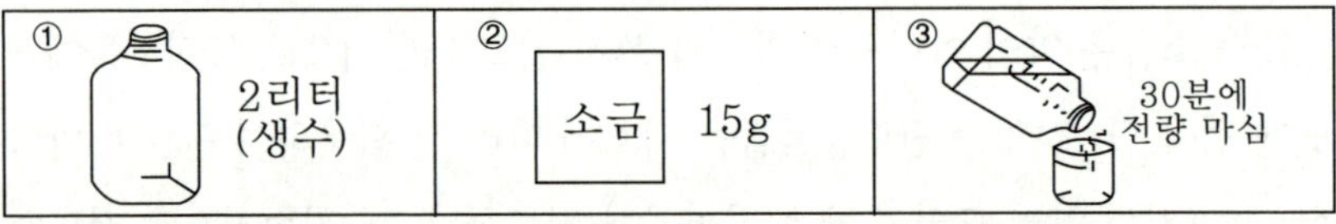

1.미지근한(30도) 생수 한 병-2리터 (큰 음료수병 1개+2컵) 준비

2.준비된 물에 소금 15g을 넣어 흔들어 녹힘(하루전에 준비하면 물맛이 좋다)

3.아침공복시 30분~1시간 안에 조금씩 전량 마심

4.사과를 소금물로 씻어 껍질채로 물마실대 한개를 같이 먹으면더욱좋음

5.물 마실 때 속이 울렁거리면 맹물 한모금 마심. 가스가 찬분은 토한다. 토한 후 다시 소금물을 만들어 마시면 된다.

　◆ 몸무게 65kg 이상 80kg 미만이신 분은 소금물 2컵 더 마신다. (80kg 이상 4컵)설사처럼 여러 차례 변이 나오면서 묵은 변이 제거된다. 금식전이나 단식 전에도 이용하시면 좋다 (주1회씩 다섯 번).

　◆ 몸이 마른 분, 싱겁게 드시는 분, 꼭! 위의 물 마실 때 소금 넣기대로 5~10일 정도 소금물을 하루에 2.0 ~ 3.0 L 마신다 .

(수분과 염분이 부족하면 묵은 변 제거가 안 됨)

◆ 묵은 변 제거 후 바로 식사해도 된다. 자극성이 있는 음식은 피하고, 첫끼 식사는 묽게 국에 말거나 죽을 드시고 물김치 반찬이나 요구르트를 마신다.

[주의] 소변이 어려운 분, 기력의 쇠약자, 잘 붓는 분, 신장이 약한 분, 임산부는 묵은 변 제거를 금한다.

물과 소금 활용법

1.조리용으로 사용 : 맛 좋고 가족 건강유지에 도움을 준다.

2.커피나 우유 과일에 : 뿌려 먹으면 더 맛있고 건강에 좋다.

3.머리감을 때 : 머리 감은 후 젖은 상태에 소금물로 한 번 더 헹군다.

4.얼굴 마사지 할 때 : 오이를 잘라 소금을 뿌려 얼굴에 붙이고, 10분 후 떼어낸다.

5.세수 할 때 : 허브 미용염 소량을 물과 배합하여 얼굴에 마사지 하듯 문지른 후 헹군다.

6.눈을 씻을 때 : 소금물 0.9%농도(국, 국물정도)로 씻어 준다.

7.코 씻을 때 : 짭짤한 소금물 (3%농도)로 씻어준다.

8.귀를 닦아 줄 때 : 간장 정도 짠 소금물을 솜방망이(면봉)에 찍어 닦는다.

9.양치 할 때 : 칫솔에 치약을 짠 후 소금에 찍어 쓰면 입안이 개운하다.

10.잇몸을 문지를 때 : 소금으로 문지른다.

11.건강물김치 담그는 법 : 배추, 무, 생강, 참외, 포도, 사과, 토마토, 씨 와 껍질까지 물김치를 담아 넉넉히 먹는다.

12.목의 청결을 위하여 : 짭짤한 소금물(3% 농도)로 목을 하루에 2~10 회 헹군다.

13.목욕 할 때 : 가정용 욕조에서는 100g정도 소금을 따뜻한 물에 풀어

15분 정도 전신욕을 하면 된다.

14.부패된 음식을 먹었을 때 : 따뜻한 소금물 그대로 마신다.
(물 1리터에 소금 한 큰 술)

15.변보기 힘든 분 : 물 2~3리터에 소금을 차 스푼으로 2개 넣어 매일 마신다.

16.차멀미 날 때 : 승차 30분 전에 간간한 소금물 한 컵, 승차 할 때 또 한 컵을 마신다.

17.당이 있으신 분의 식이요법 : 짜게 먹는 것이 아니고 본인 입맛에 맞게 쑥물을 먹고, 반찬에도 소금을 바꿔 주고, 소금으로 머리 감고, 이 닦고, 눈도 씻고, 목욕할 때도 소금물로 헹군다. 김치와 된장도 좋은 소금으로 담아 드시고, 식사는 잡곡밥 또는 생식 드시고, 발담금법 대로 발을 담근다. 병원 치료나 약을 드시는 분은 열심히 치료 받아야 한다.

18.다이어트 원하는 분 : 소금물(아침에 물 두 컵에 소금 1티스푼, 붓는 체질엔 식초 1티스푼 가미함)을 꾸준히 군살부위를 소금으로 문지르고, 식사는 아침은 생식하고 점심은 적당히 먹고 저녁은 아주 가볍게 드신다. 식사를 적게 하려면 소금물을 한, 두 컵 정도 식사하기 전 먼저 마신다.

19.생무우에 황토 소금을 찍어 드시면 좋다.

20.배가 차가울 때 : 소금 작은 술 2개 현미 식초 큰 술 한개 뜨거운 물 한 사발에 풀어 매일 아침, 저녁 식전에 마신다.

21.어깨를 부드럽게 : 허브 미용염을 소금가루 그대로 문지른다.

22.모기 물렸을 때 : 소금물을 짭짤하게 녹혀 발라준다.

23.무릎을 부드럽게 : 계란노른자 1개, 소금1티스푼을 반죽하여 매일 밤 붙이고 아침에 뗀다.

24.발 담금 법 : 소금 100g을 물 한 대야에 풀어서 매일 한 시간 발을 담근다. (주4~5회 소금물을 마시면서)

25.반신욕 할 때 : 물 반 욕조에 소금500g을 풀어 반신욕을 한다.

26.벌레에 물렸을 때와 가려울 때: 소금물을 발라 준다.

27.여성 청결을 위해 : 따뜻한 물 1리터+소금5g(차 스푼1개) 세정한다.

28.손톱, 발톱이 험할 때 : 소금을 반죽하여 매일 밤 붙임.

29.샤워, 사우나 : 샤워 후 허브 미용염을 전신에 바른 후 습포 또는 사우나에서 땀을 낸 후에 헹군다. (군살부위는 집중적으로 세게 문질러 바른다.)

30.아기 목욕 시킬 때 : 소금을 간간하게 넣어 씻어주고 소금물로 헹군다.

31.쌀이나 야채, 과일을 씻을 때: 짭짤한 소금물에 1~5분 담갔다 씻으면 농약 제거에 도움이 되고, 맛이 좋아진다.

32.등산전이나 목욕 전엔 소금물을 마시고 땀을 흘려라.

33.물을 오래 둘 때 : 대장균이 번식이 안 되며, 물을 알칼리수 만들어 준다.

34.치매에 안 걸리려면 : 소금물을 마시고, 성경을 매일 1장씩 읽으면서 외우도록 노력하고 찬송과 기도 드리면 하나님께서 도와주신다.

35.항문 청결을 위해 : 짭짤한(염도10%) 소금물로 씻어준다.

36.잠이 잘 안 올 때 : 취침 전 소금물을 한 두 컵을 마시고 소변을 보신 후, 반복 하여 주기도문을 묵상한다.

37.발을 매끈 하게 하기 : 밀가루10 : 소금1비율로 반죽 하여 발에 바르고 아침에 씻고 건조 후, 로션을 바른다.

38.쑥물 음료 법 : 떡 할 때 넣는 쑥을 삶은 물에 소금을 적당히 넣어 건강 음료수 로 마신다.

39.김치, 장 담굴 때는 : 소금을 바꾸면 가족건강이 유지 된다.

건강을 위해서는 무엇보다 마음을 바꾸는 것이 참! 중요하다.

건강하게 다니시는 모습을 상상하면서 건강할 수 있다는 믿음을 가져야 한다. 이런 큰 믿음은 인간을 지으신 하나님께서 선물로 주시는 믿음입니다. 교회 안다니시는 분도 목사님께 기도 받으시고, 믿으시면 하나님께서 건강의 복을 주십니다. 우리의 전도 대상자들도 하나님의 사랑을 받을 수가 있습니다. 이런 사랑 받고 멋진 삶을 살고, 복도 받고 함께 천국 가시도록 열심히 전도한다.

접촉하여 필요한 부분을 본 활용법에서 찾아 지도해 주세요. 그리고 소금과 마스크 팩 뒷면 전도내용을 꼭! 읽어드리고 선물을 드리면서 일곱 번 읽어보시면 천국 가는 복을 받는다. "다음 주에 교회함께 갑시다." 라고 반복적으로 강하게 권하면서 작은 선물 들고 자주 심방하여 주일날 꼭! 교회로 인도한다. 전도는 교회가 먼저 이웃을 섬기면서 확실한 복음을 증거하고 사랑으로 잘 양육 시켜야 된다. 하나님은 지금 당신을 기다리신다.

전문적인 사람낚는 어부가 될려면

1. 밑밥을 뿌려야 한다.
 - 전도의 밑밥을 먼저 뿌리자(교회는 여러방법으로 이웃을 섬김.전도자는 음식나눔,선물, 식사등)

2. 미끼가 좋아야 한다.
 - 불신고기(전도대상자)가 필요로 하는 미끼(전도용품, 감동선물)를 준비하자, 미기없이 고기낚는 어리석은 어부 되지 말자

3. 낚시가 확실해야 낚을수 있다.
 - 복음 내용이 핵심적이고 쉽고 간단하면서 영혼을 살릴수 있는 확실한 복음을 전해야 한다.

4. 낚은 고기도 잘 간수해야 한다.
 - 전도엔 무엇보다 정착이 제일 중요하다. 등록하는 날 90% 떨어짐 으로 이날이 가장 중요한 날이다.

이렇게 하면 전도의 열매를 맺을 수 었다를 주시해 보라.

전도 간증

　제가 전도한 사람 중 지면관계로 일부만 간략하게 실었다. 개인 프라이버시를 위해 이름은 생략 했다.

　최○○: 생활이 어려울 때 생활비로 조금 도와주고 전도했다. 이 전도방법으로 결신한 사람이 많다. 이 전도법은 아버님께 배웠다.

　이○○: 손이 불편해서 빨래를 하기 힘든 분께 세탁기를 사드렸더니 전도가되었다.

　임○○: 목사님 자랑으로 좋은 선입견 갖고 기도 받기 위해 따라 왔다가 목사님께 안수기도 받고 30년 된 두통이 치료되어 다음날 새벽부터 교회에 나왔다. 교회출석 6개월 만에 6명을 전도했고 집사직분 받은 후부터 제가 전도 집회 인도할 때 은혜 끼치도록 기도시간 3분의2의 시간을 기도해주는 일등 기도후원자가 되었다. 그는 원래 보살이었다.

　전○○: 작은 선물 들고 여섯 번 정도 찾아가 대화해주고, 복음제시하고 기도해 드렸더니 전도가 되었다.

　친구전도: 전화로 전도하고 시간 내어 함께 교회 구경 가 보자 해서 전도

되어 장로 직분도 받고, 열심히 전도하는 전도자가 되었다.

예○○: 떡, 김치, 양말, 수박, 인삼 세뿌리, 오이, 소금, 치약, 화장품, 월남치마, 지속적인 관심으로 전도했다.

양○○: 카드회사 직원에게 카드모집을 도와주고 천국 가는 약도를 읽어주었더니 전도되었다.

울산의 간호사: 열차 타기 전 대전역 6번 홈에서 천국 가는 약도소금 한 봉 주면서 "일곱 번 읽어보시면 천국 가는 복을 받습니다." 라고 했는데 전도되었다.

신○○: 부식가게에 반찬꺼리를 팔아주면서 친해져 전도가 되었다.

이○○: 수원역에서 택시타고 가면서 천국 가는 약도를 드렸더니 잘 읽으시기에 도착해서 약 3분간 복음을 설명하고 영접시키므로 전도되고, 다음에 전화 연결되어 부인이 좋아 한다고 했다.

채○○: 제가 경영하는 선교식품에 직원을 일과 시작 전 매일기도하고, 매월 1회 예배 드리면서 천국약도도 읽어주며 전도했더니 열심히 교회 다니게 되었고 가족과 친구들을 전도하는 전도자가 되었다. 우리 회사의 안 믿던 직원들은 들어오면 모두 전도되고 가족들까지 예수를 믿는다. 거래처 사람들도 전도 했는데 가스 납품하시는 사장님은 전도되어 자기 부인도 인도하고, 자녀들도 나오고 부부가 집사직분도 받았다. 택배, 박스 납품회사 사장, 비닐봉지 납품하는 분도 전도 되었다. 고객들이 전화오면 전화로 전도하고, 천국가는 약도 소금과 다른 선물도 보내면서 권유 했더니 전도 된 사람도 있었다. 전화로 답례전화가 오고 전도 해주어서 너무 감사하다고 했다.

우○○: 질병 때문에 고통당할 때 사랑으로 심방했더니 전 가족이 전도되었다.

이웃에 사는 두 집에 반찬과 소금, 된장, 간장 등 선물을 주면서 천국 가는 약도 일곱 번 읽어보세요! 했더니 전도가 되었다. 친척전도는 큰 선물과 때로는 선물비를 현금으로 섬기면서 천국 가는 약도를 읽어주고 일가 친척들을 전도했다.

저희 가정은 제가 먼저 예수 믿고 동생 3명과 부모님을 전도했다. 저희 가족은 부모님도 전도 많이 하시고, 동생들 2명은 열심히 전도하며 여고 선생으로 있는 동생은 장로 직분도 받았고, 1년에 여고생들을 매년 50명 정도 전도한다. 아들 최경섭집사는 친구와 거래처 사장을 전도하고 많은 사람들을 전도하고 있다. 딸들도 시집가서 가족을 전도했다. 외손자, 손녀 (승현,혜경)도 전도하여 주일학교에서 전도왕이 되었다. 하나님 은혜가 참 감사하다.

초등학교 2학년 여학생에게 천국 가는 약도를 읽어 주었더니 갑자기 선생님 큰일 났어요' 하고 울길래 왜 그러냐고 했더니 '저는 이 사실을 알고 보니 천국 가겠는데 우리 아빠는 이 사실을 모르고 교통사고로 2개월 전에 돌아 가셔서 지옥 갔어요.' 하며 구원의 확신이 있어보였다. 그리고 경로당에도 된장, 간장, 소금과 수박, 음료수, 떡 등을 대접하면서 천국 가는 약도로 전도했더니 교회 등록하는 분도 생기고, 경로대학에는 160명 정도가 전도되어 매주 출석한다. 주일낮 예배전 10시에 경로대학에서 예배와 말씀공부를 한다. 참 노년에 천국 가는 약도를 집에 들고 가서는 돋보기 끼고 읽어 보시고 또 읽어 보시고 심심하면 읽어 보시는 노인들이 구원의 확신 있는 어른들이 80%정도 되는 것 같다.

곽○○: 몸이 불편한 분 가정에 심방하여 소금, 된장, 간장, 생식등을 선물하며 심방가서 기도 해주고, 천국 가는 약도를 읽어 주고 또 읽어 주면서 영접 시켰더니 가족 다섯 식구가 교회 오게 되었다. 전도 받은 사람들이 주

일날 만나면 너무 반겨주고 영적자녀들이 친척만큼 자주 놀러오는 성도도
있다. 전도 하고 나면 최고의 보람을 느끼고 멋진 삶이 있다. 모든 것이 하
나님의 은혜요 축복이므로 하나님께 영광을 돌려 드립니다. 또 담임목사님
과 제가 전도 할 수 있는 영향을 주신 많은 목사님들께도 감사드린다.

〈총동원주일 간증〉

지금부터 약 15년 전일이다. 담임목사님께서 총동원 전도 주일을 21일전
공포 하셨다. 제 아내 신영자 권사는 새 운동화를 신고 매일 새벽기도 후
밤 11시까지 전도하러 다녔더니 운동화 밑창이 다 뚫어졌다. 밤에 잘 때도
전도하면서 잠꼬대하기에 그토록 긴 시간 전도 했으면 잘 때는 고이 자야
지 했더니 신권사가 대답하길 우리의 소원은 전도 꿈에도 소원은 전도라고
당신이 노래를 부르니 꿈에도 전도하지 라고 했다. 저는 무릎에 관절염이
심해서 걷기가 불편하여 총동원 주일 초청장을 다른 사람들의 도움까지 받
으면서 한 사람 한 사람 주소를 적어 봉투에 넣어 5,000통을 우편으로 발
송 했더니 우리 부부 이름으로 750명이 초청되었다. 전교인들이 초청한
인원보다 더 많이 왔다. 그래서 전도왕은 되었지만 결신은 열 명 정도 밖에
안 되었다. 지금까지 전도 하면서 느낀 점은 총동원 전도는 무엇보다 후속
관리가 너무 중요한 것을 깨닫게 되었다. 지금도 후속관리 잘 하는 교회는
총동원 초청전도로 교회가 부흥되고 있다.

총동원전도 때도 꼭 7번 복음을 전하도록, 지속적으로 또는 단기간 매주
연속으로 하면 상당한 열매를 거둘 수 있다.

소금 전도지로 전도한 체험담

박현숙 목사
대전평강교회
010-7200-9182

할렐루야!

먼저 한국도농선교회를 만날 수 있도록 축복하신 하나님께 모든 영광을 돌립니다. 그리고 불철주야 전도용품을 만드셔서 도농선교회 회원 교회중 한 교회라도 더 공급하시기 위해 수고하시는 최원수 장로님과 신영자 권사님께 진심으로 감사를 드립니다.

저는 여러 가지 전도법을 통해 전도를 해 보았으나 무엇인가 늘 부족함을 느꼈습니다. 그러던 차에 한국도농선교회를 알게 되었고, 황토소금을 접했을 때 바로 이거야 하는 생각이 들었습니다.

황토소금으로 전도를 시작하고 난 후에 저 개인과 교회에 많은 축복과 유익이 있었습니다. 전도현장에 나가 전도된 몇 가지 사례를 말씀 드리고자 합니다.

공원에 전도 갔을 때 일입니다. 해소천식으로 고생하시는 할머니를 만났습니다. 소금에 대한 설명을 하고 그 다음부터 기도해드리고 소금을 탄 물을 계속 드렸더니 가래가 삭고 호전이 되어 누워서 지내시던 할머니께서 건강이 회복되어 교회로 나오게 되고 세례도 받고 집사님이 되셨으며, 평생 미신만 믿던 할아버지께서도 우리교회 집사님이 되셨습니다.

어느 날 심방을 다녀오다가 버스 옆 좌석에 앉아계시는 아주머니께 허브 미용염을 드렸는데, 1개월 후에 전화가 걸려왔습니다. 찾아갔더니 큰 교회를 섬기고 계시던 권사님이셨습니다. 유난히 미용에 관심이 많은 권사님이라 허브 미용염으로 얼굴을 씻었더니 피부가 너무 좋아져서 어떻게 은혜를 갚아야 할텐데 하고 생각하다가 교회를 정하지 못하고 계시는 옆집 성도를 소개해 주셨습니다. 그 성도를 통해 계속 많은 사람이 전도되었습니다.

아파트 전도 갈 때마다 습관적으로 경비아저씨께 소금 한봉씩 드려서 잘 부탁했더니 하루는 나에게 1302호에 사시는 아주머니가 많이 아픈데 가보라고 했습니다. 가보았더니 남편도 없이 아들 한명과 살고 있었는데, 심한 당뇨와 정신적인 충격으로 나 좀 살려달라고 하소연했습니다. 계속 기도하며 천국가는 약도로 복음을 전했더니 지금은 우리 교회의 충성스러운 집사님이 되셨습니다. 최근에 있었던 일입니다.

우리교회 부근에 있는 부동산 사무실에 전도하러 갔습니다. 여러 번 지속해서 가다보니 불신자인 사장님과 친해져서 얼마든지 복음을 전하는 것을 허용하셨습니다. 그날은 남자 분들이 일 곱 명 정도 모여앉아 있었고, 여자분 한분이 같이 담소를 나누고 있었습니다. 저는 소금에 대한 설명을 하고 묵은변 제거에 대해 설명을 하고 있는데 여자 분이 저에게도 소금 한봉 좀 주세요 하여 드렸더니 잘 경청을 했습니다. 위장이 많이 나쁘다고 해서 묵은변 제거를 해보라고 하고 돌아왔는데 이틀 후에 교회로 찾아왔습니다. 제게 간증을 하는데 사업일 하다가 부도가 나서 그 충격으로 6개월간 말을 못하다가 말을 하게 되었고, 그때 이후로 위장이 운동을 안 하고 멈춘 것 같은 느낌을 받고, 조금 먹어도 전혀 소화가 되지 않아 고통스러웠다고 했습니다. 그런데 황토소금으로 묵은변 제거를 하였더니 몸이 천근만근이었던 몸이 가벼워지고, 위장이 움직이기 시작하였다고 말했습니다. 이분이 계속 친한 친구분들, 주변에 아는 분들을 5명 전도해서 교회로 데리고 왔습니다. 물론 예수님을 영접했고, 예수님을 증거 하는 보람 있는 일을 하고 싶다고 하며, 우리교회에 등록해서 열심히 활동하고 있습니다.

할렐루야! 모든 영광을 하나님께 돌립니다. 최원수 장로님께 주님께서 범사에 복을 주시어(창 24:1) 현재보다 천배의 복을(신 1:11)주셔서 선교를 더 많이 하도록 기도드립니다. 아멘.!

불신자가 혼자 읽어 보고도 오는 전도지

불신자들은 자기 영혼이 지옥 가는 줄 몰라서 못 믿는데 천국 가는 약도 전도지를 통해 지옥을 거부감 없이 확실하게 전할 수 있어 효과적으로 전도가 됩니다.

강원도 동해 나안리교회(조의현 목사)는 아파트 현관문에 올려놓았는데 불교인 두 사람이 교회로 나왔다고 합니다.

동경교회 구장회 목사는 아는 사람 중심으로 천국가는 약도를 드렸는데 꾸준하게 불신자가 돌아 온다고 말씀하셨습니다. 소금전도지로 지속적으로 전도합시다.

낙심자가 새 출발하는 전도지

낙심 자들이 구원의 확신이 없어 교회 다니다 쉬는데 천국 가는 약도는 복음제시가 확실하여 다시 출발하게 하는 전도법입니다. 대구 선교교회(이재국 목사)도 아파트 현관문에 올려놓았는데 교회 다니다 쉬는 두 명이 새 출발 하였습니다. 그 때부터 열심히 전도하기 위해 천국 가는 약도 전도지를 수차례 2만장 주문하여 전도했더니 1년 반 만에 3배로 부흥 할 수 있도록 하나님께서 채워 주셨습니다.

확실한 전도무기 (천국 가는 약도 전도지)

전도는 현장이고 현장에서는 꼭 무기가 있어야 승리 할 수 있습니다. 천국 가는 약도는 복음 설명이 너무 쉽기 때문에 울산대현교회 목사님은 쉬운 전도법이라 참 좋다고 말씀하셨고, 대구 원대제일교회(김정성 목사)는 확실한 복음제시가 되는 천국 가는 약도로 전도하여 몇 주 만에 10명이 매주 교회출석을 잘하고 있습니다.

서울 동암교회 전도 세미나때 천국 가는 약도 전도지를 보신 안산 동산교회 김인중 목사님께서 "금세기 최고의 전도지이고, 불신자의 눈높이에 맞고 우리 민족 정서에 맞는다!"고 칭찬해 주셨습니다. 많은 목사님들이 이렇게 좋은 전도지를 어떻게 만들었냐며 칭찬하십니다.

서울 동선교회 박재열 목사님께서는 영혼을 살리는데 너무 좋은 전도지라고 말씀하시면서 매년 20-30만 봉지를 주문하셔서 본 교회와 개척교회에 지원하여 전도 하도록 돕고 있습니다.

전도는 주는 것이다

울어주고	지옥 가면 안 될 불쌍한 영혼을 위해 울면서 기도 하자.
웃어주고	웃는 얼굴에 침 못 뱉는다.
선물을 주고	기분이 좋아진다.
정을 주고	마음이 열린다.
이야기 들어주고	스트레스가 풀린다.
맞장구 쳐주고	친구가 된다.
소망을 주고	믿고 싶은 생각이 든다.
사랑해 주고	상대도 사랑한다.
밥을 사주고	마음이 움직인다.
돈도 주고	자존심 상하지 않게 (생일축하, 입학, 이사, 입원 후 회복, 친구된 기념으로 옷 하나 사입어요,경제적 어려움 등) 봉투에 담아 핑계를 대면서 정중히 드린다.

복음을 전해주고 ·················· 영혼이 살아난다.

인도 해주고 ·················· 교인이 된다.

등록시켜주고 ·················· 하나님의 자녀 소속감을 갖게 된다.

양육 해주고 ·················· 천국 갈 구원의 확신을 갖게 된다.

친구 되어주면 ·················· 완전한 정착이 된다.

당신도 이렇게 하면 전도왕이 될 수 있다. 그리고 한국교회의 전도태풍을 일으키는 주인공이 될수있다.

방문 할 때 예절

1.단정하고 품위 있게 옷을 입는다.

2.구두는 반짝거려야 한다.

3.화장은 온화하고 수수하고 밝게 한다.

4.머리도 감고 빗질을 잘하여 단정하게 한다.

5.악세사리는 지나치지 않게 한다.

6.가방도 항상 깨끗한 것을 들고 다닌다.

7.대화는 즐겁게 하라.

① 잘 들어준다. 얘기 할 때 불신자가 알아 듣도록 또박또박 정확히 말한다.

② 상대의 단점을 절대로 말하지 말라.

③ 정치나 논쟁 꺼리가 될 이야기, 거슬리는 말, 험담, 여성에게는 나이,
   신체, 외모에 대한 나쁜 것을 절대로 말하지 말라.

④ 서로 좋은 화제를 선택하고 듣는데 익숙해야 한다.

⑤ 맞장구 쳐주고 화제를 적당히 돌려야 한다.

⑥ 언제나 웃는 얼굴로 대화를 하라.

⑦ 상대의 이름을 꼭 기억한다.

상대를 끌리게 하는 화제

1.집안장식, 화초, 애완견, 자녀, 의상, 머리, 가족칭찬으로 시작한다.

2.날씨, 계절, 운동, 취미, 뉴스, 건강, 친구, 자녀교육, 사회이슈, 의식주
  에 관한 대화를 나눈다.

전도 대상자 어떻게 찾나

이사 온 집, 어려움 당한 자(질병, 실직, 이혼, 사업실패, 경제적 어려움)
종교에 호기심이 많은 자, 나와 연고 있는 사람, 직장, 취미, 단체, 자녀
관계, 상거래.
※ 개척 법 : 노방 전도 시 개척, 축호전도 개척, 방문, 전화, 메일개척

제5부
개인전도

개인전도

두 명씩 짝지어서 전도 갔을 때는 협력자는 상대에게 전도자를 아주 유명하신 ○○○강사님께서 건강에 대한 말씀과 좋은 이야기를 해 주실 텐데 잠시 들어봅시다.

하고 전도자를 소개한다. 그리고 집에 들어가서 눈 감고 기도 하지 말라. 전도자가 전도할 때 끼어 들지마라. 손님, 전화, 애기 등을 잘 처리한다.

뿌리는 전도

전도는 뿌리는 전도와 열매 맺는 전도로 나눌 수 있다. 뿌리는 전도는 복음이 핵심적인 전도지로 교회가 있는 지역 안에 모든 사람이 복음을 듣지 못해 지옥 왔다고 하는 사람은 한사람도 없도록 일곱 번을 반복적 단계적으로 뿌려야 한다. 뿌리는 전도로 노방전도와 팀전도를 생각해보자. 노방전도와 순회 팀전도(품앗이전도)는 전도 대상자(열매 맺을 전도 대상자)를 찾을 수 있는 좋은 전도다. 노방전도에서 복음을 제시 후 눈뜨고 천국 가는 복 받도록 한번 따라해 보세요. 했는데 영접기도를 따라하면 두 번째 눈을 감고 기도하시면 천국 갈 복을 확실히 받을 수 있습니다. 라고 인사한다. 이때 눈을 감고 기도하는 이는 익은 영혼 또는 전도대상자로 좋은 사람이다. 지속적으로 만날 수 있도록 소금, 방향제, 마스크 팩 아니면 유익한 정보(자녀교육, 가정행복 등)를 전해 드린다고 하며 연락처를 받는다. 또 뿌리는 전도 중 아파트나 주택에 전도지에 소금을 걸어놓고 오는 전도지가 있다. 이 전도의 장점은 교회를 지역에 알릴 수 있고 복음을 듣지 못했다는 핑계를 대지 못하도록 전도해야 한다. 확실한 복음 전도지 천국 가는 약도 소금은 아파트 문에 올려 두고 왔는데 타 종교인이 교회 나오고 낙심자가 돌아오고 불신자가 주님을 만나는 때도 있다. 그러므로 전도는 다양한 형태로 해야 한다. 고기 잡는데도 낚시와 그물 또 고무총 등 다양하게 사용하듯 전도도 다양한 전도 법을 통하여 복합적으로 할 때 상승작용이 일어난다. 천국 가는 약도 소금 전도는 전도의 공포증에서 해방되어 전도를 누구든지 쉽게 할 수 있다. 뿌리는 전도에서 영접을 성공하면 열매 맺는 전도로 넘겨 단계적으로 전도하면 열매를 많이 맺을 수 있다.

열매 맺는 전도

축호전도

1. 미친 전도로 찾아가자.

미친 전도란 미소와 친절로 전도한다는 뜻이다. 웃으면 복이 오고 사랑도 온다.

거울을 쳐다보고 웃어 보세요. 거울은 절대로 먼저 웃지 않는다.

내가 웃으면 거울 속에 사람도 따라 웃는다.

거울 속에 사람이 나를 따라 웃듯 내가 웃으면 상대방도 웃는다.

웃어야 마음 문이 열린다.

전도자는 웃는 연습을 많이 해야 한다. 최고로 크게 웃는 모습을 휴대폰 메인 화면에 담아 놓고, 볼 때 마다 웃는다. 심심하면 열어보고 또 웃는다. 힘들 때도 또 보고 웃는다. 웃는 연습을 많이 해야 저절로 웃게 된다. 평소 많이 웃는 사람은 전도 대상자를 만나도 자연스런 웃음이 나온다. 어떤 처녀는 웃지를 않고 얼굴이 너무 굳어 있어서 선 볼 때 마다 퇴자를 맞자, 중매쟁이가 '이번 총각 만날 때는 웃어야 시집을 갈수 있다.' 라는 중매쟁이 말을 귀 담아 들은 처녀는 선보는 날 아침부터 다방에 가서 계속 웃고 있었다.

그런데 이게 웬일인가, 선본 그 시간에 그토록 안 웃다가 모처럼 웃으니 얼굴에 경련이 일어나서 떨리기 시작한다. 이 모습을 본 총각은 도망가고 말았다. 웃음도 평소에 운동 하듯이 연습하고 또 연습해야 한다.

그런데 놀라운 것은 억지로 웃거나 가짜로 웃어도 우리 뇌는 진짜로 웃는 것으로, 감지되어 엔돌핀이 나온다. 더욱 놀라운 사실은 천국 갈 믿음 때문에 기뻐하며 즐거워 할 때는 엔돌핀 보다 엄청난 치료 능력을 가진 따이몰핀 이라는 호르몬이 나온다. 천국 갈 것을 생각하며 천국의 영원한 행복을 생각하면서 감사하며 힘차게 웃어서 하나님의 마음을 기쁘시게 해드리자. 천국은 이 땅에 말로 다 표현 할 수 없을 만큼 엄청나게 아름답고, 물이 수정 같고, 농사짓지 않고 세상에서 맛 볼 수 없는 엄청 맛좋은 과일들을 달마다 먹고 병은 없고 근심도 없고 고생도 없고 전쟁도 슬픔도 배고픔도 괴로움도 죄도 마귀도 없는 영원히 행복한 천국 주님과 함께 즐거운 찬양을 영광 가운데 주님의 사랑을 듬뿍 받고 면류관에 많은 별들도 번쩍이고 황금보석으로 꾸민 집에서 주님사랑 크게 받으며 행복한 나날을 영원토록 누리게 될 전도자는 따이몰핀이 나오도록 천국 생활을 마음에 그리면서 늘 웃고 살자.

전도자는 웃을 수밖에 없다.

최고로 복된자 이기 때문이다.

웃음이 건강에 좋고, 마음의 문을 연다.

건강 전도법은 현대인의 최대 관심사인 건강을 주제로 전도 대상자들과의 접촉점을 가지게 만드는 계기가 되게 하고 대화가 서로 시작될 수 있게 하며 더 나아가 서로 좋은 관계로 발전된다.

웃는 것이 건강에 얼마나 좋은가?

웃음은△순환기관을 청소한다.△소화기관을 자극한다.△심장박동수와 혈액순환을 높인다.

△혈압을 내려준다.△근육의 긴장을 완화한다.△앤돌핀의 분비량이 증가한다.△스트레스, 긴장, 근심을 해소해준다.

웬디 세퍼드(wendy shepard) 임상 간호사는 불행히도 많은 사람들이 매일 매일의 스트레스를 웃음으로 해소할 생각을 하지 않는다고 말하고, 많은 사람들이 웃음을 만들기 보다는 웃음이 생기기를 마냥 기다린다고 지적했다. 그녀는 유머가 그냥 웃어넘기는 우스개의 수준을 넘어 일상의 관점과 태도를 변화시켜주는 강력한 생활기술이라고 강조하고 있다. 또한 웃음은 자신의 건강을 도와줄 뿐만 아니라 다른 사람도 도와주는 일이 된다고 보고 있다.

왜냐하면 웃음은 전염이 되기 때문이라는 것이다. 또 다음과 같은 웃음의 생리적 효과를 지적하고 있다. △몸의 면역체를 강하게 한다.△육체적 고통을 완화시킨다.△몸의 온도를 적정수준으로 높여준다.△살빼기 운동을 돕는다.△불면증을 고쳐준다.△감기에 덜 걸린다.△혈압을 내려준다. △심장혈관기능을 강화시켜준다.△위산을 줄여준다.△암의 확산을 늦추어준다.△산소 소비를 줄여준다.△관절염의 증상을 완화해준다.△낭창의 증상을 완화해준다.△천식의 증상을 완화해준다.△수명을 연장해준다. 위의 열거 한 것 보다 더 강력한 치유의 효과는 성령 충만한 삶 가운데 구원의 감격 속에 기쁨가운데 감사가 넘치는 생활로 늘 웃고 사는 성도에게는 엔돌핀 보다 훨씬 강력한 따이몰핀이라는 호르몬이 나와 건강에 엄청난 효과를 누릴 수 있을 것이다. 그래서 요즘은 설교자도 웃겨야 은혜를 받았다고 합니다. 전도 할 때는 유머에 대한 공부를 해서 활용하면 많은 전도의 결실이 있을 것이다. 무엇보다 전도자의 얼굴에 웃음이 넘쳐야 하므로 늘 웃고 사시어 하나님께 영광을 돌리시길 바란다. 숨 쉬듯이 기도하고 밥 먹듯이 전도하자! 전도는 무언가 획기적인 발상이 아니고는 전도대상자들에게 접근하는데 상당한 어려움을 느낀다. 최초의 접촉은 필히 호감이 가야 하며 또 상대에게 필요성을 채워 주어야 한다. 그리고 내가 하는 전도는 참으로 귀중한 일임으로 긍지와 보람을 갖고 전도한다.

세상에서 제일 보람된 일이요 영광된 일이 전도다. 천사도 흠모하는 일이 전도다. 웃자 으하하하하하~

전도는 불신자에게 63빌딩을 아니 102빌딩을 그보다 더 높은 빌딩을 10개나 선물하는 것보다 더 큰 것이 천국 가는 복을 받도록 도와주는 것이다.

웃으면 건강은 물론이요 친구도 많아지고 사업도 성공 할 수 있고 전도도 잘 된다. 어떤 사람이 병원에서 암 말기 판정을 받아 의사는 앞으로 3개월 밖에 못 산다고 말했다. 그러나 그는 그래도 웃었다. 밥만 먹고 3개월을 웃고 나니 그만 병을 고침 받게 되었다. 친절을 잊지 말고 전도 대상자 만나면 첫사랑 만남 같이 '껌벅' 죽어야 된다. 사람은 터치 할 때 더 정을 느낀다.

전도 대상자를 만나면

1. 미소를 짓는다.
2. 눈을 바라본다. 눈은 마음의 창이니까! 눈을 바라보며 웃으면 마음의 문이 열린 다.
3. 그리고 사랑의 인사를 한다.

여러 번 만났을 때는 특히 같은 여자들 일 때는 악수하면서 손을 맞잡고,

깍깍깍 세 번을 손잡으면서 사랑합니다. 또는 반갑습니다. 또는 자기야 보고 싶어서 라고 반갑게 대하면서 수다를 떤다. 전도는 수다를 떨면서 상대를 내 몸, 내 영혼만큼 사랑하면 된다. 용기를 갖자. 특히, 여자들은 잘 꼬시기 때문에 전도가 잘 되고 또 여자는 잘 꾀는 능력을 하나님이 주셨다. 선악과 먹을 때도 하와가 잘 꼬이는 능력으로 남편인 아담을 꼬였다. 그 능력으로 남편을 꼭 전도하라. 남편 전도를 위해서 칭찬을 많이 하고 잉꼬부부가 되도록 노력하라. 그리고 당신이 교회 나올 때 까지 금식 기도 할 테니 마누라 죽이든지 당신이 교회에 나오든지 하고 금식기도를 눈앞에서 하면 3일 만에 성공 할 수 있다.

　이웃의 영혼을 위해 주머니를 털때 전도가 잘 된다. 전도에 투자하는 것은 하늘에 보물을 쌓는 것이다. 열매 맺는 전도는 먼저 그들의 아픔과 슬픔을 함께 하고, 전도 대상자의 필요를 채워 주면서 진정한 친구가 되어준다.

　친구가 되면 그는 아픔을 털어 놓는다. 이때 전도 대상자가 좋아 하는 사람이 되도록 노력해야 한다. 전도대상자가 나를 좋아 하게 만들어야 전도된다는 말씀을 잘 읽고 준비 하면 된다. 급하게 교회 가자는 소리를 하지 말고, 꼭 전도자는 예수님께서 주신 사랑의 계명을 꼭 지켜야 한다. 그리고 빈손으로 가지 말고 꼭 선물을 들고 가라

　네 이웃을 네 몸같이 사랑하라고 말씀 하셨으니, 꼭 명심하고 내가 나를 사랑한 것 같이 전도 대상자를 진정으로 사랑해야 전도의 열매가 맺어진다.

아파트 전도

1.경비원을 잘 사귀면 아파트 전도가 수월하다.

교회에서 아파트 경비원, 청소하시는 분들을 초청 행사를 갖는다. 식사와 선물을 준비하여 흡족하게 대접한다. 초청이 어려우면 예쁘게 포장하여 1~2만원 상당의 선물을 한다.

2.관리소장과 관리실 직원들을 잘 사귀면 좋다.

저는 아파트 전도 갈 때 관리실 직원들과 관리소장님께 소금 활용법을 잘 알려드리고 소금을 선물로 드린다.

한 아파트엔 관리소장님께서 소금을 쓰시고 효과를 봤다고 하시면서 전도를 제안해 왔다. 제가 아파트 전 세대에 연결된 방송으로 제가 효과본 내용을 잠시 알리고 "황토에 구은 좋은 소금을 00교회에서 각 세대마다 전해드릴 테니 인터폰이 울리면 다 받아 사용해 보시기 바랍니다."라고 방송즉시 많은 전도대원들이 준비하여 계단에서 기다렸다 방송이 끝나면 전해주주라고 했다. 이 관리소장은 안 믿는 분이였다.

3.잠겨있는 계단 출입문을 열려면 아파트 우유 배달하는 분을 전도하여

전도 동역자로 삼으면 가장 좋다.

4.교패가 달린 성도를 앞세워 전도하는 법

교패 붙은 집 중 멀리 있는 교회를 다니는 집이면 찾아 들어가서 부탁한다. 문을 안 열어 주어서 그러는데 전도 하도록 아는 집 몇 집만 소개해 주세요. 하고 다른 교회 성도님께도 친절하게 인사도 나누고 직분도 물어보고 전도용품도 한 개 드려서 미리 친해진 후 전도하러 간다.

다른 교회 성도님이 자기 아는 집에 가서 "00엄마 나야 문 좀 열어봐" 하면 문이 열린다. 그리고 황토에 구운 좋은 소금을 사용하면 건강에 좋대. 설명 듣고 한 개씩 받아보자 ,이웃 집사님 이야기를 하면서 안내 하도록 하면 접촉이 이루어진다.

5.아이들만 있는 집에 문 여는 법

"띵 동, 띵 동" 하면서 초인종을 두번 누르면 안에서 "어른들 없어요?" 하고 아이소리만 들린다. 이때 "이것 받아 두었다가 엄마 오시면 드리면 된다! 라고하면 아이가 엄마에게 전해 주어야 될 것이니 문을 열어서 받아야 한다는 판단을 하고 문을 열어준다

이때 "아이 착하고 예쁘구나! 장래 귀한 사람 되겠어. 남자면 멋있군! 장래 큰 인물 될 사람이야"하고 머리를 쓰다듬어 준다. 그리고 소금을 건네주면서 "이것 엄마오시면 전해드려라"하고 "이 소금은 우유 먹을 때 타면 우유가 더 맛있다. 그리고 뒷면 한번 볼래! 무슨 약도지?" 하면서 복음 제시, 영접, 결신, 주일날 교회출석, 만날 장소 와 시간을 약속 한다. 그리고 잘 기록 후 다음 부모 전도하러갈 때 아이 이름 대고 문 열면 아이를 칭찬해 주면서 "물 한 컵만 주실래요?" 하고 들어간다.

6.아파트는 문 여는 것이 전도의 첫 단계이다.

문이 안 열리면 만날 수 가 없고 만나야 교감이 이루어진다. 딩동 안에서

누구세요? 하면 큰소리로 심부름 왔습니다. 뭐요? 하면 한 번 더 심부름 (톤을 낮추고)왔습니다. 큰소리하면 안에서 택배나 등기우편 왔는가 하여 문이 열린다. 또 심부름 왔습니다! 는 잘 알아들은 분은 어디서 왔어요! 할 때 교회는 말하지 말고 담임목사님의 성함을 크게 ○○○목사님(소리를 약하게 안에 잘 안 들리게)이 보내서 왔습니다. 하면 많은 집이 문이 열립니다. 이때 ○○○목사님이 이 소금을 갖다 드리라고 해서 왔습니다. 이소금은 황토에 구운 아주 귀한 소금입니다. 이때 물 한 컵 주시겠습니까? 또는 화장실 핑계, 다리 아프니 잠시 쉬었다 가면 안 될까요? 그리고 들어가서는 칭찬과 소금활용법으로 시작하여 친해지도록 대화를 이끌어 간다. 나는 이렇게 하여 아파트 문이 많이 열리는 것을 직접 체험했다.

성급하게 복음제시를 하려고 하지 말고 다음에 또 만날 수 있도록 소금활용법과 그의 필요를 도와주어야 한다. 진정으로 영혼을 사랑하는 마음으로 친구가 되어야 열매 맺는 전도가 된다.

그리고 지속적으로 기도와 관계를 갖고 만나서 마음 문이 열렸을 때부터 일곱 번을 만나면서 복음을 제시하여 영혼을 살리면서 양육해야 한다.

아파트 전도의 전략

새로 지어진 아파트인 경우 입주 시 교회에서 잘 섬기며 도와준 집은 이 삿짐 정리 후, 귀한선물을 들고 인사차 심방을 하면서 접촉을 갖는다. 기존 아파트나 입주가 끝난 후 전도 할 때는 7단계 전도지중 1번 독도는 우리 땅부터 4번까지는 네 번 현관문에 끼워만 두고 온다. (현관 문틈에 소금 전도지를 45°로 비스듬히, 중지손가락으로 누르면서 밀면 들어간다). 그리고 아파트 이름과 동, 호수를 부르면서 뜨거운 기도로 찐다. 오래된 아파트는 전에 살든 성도가 교패를 떼지 않고 이사를 가서 교패는 있어도 교인이 아닌 집들도 있다. 교패가 있는 집은 벨을 눌러서 성도 집이면 이웃에 혹, 예수님 믿을 만한 사람의 정보를 알아보고 또 이웃에 아는 분을 앞세워서 문을 열어 함께 전도하도록 부탁하여 함께 찾아가면 문이 열린다. 다섯 번째는 5번 전도지를 들고 대원중 여자분이 밝은 얼굴로 인터폰을 누른다. 인터폰을 2회 른다. 100집을 방문하면 적어도 1-2집은 문이 열린다. 방문요령은 아파트 전도 내용을 참고로 한다. 그리고 6번 7번 전도지 순으로 방문 전도한다. 전도자들이 사는 중심으로 아파트를 한 두동씩 무상 전도구역을 분양 해 준다. 날마다 여리고 작전으로 돌게 한다. 돌아 다니면 전도 대상자도 많이 찾고 자주 만나야 전도의 열매도 많이 거둘 수 있다. 놀이터에 노는 아이를 지정해서 어른들 뵈러 왔다. 하고 앞세워 선물을 들고 놀이터에서 보니 유독 눈에 들어오기에? 부모님이 어떤 분인가 뵙고 싶어 왔습니다. 이때 아이 이름을 먼저 부르면서 칭찬부터 하고 선물을 내민다. 이렇게 해서 가까워지도록 관계를 지속적으로 갖는다. 어린이 전도를 통해 이름을 부르며 방문하면 문이 열린다. 기록해 둘 내용이 있으면 즉각 기록한다. 통로문 비밀 번호는 신문배달, 우유배달 하는 분과 친해지면 알 수 있다.

직장 전도

낮아지고 섬기면서 내가 손해를 보고 신뢰를 얻어야 전도가 된다. 항상 밝은 모습을 보이고 모든 일에 모범을 보이면서 솔선하면 상사 또는 동료 부하직원들까지 나를 좋아한다. 특히 직장 내 전도는 밥 맛 있는 사람이 되어야 한다. 저사람 만나면 밥맛이 없어 하는 사람이 되면 전도가 안 된다. 밥 맛 있는 사람이 되기 위해 밥을 1;1로 자주 사주어라. 차도 사주고, 자판기 커피도 쭉 돌려야 전도가 잘된다. 그러다 교회 행사나 절기(성탄절, 추수감사절, 부활절) 때 정중하게 초대한다. 평소 많은 사람과 관계를 잘 갖고 그들의 이름을 성경책 속장 백지면 맨 위에 지옥가면 안될 사람이라고 쓰고 아래 전도대상자를 적어도 12명 이상 기록해 놓고 계속 기도하면서 끈기를 가지고 전도하라 포기하지 말고 전도하라. 포기는 배추 셀 때만 필요하다.

복음 제시는 7단계 전도지를 활용하라

경로당 전도

경로당 전도는 너무 쉽다. 드실 것을 들고 가서 정중하게 인사드리고 대접한다. 건강문제, 재미난 이야기로 시작하여 천국 가는 약도로 복음을 제시 후 영접도 시킨다. 축복기도 해 드리고 주일 날 초청하여 식사 대접과 용돈 2000원만 드려도 많은 어르신을 전도 할 수 있다.

노인들을 잘 섬기면 이분들이 홍보대사가 되어 교회를 온 동네 다 알려주신다. 노인들은 천국가실 날이 많이 남아 있지 않기 때문에 꼭 노인 전도를 해야 합니다. 교회서 경로당에 필요한 전자제품을 기증하고 경로잔치를 정기적으로 갖는것도 좋은 전도 방법이다. 경로대학(노인대학)도 전도의 좋은 방편이다.

상가전도

상가 전도는 복잡한 때는 피해야 한다. 예를 들어 안경가게를 들어가려는데 손님이 많다. 그러면 다른 가게부터 전도하고 나중에 손님이 가고난 후 방문하는 것이 좋다.

1. 첫 날 찾아 갈 때는 교회서 준비한 전도용품 휴지 또는 황토미네랄소금을 들고 간다.

조그만 것이지만 저희 교회에서 지역 주민을 위해 준비 했습니다. 전도자가 신분을 밝히면서 소금활용법을 알려주고 명함을 건네준다. 그리고 명함 한 장 주시면 "기도 해 드리겠습니다! 라고 하면 거의 좋아 한다. 전도는 무엇 보다 칭찬을 아끼지 말아야 한다. 사장님 너무 인품이 있어 보여요. 저도 물건 살 때는 와야 되겠네요! 너무 인상이 좋습니다. 사장님 너무 감각이 있으십니다. 등 칭찬을 많이 하고 다음에 또 들르겠습니다. 하고 나온다.

2. 갈 때 마다 전도용품을 가지고 가는 것이 중요하다.(일 곱 가지 7단계 활용)

이 때 방향제를 갖고 가도 좋다. 적당한 위치에 제가 하나 걸어 드릴게요! 하고 손님들이 보일 수 있는 위치에 걸어놓으면 교회 홍보는 저절로 된다. 그리고 천국 가는 약도를 읽어 주면서 복음을 제시 하라 갈 때 마다 다른 내용의 전도지로 일곱 번 이상 복음을 제시해야 결신할 확률이 높아진다. 대화중 손님이 오시면 다음에 들르겠습니다. 천국 가는 약도 일곱 번만 읽어 보시면 천국 가는 복을 받습니다. 그랬는데 다음 방문 때 읽어 보셨어요! 하면 어떤 이들은 꼭! 일곱 번 읽고 어떤 사람은 바빠서 못 읽었는데요! 하면 손님이 없을 때 그럼 제가 잠시 알려 드리겠습니다. 하고 복음을 제시한다. 전도자는 꼭 본인이 일곱 번 이상 전할 전도지를 읽고 전도 동역 자에게도 실습을 해 보고 어린이 10명에게 먼저 전도하고 상가 전도를 한다.

3. 세 번 정도 찾아 갈 때는 조금 감동을 주는 좋은 선물을 준비하면 좋다.

이렇게 일곱 번 이상 방문한 사람은 적절한 추수 때를 찾아야 한다. 교회 행사, 총동원 전도주일, 추수감사주일, 성탄절, 부활절 등 행사 때 전도대상자에게 교회 출석을 권한다. 이때 반응을 봐서 완전 익은 영혼을 추수하고 덜 익은 영혼은 더 관계를 가지며 양육시켜 익은 후 추수한다.

4. 반응이 좋고 거대한 상가라면 간단한 전도용품을 비치해 두고 단골손님께 선물 주게 하면 좋다.

제가 거래 하는 건재상에 천국 가는 약도 포스터도 붙여 놓고 전도용 소금도 비치해 두었더니 저의 전도 대상자인 불신자가 전도를 잘 한다. 단골손님들이 오면 천국 가는 약도 포스터를 가리키면서 소리 내어 읽으면 선물 준다. 하니 손님들이 영접기도 까지 읽어 복음제시가 확실해진다. 이때 양치용 소금 또는 허브미용염 1개씩 선물로 주면서 전도하는 불신자 전도자다. 불신자인 그가 계속 전도하다 보니 영원히 불타는 지옥은 가기 싫어 그 자신이 다 익어가는 영혼이 되었다.

고객전도

사업하는 성도가 사업장에서 전도 할 수 있다.

성도님 교회에서 준비한 전도용품(또는 본인이 전도용으로 교회 안내와 상가를 알리는 내용을 인쇄하여 직접 주문하면 됨)을 고객들에게 나누어 주면서 전도의 접촉점을 찾는다. 전국에서 사업하는 많은 성도들이 교회와 상호, 또는 보험설계사는 자기 연락처, 학원, 병원, 약국 등 많은 분들이 전도하고 있다. 그 중 세분만 소개하기로 한다. 내가 부산 자성대교회 전도 간증 집회 갔을 때 그 교회 구자영 장로님께서 최 장로 날 살리려고 우리교회 간증 왔다. 하시면서 좋아 하셨다. 장로님께서 이렇게 말씀하셨다. 나는 장로이면서 전도 할 시간도 없고 전도를 못 해서 늘 하나님께 죄송했다. 그런데 이제 전도 할 수 있게 되어 감사하다고 말씀하시더니 나는 구자영 내과 원장으로서 환자들이 진료 오는 사람마다 전도 할 수 있게 되어 너무 기쁘다. 천국 가는 전도지 뒤편에 꼭 이렇게 인쇄하라고 하셨다. 교회 안내 먼저 넣고 그 다음 구자영 내과의원 안내 넣고 아래에는 약 드실 때는 물 한 컵에 황토소금 6분의 1 티스푼 넣어서 드세요. 저는 구 장로님께 여쭈어 보았다. 장로님 어떻게 전도 하시렵니까? 장로님은 내가 진료실에서 들어오는 환자마다 소금 봉투를 선물로 주면서 환자가 많을 때는 다음 병원에 올 때까지 뒷면 일곱 번 읽어 보시고 약 드실 때는 설명대로 소금물로 꼭 약을 드세요 라고 전도하시겠다고 말씀하셨다. 저는 또 장로님 약 드실 때 황토소금물을 드시면 어떻습니까? 라고 했더니 그렇게 먹으면 약이 소화도 잘 되고 몸에 흡수가 잘 되어 병이 빨리 낫는다! 라고 하셨다 그럼 병원 오시는 환자들이 병이 빨리 나으면 병원수입이 적어져 운영에 지장이 있을 텐데요 라고 하자 장로님은 환자가 두 번 세 번 병원에 올 것을 빨리 나으면 그 사람은 적게 와서 수입이 줄지만 병 잘 낫는다는 소문만 나면 많은 부산 시민들이 찾아와 병원수입은 올라간다고 하셨다. 그 후 장로님은 병원에서 이 전도지로 전도를 하시고 자성대교회에서도 병원 전도지와 똑같이 인쇄하여 수년간 지속적으로 전도하고 있다. 한 번은 전도부장 장로님께서 교회 전도용 주문 때문에 저와 통화를 하게 되었다. 장로님 구자영 내과 병원 교회서 계속 인쇄하여 전도하는 이유를 여쭈어 보았다. 장로님의 답변은 구자영 내과가 우리 지역에서 신뢰 받는 병원이라 병원 안내가 함께 인쇄되어 있으니 지역민들이 구 내과 원장님이 추천하는 소금이니 참좋은 것이라 믿고 전도가 잘된다고 하셨다. 사업하는 성도는 사업장이 전도 센터가 되어야 주님이 더 많은 복을 주신다. 전도하면 고객들도 진짜 믿음 좋은 성도니 물건도 안 속겠구나 하고 믿고 찾게 된다. 전도자에게는 100배의 복을 주시겠다고 예수님께서 직접 약속 하셨기 때문에 말씀이 그렇다면 그렇게 믿고 그렇게 하면 그렇게 됩니다. 꼭 믿고 사업하는 성도는 사업장에서 전도하는 전도자가 되길 바란다. 대구 반야월 서부교회 이준호 집사님은 식당을 운영하면서 아래와 같은 문구를 소금 전도지에다 인쇄하여 식당에서 전도 해 왔다.

"저희 속초 물회를 찾아주신 고객님께 진심으로 감사를 드립니다. 고객님의 일터와 가정에 항상 좋은 일들만 있으시길 바라오며 더욱더 정성을 다 하도록 노력하겠습니다. 다가오는 일요일에는 가까운 교회에 꼭 나가보세요! 말로 표현 할 수 없는 참된 기쁨과 행복을 누리게 되실 겁니다. 예수 믿고 구원 얻으면 세상에 부러울 것이 없답니다. 정말 이예요!" 이준호 집사님 식당에 하루는 스님이 시주를 오셨다. 이 때 영혼을 사랑하는 마음이 뜨거운 이준호 집사님 전도 할 욕심으로 대했다. 스님 어서 오십시오! 시주 다니시느라 시장 하실 텐데 제가 식사 대접하겠습니다. 하고 정성껏 대접하여 식사가 끝난 후 천국 가는 약도 소금 전도지를 펴놓고 소금 설명에 이어 복음을 구체적으로 잘 증명하여 전도 했다는 간증을 제가 들었다. 다른 손님들께도 늘 전도하고 있다.

부천 반석선교교회 김성훈 성도는 주신세탁소를 하시는 안정문 집사님께 천국 가는 약도 소금을 통해 전도 받고 초 신자 때부터 천국 가는 약도 소금을 지금까지 수년간 매월 1000개 정도 주문하여 봉고차로 뻥튀기 장사를 아파트 마다 다니면서 장사도 하고 손님들이 모이면 간증한 후 천국 가는 약도로 복음을 제시하고 소금도 선물로 드리니 전도는 많이 되었고 고객들은 영적인 자녀가 되고 또 단골손님이 되어 장사도 잘 된다고 한다. 김성훈 성도는 "내가 아는 사람은 지옥 보내면 안되잖아요!" 하면서 수 십 명의 결신자가 있다고 한다.

천국 가는 약도 황토 소금 전도지로 전도하는 성도 중 내과, 치과, 성형외과, 정형외과, 병원, 약국, 부식가게, 식당, 마트, 세탁소, 학원, 보험설계사, 카드모집인…… 사업체에 사은품을 겸한 전도용품으로 쓰고 일반성도들이 교회 안내 인쇄 후 하단엔 전도자 이름과 휴대폰 번호를 인쇄하여 많은 성도들이 전도 하고 있다.

또 성도들이 본 교회 전도용으로 주문하여 헌납하는 성도들이 꽤 많다. 개척교회 농촌교회 외국 선교사에게는 큰 교회에서 주문하여 지원하기도 하고 성도들이 개인적으로 약한 교회 전도용품 지원으로 섬기는 이들도 적지 않다. 고기를 주기보다 고기 잡는 방법을 알려주는 것이 훨씬 좋다. 그처럼 약한 교회 얼마의 재정지원 보다 전도용품을 지원하면 전도 받아온 성도가 평생 헌금하면 재정 문제도 해결되고 영혼도 살리고 교회는 부흥된다. 1석3조의 효과를 보는 방법이 좋은 전도용품을 지원하는 것이 된다.

어린이 전도

주일학교는 학생 수가 급격히 감소하고 있으므로, 첫째 담임 목사님께서 주일학교(교회학교)에 관심을 갖고 지원해야 하고, 둘째 재정 지원과 프로그램 개발이 필요하며, 셋째 교사들의 영혼 사랑하는 열정이 넘쳐야 한다.

어린이 전도 '열매 맺는 전도'를 소개하고자 한다.

전도는 무엇보다 마음 문을 여는 것과 열정이 필요하다. 그러므로 어린이와 친하게 놀아 주고 열정적으로 사랑하는 교사가 전도를 잘할 수 있다.

교사의 가정이나, 교회나, 기타 장소에 우리 반 친구초청 잔치를 한다. 이때 경비는 교사 주머니를 털면 더 좋고, 형편이 안 될 때는 기도하다 떠오르는 성도님께 좋은 전도 내용을 설명하고 보조를 요청하면 재정은 해결된다.

아이들이 좋아하는 식사 또는 간식을 준비하고, 선물도 주면서 같이 놀아 주고 개인 상담도 한다. 칭찬을 많이 해 주고 이름도 기억 해준다. 그리고 지속적인 사랑과, 문제를 위해 개별적으로 여러 차례 기도 해 준다.

무엇보다 어린이 영혼을 소중히 보신 예수님의 말씀처럼, 천국은 어린이도 소유할 자격이 있다. 그러므로 핵심적인 복음(천국 가는 약도)을 전해 주어야 영혼이 살아난다. 어린 영혼은 깨끗하여 쉽게 영혼이 살아나는 것을 알 수 잇다.

접촉 선물로는 천연방향제가 좋다. 어린이들도 볼펜으로 뚫어서 냄새를 맡아보면 굉장히 좋아한다. 어린이 전도가 한국 교회의 미래임을 명심하고 교사나 장년신자들 모두 어린이 전도에 관심을 갖고 총력을 다하자.

낙심자 전도

　한국에 낙심자가 1000만 명이나 된다. 원인을 알면 전도 할 수 있다. 많은 전도자들은 낙심자 전도가 불신자 전도보다 훨씬 어렵다고한다. 그러나 낙심자들은 구원의 확신만 갖게 되면 새출발 하게 된다. 저는 낙심자들도 핵심적인 복음을 전해 드려서 전도한 경험이 많다. 그중 한 예를 들고자 한다. 제가 단골로 가던 한의원 원장이신 신방패 선생님께 전도 했더니 그는 과거에 교회 다니다가 쉰다고 말했다.

　그래서 핵심적인 복음을 증거 하여 드리고 영접기도를 따라 한 후 다음 주부터 교회를 잘 다녀서 신앙 좋은 규수를 만나 결혼을 했다.

　잘 섬겨서 신뢰를 쌓아서 감동이 되어 마음문이 열렸을때 구체적이고 확실한 복음제시를 하면 영혼이 살아난다. 교회가 건강한 교회라는 이미지를 심어주고 교회로 인도해야 한다. 많은 성도들이 함께 어울려 주어야한다.

믿지 않는 친구전도

친구전도를 하기 위하여 평소보다 더 잘해준다. 어떤 일로 만났던지 만나서 놀다가 헤어질 때는 오늘도 전도하러 왔다간다. 계속해서 그렇게 말하고 주 1회 이상 만난다. 만날 때 마다 기도하고 있다고 전한다. 그러면 마음이 움직인다. 나의 간증도 들려주고 내가 교회 숙제를 해 가야하는데 좀 도와 줄래, 하고는 7단계 전도지를 읽어주고 영접기도문도 따라하게 한다. 그리고 전도지를 건네줄 때는 7단계 전도법을 적용하면서 전도한다. 성경을 선물로 주고 함께 읽어주기도 하고, 읽게 하면 복음을 이해하고 영혼이 살아난다. 영혼이 다 익었으면 이때 교회로 인도한다. 친구전도는 끈기를 가지고 한다. 분명히 선공한다. 낯선 사람도 친구 되어주고 전도하면 아주 쉽게 전도가된다.

남편전도

1. 세계에서 제일 사랑해주고 사랑을 표현하라(전도를 위해서)

2. 남편을 많이 칭찬하라. 용기를 주고 당신 때문에 우리 가족은 너무 행복해요. 믿음직한 당신만 믿어요.

3. 7단계 전도지로 숙제 해가도록 도와 달라고 읽어주고 영접기도도 드리라 하게한다. 성경도 읽어준다.

4. 항상 교회, 목사님, 성도님 자랑만 해야 한다.(전도대상자에게는 불평은 절대 금물)

5. 교회 행사 때 초대 하면서 결단하게 한다.

6. 그래도 안 될 때는 남편에게 몇 달 최대한 잘해드리고 당신이 교회 오는 날 까지 금식기도 할 테니 나를 죽이든지 당신이 교회 나오든지 하라고 하면서 눈앞 에서 금식기도 하면 3-7일 안에 성공한다. 당신 남편 지옥 보내고 혼자 천국가면 훗날 지옥에 간 남편이 당신을 향해 엄청난 원망을 한다. 후회하지 않도록 하루라도 빨리 시작하라. 자녀, 부모, 형제, 식구들을 위한 전도 할 때도 동일하게 하면 분명히 성공한다.

설문지 전도

전도 할 때 좀 더 쉽게 접촉할 수 있는 방법이 설문지 전도이다.

1. 설문지 전도의 장점

(1) 접촉이 쉽다.

(2) 대상자의 영적 정보를 파악 할 수 있다.

(3) 설문 조사 중에 복음을 전할 수 있다. (7단계 전도지)

(4) 잠정적 전도 대상자로 확보할 수 있다.

(5) 준비된 영혼을 교회로 등록할 수 있다.

2. 설문지 전도의 방법

(1) 항상 예의바른 자세로 공손하게 접근하라

(2) 지역의 종교 실태 파악을 위하여 교회에서 나왔다고 자신을 밝혀라. 또는 교
   회가 지역과 함께 하기 위하여 먼저 실태조사차 설문하러 나왔다고 하라

(3) 잠시만 시간을 내어 달라고 정중히 부탁하라

(4) 대상자와 같이 볼펜으로 읽어 나가며 질문하라

(5) 복음 전하는 부분에서는 담대하게 복음을 전하라

(6) 대상자의 인적상황을 기록 하도록 최선을 다하라

(7) 교회에서는 설문지를 선별하여 전도대상자를 찾아서 전도하라

3. 설문지의 전도의 적용

(1) 축호전도

(2) 노방전도

(3) 길거리 차 전도에 사용하면 효과적이다.

자녀 교육에 대한 설문지

(잠시만 도와주시면 감사하겠습니다)

1. 선생님은 요즘 학교 교육에 대하여 만족하십니까?
①만족하다 (　　) ②만족하지 못하다 (　　) ③그저 그렇다 (　　)

2. 선생님 자녀의 학교교육을 어디까지 원합니까?
①고등학교 (　　) ②대학교 (　　) ③대학원 (　　)

3. 자녀 교육에 제일 필요한 교육은?
①인성교육 (　　) ②지식교육 (　　) ③예절교육 (　　)

4. 자녀교육에 도움 되는 종교라면?
①기독교 (　　) ②유교 (　　) ③천주교 (　　) ④불교

5. 기독교 교육에 대하여 접한 적이 있습니까?
①없다 (　　) ②과거에 교회 다녔다 (　　) ③가족 중에 교회 다닌다 (　　)

6. 저희 교회에서 초청한다면 참석 하실 수 있습니까?
①예 (　　) ②생각해 보겠다 (　　) ③아니요 (　　)

성 명	성별	주소 및 전화	특기사항	상담자성명

※설문에 잘 응해 주셔서 기념품을 드리겠습니다. 사용법과 뒤편을 읽어 드린다.

독도수호에 대한 설문지
(잠시만 도와주시면 감사하겠습니다)

1. 독도는 우리 땅인 것을 확신 하십니까?
①확실히 우리 땅이다 (   ) ②일본 땅이다 (   ) ③모르겠다 (   )

2. 일본의 독도에 대한 잘못된 주장을 우리는 어떡케 해야 하나요
①전 세계에 알려야 한다 (   ) ②그냥 있어야 한다 (   ) ③잘 모르겠다 (   )

3. "울릉도 동남쪽 뱃길 따라 이 백리 외로운 섬 하나 새들의 교향…….
①가슴이 뭉클 해진다 (   ) ②아무 생각 없다 (   )

4. 독도는 역사적으로 국제법적으로 명백한 한국의 땅이다?
①맞다 (   ) ②잘 모르겠다 (   ) ③일본 영토다 (   )

5. 독도는 일본과 관계없는 섬이라고 1877년도 공문을 내린 기관은?
①태정관 (   ) ②운문관 (   ) ③모르겠다 (   )

6. 독도 수호를 위해 독도에 주민이 살기를 원하십니까?
①살아야한다 (   ) ②살필요없다 (   ) ③모르겠다 (   )

7. 국제 해양법상 어떤 섬에 주민이 살고 있으며 주민의 의견을 따르는 것이 맞습니까?
①맞다 (   ) ②아니다 (   ) ③모르겠다 (   )

8. 저희 교회에서 초청한다면 참석 하실 수 있습니까?
①예 (   ) ②생각해 보겠다 (   ) ③아니요 (   )

성 명	성별	주소 및 전화	특기사항	상담자성명

※설문에 잘 응해 주셔서 기념품을 드리겠습니다. 사용법과 뒤편을 읽어 드린다.

가정에 대한 설문지
(잠시만 도와주시면 감사하겠습니다)

1. 선생님의 가정은 행복하십니까?
 ①행복하다 (　) ②그저 그렇다 (　) ③행복하지 않다 (　)

2. 가정 행복에 중요한 순서대로 번호를 쓰세요
 ①돈 (　) ②건강 (　) ③가족 간의 사랑 (　) ④신앙 (　)

3. 행복한 가정을 만들어 가기 위해 노력하고 계십니까?
 ①노력하고 있다 (　) ②노력하려고 생각 한다 (　) ③노력 중이다 (　)

4. 선생님의 배우자에 대하여 만족하십니까?
 ①만족한다 (　) ②그저 그렇다 (　) ③만족하지 않는다 (　)

5. 신앙생활이 가정 행복에 도움이 된가도 생각하십니까?
 ①그렇다 (　) ②그렇지 않다 (　)

6. 가정행복과 자신에 위해 교회에 가보시려고 생각 하신 적이 있습니까?
 ①있었다 (　) ②없었다 (　) ③앞으로 나갈 생각이다 (　)

7. 저희 교회에서 초청한다면 참석 하실 수 있습니까?
 ①예 (　) ②생각해 보겠다 (　) ③아니요 (　)

성 명	성별	주소 및 전화	특기사항	상담자성명

※설문에 잘 응해 주셔서 기념품을 드리겠습니다. 사용법과 뒤편을 읽어 드린다.

지역주민을 위한 설문지

(잠시만 도와주시면 감사하겠습니다)

1. 이 동네에 사신지 얼마나 되셨습니까?
  (년)

2. 이 동네 생활하시기에 좋은 점은요
  (   )

3. 구청(군청, 시청)에 건의하고 싶은 것이 있다면 무엇인지 말씀해주세요
  (   )

4. 평소에 교회에 대하여 어떻게 생각하십니까?
①좋게 생각한다 (   ) ②그저 그렇게 생각한다 (   )
③좋지 않게 생각한다 (   )

5. 우리 교회에서는 지역주민을 위해 아래와 같은 일을 하고 있습니다.
   추가로 더 봉사할 일이 있으며 말씀해주세요
ⓐ소년소녀 가장 돕기 ⓑ경로대학 ⓒ장학금 수여 ⓓ청소년 가정 자여교육 세미나
ⓔ사라의 헌혈 ⓕ무의탁 노인 돕기 (   )

6. 교회는 착하고 선한 일만 가르치는 곳이 아닙니다. 교회에 대하여 잠시 말씀
   드리겠습니다.

성 명	성별	주소 및 전화	특기사항	상담자성명

※설문에 잘 응해 주셔서 기념품을 드리겠습니다. 사용법과 뒤편을 읽어 드린다.

종교에 대한 설문지

(잠시만 도와주시면 감사하겠습니다)

1. 선생님은 종교를 가지고 계십니까?
 ①예 (   ) ②아니요 (   ) ③앞으로 가지려고 한다 (   )

2. 어떤 종교를 갖고 계십니까?
 ①불교 (   ) ②유교 (   ) ③천주교 (   ) ④기독교 (   ) ⑤기타 (   )

3. 종교를 택하신다면 어느 종교를 선택 하시겠습니까?
 ①불교 (   ) ②유교 (   ) ③천주교 (   ) ④기독교 (   ) ⑤기타 (   )

4. 우리나라 발전에 영향을 끼친 종교에 대하여 쓰세요
 ①불교 (   ) ②유교 (   ) ③천주교 (   ) ④기독교 (   ) ⑤기타 (   )

5. 사람에게 영혼이 있다고 생각 하십니까?
 ①있다 (   ) ②없다 (   ) ③잘 모르겠다 (   )

6. 사후에 천국과 지옥이 있다고 생각하십니까?
 ①있다 (   ) ②없다 (   ) ③잘 모르겠다 (   )

7. 천국이 있다며 선생님도 죄 용서 받고 천국 가시기를 원하십니까?
 ①원한다 (   ) ②아니다 (   )

8. 저희 교회에서 초청한다면 참석 하실 수 있습니까?
 ①예 (   ) ②생각해 보겠다 (   ) ③아니요 (   )

성 명	성별	주소 및 전화	특기사항	상담자성명

※설문에 잘 응해 주셔서 기념품을 드리겠습니다. 사용법과 뒤편을 읽어 드린다.

건강과 행복에 대한 설문지

(잠시만 도와주시면 감사하겠습니다)

1. 선생님의 건강은 어떠하십니까?
 ①좋다 (　) ②좋지 못하다 (　) ③그저 그렇다 (　)

2. 가족들의 건강은 어떠하십니까?
 ①모두 건강하다 (　) ②아픈 사람이 있다 (　)

3. 선생님은 건강관리를 어떡케 노력하고 계십니까?
 ①운동한다 (　) ②보약을 먹는다 (　) ③건강식품을 먹는다 (　)
 ④노력하지 않는다 (　)

4. 건강을 위해서는 많이 웃어야 하는데 어떻습니까?
 ①매우 잘 웃는다 (　) ②조금 웃는다 (　) ③웃지 않는다 (　)

5. 건강을 위해선 웃어야 하는데 지금 행복하십니까?
 ①행복하다 (　) ②마음이 불안하다 (　) ③그렇지 않다 (　)

6. 행복한 생활을 위하여 무엇부터 필요한지 순서를 말해 주세요
 ①가족사랑 (　) ②돈 (　) ③직장 (　) ④건강 (　) ⑤종교 (　)

7. 이 세상에 영원한 행복이 있을까요?
 ①있다 (　) ②없다 (　) ③노력하면 가능하다 (　)

8. 저희 교회에서 초청한다면 참석 하실 수 있습니까?
 ①예 (　) ②생각해 보겠다 (　) ③아니요 (　)

성 명	성별	주소 및 전화	특기사항	상담자성명

※설문에 잘 응해 주셔서 기념품을 드리겠습니다. 사용법과 뒤편을 읽어 드린다.

슬그머니 빠져 나가는 교회 뒷문을 막자.

1. 새신자부를 두어야 한다.

   개척교회는 맨투맨 양육, 전성도 친교로 정착 작은 교회의 장점을 최대한 활용 한다.

2. 기존 성도들이 새신자에게 관심을 가져야 한다. (잘 어울려주라)

3. 예배 분위기에 적응하도록 등록 전부터 주보 보는 법, 기도하는 법을 알려주자. (기도는 쉽고 간단하게 가르친다. 처음 하나님 부르고 하나님께 얘기 드리고 싶은것 부모에게 얘기하듯 하고 예수님 이름으로 기도드립니다. 아-멘!

4. 교회분위기가 정착에 중요하다.

5. 작은 교회도 다양한 방법으로 정착시킨다.

   친구가 되어준다. 식사 같이 하기, 1:1양육, 주일오후에 다양한 프로그램으로 운영, 함께 간식 먹기, 찬양경연대회, 토론회, 쉬운 전도법, 간증(성도들이 돌아가면서 간증해도 좋다.) 간증동영상, 자녀교육법, 건강법, 아버지 학교, 어머니 학교, 인생처세술 등의 특강을 담임 목자가 준비해도 좋다. 그리고 7명의 친구가 되어준다.

6. 교회를 깨끗이 정돈하고 최대한 활용한다. 주차에도 신경 쓴다. 기존
   성도는 멀리 주차케 한다.

양육과 정착은 이렇게 한다

예수님을 영접한 결신자를 어떻게 관리하느냐에 따라 교회 부흥은 엄청나게 달라진다.

1. 심방교육

결신자가 생기면 첫째 그를 사랑하고 섬기면서(선물, 식사 차 대접, 음식 나눔, 건강과 미용에 도움을 주는 등등) 양육해야 마음 문이 열리게 된다. 전도자가 양육할 수 있으면 좋고 아니면 심방전도사님이나 부교역자 또는 담임목회자, 양육훈련을 받은 양육교사가 결신자의 편리한 시간을 이용해서 처음 방문하여 대화식으로 양육한다. 어느 정도 양육이 되어지면 양육교재를(추천하고 싶은 교재 → 익산 왕궁중부교회 유기호목사 저서 "함께하는 신앙성장" 전화 063)832-4101, 010-8280-4070) 통하여 양육한다.

만약 시간이나 여건이 여의치 않을 때는 위의 추천한 교재 뒤편 정답지를 찢어 버리고 책을 읽고 문제의 정답을 기록케하여 성실하게 잘한 분에게는 시상품을 드린다고 말씀드리고 관리해야 한다. 양육이 되어져서 교회로 인도하면 거의 정착된다.

2. 사랑방 초청 축하

먼저 사랑방에서 친교를 가진 후 자연스럽게 교회로 인도하는 것이 좋다. 사랑방에서는 축하행사가 중요하므로 감동을 주는 환영행사라야 한다.

초청하러 갈 때는 "차 한잔 또는 식사 한끼 같이 하십시다." 하고 전도자가 직접 모셔 와야 한다.

1) 준 비

장소는 성도들 가정에서 모이며, 팀원은 5명 정도가 적당하다. 이때 팀원들이 미리 와서 청소하고 음식(꽃, 다과, 차, 케이크 또는 식사)을 준비한다. 팀원 중 복음 제시와 간증(10분) 할 사람을 미리 정하여 준비한다.

2) 진 행

① 은은한 음악을 도착 전에 틀어 놓는다.

② 전도자가 대상자를 모시고 오면 일어서서 박수로 환영하고 사랑으로 맞이하고 제일 좋은 자리에 앉히고, 데려 온 사람은 우측에 앉게 한다.

③ 전도자가 대상자를 소개할 때 요 옆에 OOO에 사시는데 이분은 얼마나 밝고 좋으신지 몰라요, 하고 소개한다.

④ 전도자나 리더가 사랑방 식구를 소개한다.(유머 있게)

⑤ 환영의 노래를 부른다.(너는 시냇가에 심은 나무라...)

⑥ 대상자에게 케이크를 자르게 한다.

⑦ 선물을 증정한다.

⑧ 간증자가 간증을 자연스럽게 예수믿기 전과 믿은 후에 달라진 것을 5분에서 10분 정도로 간증을 한 두 사람이 한다.

⑨ 복음 제시(천국가는 약도 또는 핵심적인 복음내용)를 한다.

⑩ 복음 제시가 끝나면 손에 손을 모두 잡고 대상자를 위한 기도를 한 사람이 잘 들리게 합니다. 1분~2분간 대상자 남편, 자녀, 본인을 위해 기도하며, 기도 제목을 위해 사전에 대상자의 필요를 확보하며 기도 내용에 좋은 이웃, 좋은 만남 주심을 감사드리고 함께 천국 가는 복 받도록 기도한다. 이때 대상자가 울게 된다.

⑪ 기도 후 꽃을 드리면서 "축하해요" 하면서 박수친다.

⑫ 사랑의 편지를 읽어 주고 건네준다. 예쁜 카드에 만남의 감사와감동을 줄 수 있는 내용을 간단하게 적는다.

⑬ 다음 사랑방 모임 구역예배 또는 교회에서 만날 것을 약속한다.

3. 구역모임의 초대

결신자가 구역모임을 통하여 교회가 어떤 곳인지 체험해 볼 수 있게 구역으로 먼저 인도한다. 이때 구역원들은 결신자가 오심을 반갑게 맞이하면서 껌뻑 넘어가야 합니다. 그리고 찾아갈 때는 빈손으로 가지 말아야 한다.

결신자를 바로 교회로 인도하면 교회의 구조적인 틀이나 예배 형식, 신앙의 칭호들이 생소하여 어색함을 느끼게 되고 창피하여 빨리 벗어나고 싶어한다. 초대교회도 가정에서 시작되었다. 구역은 하나님께서 우리에게 안방교회, 가정교회로 세워 가도록 주신 도구이다. 무엇보다 전도를 완성하기 위한 양육도 결신자와 신자 사이에 일체감을 형성하는 것이 중요하다. 그렇지 않으면 믿음이 자라지 않는다.

1) 결신자에게 구역모임을 잘 설명해야 한다. 구역이 출발부터 신앙공동체의 인상을 심어주기 보다는 이웃사촌 모임이라고 설명하는 것이 호기심을 유발시킬 수 있다. 신앙적인 용어들은 될 수 있으면 피하고 불

신자들이 쉽게 알아들을 수 있는 표현법을 사용하는 것이 바람직하다. 이때 구역모임은 구역예배와 다르게 자연스런 대화식으로 양육해 나간다.

2) 상대의 의사에 따라 약속을 받아 내야 한다. 지나친 강요나 강압적으로 하면 불쾌감만 조성할 뿐이다.

3) 함께 동행 한다. 가이드가 여행자에게 관심을 끊지 않듯 전도자는 대상자에게 최선을 다해야 한다.

4) 최상의 서비스를 하라.

예; 사도신경, 주기도문, 찬송, 성경을 함께 보거나 찾아 준다.

5) 구역모임에 지속적으로 참석을 부탁해야 한다. 전도자는 때로 강권하는 것도 망설이는 상대를 끌어당기는 흡인력이 된다.

6) 구역모임에 3회 정도 참석 후 교회로 인도한다. 전도자는 구역모임을 마치고 집으로 돌아가면서 함께 교회 나가 보자고 설득한다. 이때 거절하면 다음 기회로 미루고 지속적으로 구역모임에 참석토록 인도한다. 열매도 빨리 익는 열매 있고 더디게 익는 열매도 있듯이 전도의 열매도 같은 이치이다.

4. 교회에 등록부터 시킨 경우

상기 방법으로 못하고 교회에 등록한 초신자가 있을 경우 등록하는 첫날이 제일 중요하다. 전도자는 예배드릴 때 옆자리에 앉아서 성경, 찬송, 교독문, 사도신경, 주기도문을 찾아서 볼펜으로 짚어 주면서 예배를 드린다.

그리고 등록한 날은 전도자가 함께 집에 까지 모셔 드리면서, 교회 오셔 보니 어떻습니까? 하고 질문을 던지면 여러 유형의 생각지도 못한 답변이 나온다. 이때 저도 처음 교회 왔을 때는 그랬어요, 하고 잘 설득해야 한다.

그리고 구역 식구나 해당기관 회원 또는 작은 교회서는 앞선 성도들과 함께 등록을 환영하는 회식을 열어 주는 것도 정착의 한 방법이다.

또 다른 정착과 양육을 위해 목사님께서는 긍정의 힘의 조엘 오스틴 목사님, 조용기 목사님, 윤석전 목사님의 예배 때마다 영접 기도는 빠뜨리지 않으시므로 교회가 매우 부흥되는 것 같다.

조용기 목사님께서는 신유기도를 모든 예배 때마다 빠트리지 않고 꼭 하신다. 하나님께서는 영혼을 사랑하는 교회에 영혼을 붙여 주신다. 매주 영접기도를 강조하는 것은 한국 교회 교인들이 54.5%가 구원의 확신이 없기 때문이다. 매 주일 낮 예배 때마다 신유기도와 영접기도를 하는 것도 좋은 방법이 될 수 있다.

예수님을 영접하고
이름을 적은 사람 심방법

전도대원들이 팀 전도를 통하여 영접 시킨 사람은 익은 영혼을 찾아준 것이다. 그러므로 열매 맺는 전도심방은 전도 전체의 90%정도 중요한 일이다. 이들은 할 수만 있으면 전도한 그 주간에 첫 심방을 시작하여 10회 정도는 하면서 정착시키면 많은 열매를 맺을 수 있다. 꼭! 10회 심방 후 포기를 하든지 연장하여 양육심방을 지속적으로 한다. 될수 있는 대로 심방 갈 때 마다 빈손으로 가지 말라. 첫 심방은 최대한 빨리 하는 것이 좋다. 영접하고 나면 마귀가 최후의 발악을 하여 교회에 못나가게 한다. 그러므로 첫 심방에 거절과 실패율이 높으므로 한 사람 한 사람 명단을 부르면서 특별기도로 성령님의 역사를 요청하고 나간다. 심방요령은 전도 시 영접 자는 이름, 인상착의, 성별, 연령대, 영적상태, 연락처, 건강에 도움이 필요한것 등을 상세히 기록하게 하여 심방 시 참고한다. 심방 갔을 때는 인터폰을 누르고 당당하게 카드에 있는 대로 큰소리로 "○○○선생님 또는 ○○○님 계십니까?" 하면 '어떻게 오셨습니까?' 물을 때는 다시 한 번 이름을 부르면서 ○○○님 뵈러 왔습니다. 이 때 들고 있는 선물이 인터폰 카메라를 통하여 보이도록 합니다. 문이 열리기 전 꼭 영접카드에 기록된 성별, 인상착의, 연령대를 보고 본인이 문을 열었을 때는 아주 반갑게 ○○○님 안녕하십니까? 이렇게 좋으신 분을 뵙게 되어 영광입니다. 최대한 칭찬을 해주라 그리고 들고 온 선물을 내밀면서 집안으로 들어간다. 집안으로 들어가서는 눈 감고 기도하지 말라 집안 분위기를 칭찬하면서 또, 어린이나 가족을 칭찬해 드린다. 일전에 저희 성도들이 왔을 때 잘 대해 주셔서 너무 감사하여 인사차 들렀습니다. 그리고 대화는 고향, 날씨, 뉴스, 기타 일반적인 대화로 시작하여 심방 자가 상담해 드릴 수 있는 내용 범위에 상담을 유도해 보는 것도 좋다. 그리고 상대방이 많이 말하게 하고 말할 때 아 그렇군요! 억울하였겠어요! 섭섭하였겠어요! 제가 대신 사과드립니다. 등 그때 대화에 맞게 맞장구를 쳐주면서 잘 들어주면 친해진다. 자연스럽게 점차적으로 양육을 시킨다. 그리고 성급하게 교회 나오라고 하지 말라 10번의 심방을 통하여 잘 양육된 사람만 교회로 초청한다. 만약 양육이 덜 된 분은 양육이 될 때까지 심방 횟수를 늘린다.

심방일지를 꼭 기록하라 심방 시 대화 내용을 간추려 적고 건강상 도움이 필요한 부분도 기록하여 다음 심방을 대비한다. 또 다시 심방 갈 때는 전번 기록을 확인하고 무엇이 필요한가? 그 필요를 채워 주도록 노력한다. 예를 들어 건강법 또는 황토소금이 필요한 분께는 소금을 전달하고 사용법도 알려준다. 꼭! 무엇이 다음 심방 때 선물이 어떤 것이 좋을지 그 집안의 상태를 보고 다음 드릴 선물도 기록 해 둔다. 그리고 먼저 전달한 선물도 중복되지 않도록 기록해 둔다. 심방 시 간단한 간증 소금 건강법부터 간증해 주면서 점차적으로 신앙 간증을 통하여 양육할 수 있도록 마음 문을 열게 한다. 심방 시 선물구입은 선교식품에 문의 하여 기본수량 이상 구입하면 일반 시판 가격보다 훨씬 싼 값으로 구할 수 있다.(심방용 선물은 6 가지 선물을 50세트 이상만 주문이 가능하고 한 세트 당15,000원에 구입할 수 있다. (yc.kti114.net 선교식품 ☎053)961-0691~3)

양육교재는 D3 ☎02)333-0091 교회 출석하여 등록 후 어떻게 관리하나? 큰 교회들은 새신자반에서 이미 잘 관리하고 있기 때문에 더 말할 필요가 없을 것 같다.

그러나 새신자반이 가동되지 않는 중. 소형교회에서는 무엇보다 새로운 사람의 친구가 되어 지도록 첫날 온 분께는 특별히 전 성도들이 '껌뻑' 넘어가면서 진실로 반갑게 환영하면서 인사하고 터치(성이 같을 때 악수를 꼭 하게 한다) 이런 환영 내용을 담임목회자는 교인들에게 훈련을 시키고 교인들끼리 인사하도록 실습도 시킨다. 그래서 성도들이 사랑덩어리, 미소덩어리, 행복덩어리처럼 보여야 정착이 잘 된다. 대단한 환영을 받고 나면 내가 태어나서 ○○교회 와서 최고로 환영 받았네! 다음 주에 이 교회 또 와야 되겠다는 생각이 들도록 환영한다. 그리고 일곱명의 친구를 꼭 만들어 준다. 그렇게 하면 정착에 엄청난 도움이 된다. 소형교회 가족적인 분위기로 만날 때 마다 안부를 물어보고 새 신자를 위한 회식도 하면 좋다. 돈이 많이 든다고요? 전도에 투자하는 돈은 사업적으로 계산해도 가장 남는 장사다. 새 신자가 잘 정착되면 평생 헌금하는 액수가 얼마나 될까? 계산 해 보면 분명 남는 장사다. 그리고 영혼을 사랑하는 마음으로 심방하고 양육하고 정착시키는 비용으로 많이 들어 빚을 내서 잘 키웠다면 분명 주님께서 채워 주실 것이다.

교회들이 성전 짓는 데는 빚을 내는데 교회유지가 안되고 교인이 적어 재정이 없어 전도에 투자를 못한다는데 전도에 빚을 내어서 투자하여 삼년 간 전도 해 보시면 본전 뿐 아니고 재정도 몇 갑절로 채워져 있을 것이다.

천하 보다 귀한 한 생명 말은 하지만 지금 한국교회가 한 영혼 한 영혼

건지기 위해 얼마나 투자하는지 참으로 안타까운 일이 아닐 수 없다. 우리 한국교회가 부흥하게 된 것도 선교사들이 나누어 주시는 구제품 때문에 큰 영향이 있었다. 꼭! 전도에 투자 해 보시면 웃게 될 날이 온다.

저는 이런 식으로 전도하여 많은 열매를 맺었다. 전도 받은 사람 중에 목사, 사모, 선교사, 장로, 권사, 집사, 평신도들 많은 성도들이 국내와 국외에서 신앙생활을 하고 있다.

사람을 낚는 어부가 밑밥도, 미끼도, 심지어는 낚시바늘도 없이 사람을 낚으러 다니는 어리석은 어부들이 한국교회에 많다. 밑밥과 미끼낚시를 준비하는 데는 물질이 투자 되어야 한다. 전도의 열매는 투자한 만큼 비례한다. 천하보다 귀한 생명이라고 말씀들 하지만 전도할 때 손 떨려 투자 못하여 교회부흥을 못 시키면 주님께서 보시고 뭐라고 말씀하실까?

전도시 반대질문에 대한 대처

《반대질문의 유형》

1. 알고 싶어서 묻는 진지한 질문
2. 비판을 위함 또는 방해를 위한 질문

《반대의견을 들었을 때 전도자의 태도》

1. 마음속으로 기도한다. (성령님 함께 하소서!)
2. 감정적으로 대하면 안된다.
3. 논쟁은 피하라!
4. 제가 드리던 말씀을 다 드린 후, 한 번 생각해 보겠습니다.라고 말씀 드린 후 복음 제시를 한다.
5. 아는 것은 겸손하게 알려 드리고, 모르는 것은 다음에 알려 드리겠습니다. 라고 약속 하고 다음에 만나서 알려 준다.

⑴교회가 너무 크고 많아서 어디에 가야 할지

학생이 많아지면 학교를 더 짓는 것이 당연하지 않겠습니까? 환자가 많아지면 병원을 더 늘려야 하는 것과 같은 이치입니다. 우리나라에 술집이 얼마나 많습니까? 건물마다 있다고 할 정도잖아요. 그런데 우리 민족의 애국자이셨던 조만식 선생님은 "술집과 형무소는 적을수록 좋고, 교회와 병원은 많을수록 좋다."고 하셨어요. 교회가 많아야 지역 사회가 살기 좋은 사회가 되지 않겠어요? 세계적으로 유명한 노벨상을 탄 사람들의 70%가 기독교인입니다. 교회가 알게 모르게 사회와 지역에 많은 봉사와 공헌을 하고 있습니다.

(2)교인들이 너무 극성스러워! 라고 말하는 사람.

맞아요. 저도 예수님을 믿기 전에는 극성스럽다고 생각했는데 믿고 보니까 그게 아니더라고요. 만약 사랑하는 사람이 물에 빠져 허우적거릴 때 고상하고 점잖게 건져 주겠어요. 아니면 극성스럽게 막 달려가 최선을 다해 구해주겠어요. 예수님을 믿고 보니 이 기쁨과 행복이 너~무 좋아서 다소 극성스럽게 보일 수 있지만 그것은 전해야만 할 가치가 있기 때문입니다. 예를 들어 남편이 반지를 결혼선물로 선물해도 자랑하고 싶은데 하물며 예수님을 믿으니 마음이 편하고 날마다, 기쁘고 천국 가는 복도 받았는데 이 좋은 사실을 어찌 전하지 않겠어요. 때로는 극성스러워 보일 수도 있습니다.

"그런즉 저희가 믿지 아니하는 이를 어찌 부르리오! 듣지도 못한 이를 어찌 믿으리오. 전파하는 자가 없이 어찌 들으리요." (롬 10:14)

"지혜 있는 자는 궁창의 빛과 같이 빛날 것이요 많은 사람을 옳은 데로 돌아오게 한 자는 별과 같이 영원토록 빛나리라." (단 12:3)

(3)하나님 보았습니까? 라고 말하는 사람.

① 보는 방법이 다릅니다.

냄새는 코로 맡고, 혀로는 맛을 보고, 귀로는 소리를 듣고, 눈으로는 색

깔을 보고, 손으로 물건을 만집니다. 하나님은 물체가 아니라 영이시기 때문에, 육안으로 볼 수 없고 영혼의 눈으로만 볼 수 있습니다. 날 때부터 소경된 사람은 태양이 있어도 볼 수 없고, 영혼의 눈이 감겨진 사람은 하나님이 계셔도 볼 수 없습니다(약 1:17). 존재하지 않는 것이 아니라 보지 못하는 것입니다.

② 하나님을 만나 볼 수 있습니다.

눈으로 전파를 볼 수 없어도 TV가 나오는 것을 보고 알지요! 또, 바람을 볼 수 없어도 바람은 있지요. 나뭇잎이 흔들리는 것을 보고 바람이 분다는 것을 알 수 있지요. 하나님은 눈으로 볼 수 없어도 계십니다. 어떻게 알 수 있을까요? 증거로 알 수 있지요. 무슨 증거입니까? 우주를 창조하시고 지금도 운행하고 계십니다. 하나님의 존재하심과 능력을 믿고 기도하면서 기도 응답을 통해 하나님을 볼 수 있습니다. 또 성경에 하나님의 영광, 약속, 사랑, 축복을 통해서 하나님을 만날 수가 있습니다. 사모님도 꼭! 하나님을 만나 보시도록 저와 함께 신앙생활을 해 보십시다.

(4)조상제사 때문에 교회 나갈 수 없다는 사람.

"듣고 보니 보기 드문 효자이시네요. 정말 대단한 효성이에요. 요즘 사람들은 살아 계신 부모도 모시지 않으려고 하는데 돌아가신 분의 제사까지 지내시니 정말 대단 하십니다. 그런데 사실 조상 제사의 의미는 고인의 은덕을 기리고 남아 있는 가족이나 형제들의 우의를 돈독히 하는데 그 목적이 있는 게 아니겠습니까? 이러한 의식은 저희 기독교에서도 행하고 있습니다. 추도예배라는 의식도 있고, 성경에서도 부모님을 공경할 것에 대해 자주 강조하고 있습니다(엡 6:2, 출 20:12, 잠 4:1). 사모님께서는 훗날 이 세상 떠날 때 천국가실 확신이 있으십니까? 하면서 대화의 방향을 바꾸어 보십시오!

⑸당신이 천국을 봤느냐? 죽으면 끝이지 또 지옥이 어디 있느냐?

저는 하나님도 있고, 천국도 있다고 확실히 믿고 살기 때문에 만약, 죽었을 때 천국이 있으면 너무 기쁘고 행복하겠죠? 그러나 만약 천국이 없어도 성실하게 부끄럽지 않게 살았으면 보람이 있겠지요. 하지만 죽었을 때 지옥이 없다면 천만다행이겠지만 지옥이 있다면 어떻게 하시겠어요? 그때는 정말 큰일 납니다 우리가 이 땅에 사는 동안 죄를 지으면 재판을 받고 감옥에 갑니다. 우리의 영혼도 이 세상 떠나는 날 하나님의 심판을 받아 죄용서 받지 못한 사람은 반드시 지옥에 가게 되어 있습니다. 이 세상에서도 미국이 있다는 사실을 지도책을 보면 알 수 있듯이 성경을 보면 천국과 지옥이 있다는 사실을 분명히 알 수 있습니다.

"한 번 죽는 것은 사람에게 정하신 것이요 그 후에는 심판이 있으리라." (히 9:27)

"지옥에 던지 우는 것보다 나으리라. 거기는 구더기도 죽지 않고 불도 꺼지지 아니 하느니라 사람마다 불로서 소금 치듯 함을 받으리라."(막 9:47-49)

성경에는 지도보다 더 자세하게 천국과 지옥이 그려져 있습니다. 예수님도 천국에 오셨다가 구름타고 천국으로 가셨습니다. 그리고 천국과 지옥에 다녀온 사람들도 있습니다. 사람에게는 잠을 잘 때 꿈을 꾸듯이 꿈보다 확실하고 분명한 영혼이 있습니다. 사람이 죽은 후에 꼭! 심판이 있습니다. 심판에서 죄 용서 받은 사람은 천국 갑니다. 죄 용서 받지 못한 사람은 지옥 갑니다. 저와 함께 예수님 믿고 죄 용서 받아 천국에 가는 복을 받읍시다.

⑹종교를 바꾸면 우환이 온다고 하는 사람.

"저도 예수 믿기 전에는 귀신이 무서워서 이사 갈 때도 날 받아서 하곤

했어요. 그런데 어느 날 어떤 신 보다도 가장 강하신, 모든 신들이 벌벌 떠는 신이신 하나님을 모시고 난 후, 영생을 얻었어요. 그 후부터는 이사 할 때도 날 받아서 하지 않고 아무 때나 편리한 날 했더니 이삿짐센터에서 차도 빨리 오고 서비스도 그렇게 좋을 수가 없었어요. 그리고 오늘밤 세상을 떠나도 분명히 천국 갈 확신이 있습니다.

(7)나는 죄가 많아 믿을 수가 없다고 하는 사람.

"성경에 의인은 없나니 한사람도 없다"고 하였기 때문에 모든 사람은 다 죄인입니다. 저도 죄인입니다. 이 세상 모든 사람의 죄를 담당하시기 위해 예수님께서 죽으시고 삼일 만에 살아나셨기 때문에 예수님의 피 공로로 우리 죄가 아무리 많아도 이 사실을 믿기만 하면 죄 용서함 받습니다.

(마 9:13, 딤전 1:15, 요일 1:9)

(8)교인들이 더 나쁘다고 하는 사람.

교인들의 도덕성을 비난하면서 믿지 않으려는 사람들을 만나면 상대방이 기독인과 좋지 않은 관계나 불쾌한 경험을 가진 사람일 가능성이 많습니다. 예를 들면 돈을 떼었다거나, 물건 값을 비싸게 지불했거나, 말로써 상처를 입었다거나 하는 경우가 있을 수 있습니다. 이런 경우 주의할 것은 결코 변호하려고 하지 말라는 것입니다. "아니 그 집사님은 절대로 그러실 분이 아니에요." 혹은 "아니 사기꾼만 만났나?" "절대로 그럴 리가 없어요." 등 이런 식으로 대처하면 논쟁에서 이길 수 있을지 몰라도 복음을 전하기는 힘들어집니다.

이런 경우 왜 그렇게 말하는지에 대해 충분히 들어준 다음에 "예, 그러셨군요. 죄송합니다. 제가 대신 사과를 드리지요. 사실 사모님께서는 처음 그런 경험을 하셨지만 저는 매 주일마다 그런 사람들을 보면서 산답니다. 교회는 다양한 사람이 모이기 때문에 사람보지 말고 하나님만 믿으시면 절대로 손해 보지 않습니다. 그래도 그런 사람 미워서 예수님을 모르고 사시다가 천국 가는 복을 놓치시면 사모님만 손해 보게 됩니다.

(9)나중에 믿겠다고 미루는 사람.

"거제도 포로수용소에서 1953년에 일어난 일을 기억하십니까? 남쪽에 남을 사람들은 손을 들고, 북으로 갈 사람들은 손을 내리라고 했을 때, 손을 든 사람들은 대한민국에서 지금까지 자유를 누리고 살고 있습니다.

이처럼 순간의 선택이 평생을 좌우합니다. 사모님께서 지금 예수님을 영접 하시면 오늘 밤에 세상을 떠나도 천국 갈 수 있습니다. 그리고 하루 동안에 무슨 일이 일어날지 우리는 알 수 없지 않습니까?

(10)종교는 다 같은 것이지 아무종교나 믿으면 된다는 사람.

석가모니도 자신이 하나님이라고 하지 않았으며, 마호메트도 자신은 단지 알라라는 신의 예언자라고 했습니다. 공자는 단지 이 세상 사람들이 어떻게 살 것인가에 대해서만 말하고 있지요.

이 세상에 태어난 모든 사람은 하나님의 형상을 따라 지음 받았습니다. 육체와 영혼으로 결합되어 있는 우리 인간은 하나님께서 흙으로 육체를 만드시고 코에 생기를 불어 넣어서 사람이 되었습니다. 영혼이 하나님으로부터 왔기에 우리는 영혼의 주인인 하나님을 만나야 합니다.

어떠한 종교의 창시자라도 나를 믿어야만 구원 받는다고 한 분은 아무도 없습니다. 그러나 예수 그리스도는 "내가 곧 길이요 진리요 생명이라"고 말씀하셨습니다. 기독교는 종교라기보다 진리이고 참 신이시고 창조주이신 하나님을 만나는 길이기에 복음입니다.

3+3=6이라는 사실에 대해 그것을 독선이라고 이야기하는 사람은 아무도 없습니다. 왜냐하면 그것은 수학적으로 진리이기 때문이며 다른 답은 없기 때문입니다. "꼭 예수를 믿어야 구원을 받는다."라는 사실은 독선이

아니라 진리이며 다른 답은 없기 때문입니다.

"내가 곧 길이요 진리요 생명이니 나로(예수님) 말미암지 않고는 아버지 (하나님)께로 올 자가 없느니라."(행 14:6)

(11)성경을 믿을 수가 없다고 하는 사람.

사모님 성경을 읽어 보셨나요?(아니요) 세익스피어를 비판하려면 세익스피어의 작품을 읽어 보고 개인이나 작품을 비판해야 되지 않겠어요? "벤허"란 유명한 작품을 쓴 웰리스는 하나님과 예수님을 부정하기 위해 성경과 여러 책을 읽다가 그는 하나님 앞에 무릎을 꿇고 예수님 믿는 사람이 되어 "벤허"를 쓰게 되었습니다. 꼭 성경을 읽어 보십시오!

(12)기독교는 왜 교파가 그렇게 많습니까? 하는 사람.

한 부모 밑에서 태어난 자녀들도 얼굴이 다르고 성격이 다르듯이 교파마다 교리적인 차이는 조금씩 있습니다. 그러나 어느 교파나 예수님을 믿는 목적은 딱 한 가지 똑같이 구원받고 천국 가는데 있습니다. 너무 교파에 신경 쓰지 마시고 중요한 것은 내가 하나님을 믿어야 한다는 것입니다.

(13)믿고 싶어도 믿어지지 않는다는 사람.

믿음은 하나님께서 선물로 주시는 것입니다. 누가 선물을 주면 너무 복잡하게 따지거나 생각하지 않고 그냥 "감사합니다."하고 받듯 하나님이 주신 선물을 그냥 받으시기만 하면 됩니다. 사모님도 저를 따라서 예수님을 마음에 영접하시면 됩니다. (롬 10:9-10, 요 20:29-31). 그 후 영접기도를 따라하게 한다.

(14)술 담배 때문에 교회에 못 나온다고 하는 사람.

어릴 때 감자나 보리 개떡보다 훨씬 더 달콤하고 맛있는 사탕과 과자가 나오자 어린애들이 옛날에 잘 먹던 것을 쳐다보지도 않게 되듯이, 신앙생활을 하다 보면 술 담배보다 훨씬 더 좋은 것이 있다는 것을 발견하게 됩니다. 술 담배는 건강에 좋지 않기 때문에 교회에서 끊도록 권하는 것이지요. 금연은 교회에서만 권하는 것이 아니라 병원에서도 권하지요. 요즘은 금연 운동을 하는 직장도 늘어가고 있는 추세입니다. 병원이나 직장에서 금연금주를 권한다고 해서 가지 않는 사람은 없지요. 술 담배를 하신 분들도 교회 나오셔도 됩니다. 나중에 저절로 해결 됩니다. 걱정하지 마십시오.

(15)먹고 살기도 힘든데 교회 나갈 여유가 없다는 사람.

교회 나오셔서 예수님 잘 믿으면 영혼구원과 함께 물질 축복과 건강의 문제를 해결 받습니다. 그동안 이렇게 열심히 살았는데 어려우시다면, 이제 하나님을 잘 믿고 물질축복 받아서 부자 되세요.

성경 요한삼서 2절에 "영혼이 잘 됨 같이, 범사가 잘되고, 강건한 복이" 있습니다.

"주의 성령이 내게 임하셨으니 이는 가난한 자에게 복음을 전하게 하시려고 내게 기름을 부으시고 나를 보내사 포로 된 자에게 자유를, 눈 먼 자에게 다시 보게 함을 전파하며 눌린 자를 자유롭게 하고."(눅 4:18)

"우리 주 예수그리스도의 은혜를 너희가 알거니와 부요하신 이로서 너희를 위하여 가난하게 되심은 그의 가난함으로 말미암아 너희를 부요하게 하려 하심이라."(고후 8:9)

(16)나는 착하게 살고 법 없이도 산다고 하는 사람.

자녀가 아무리 자수성가 하고 착해도, 부모를 몰라보고 부모를 찾아뵙지 않은 자식을 호로 자식이라고 합니다. 마찬가지로 우주 만물을 창조하시고, 사람을 만드시고, 우리에게 오늘도 물과 공기와 일용할 양식을 주신 분이 바로 조물주 하나님이십니다. 그러므로 이 모든 것을 만들어 주신 하나님 아버지를 무시하고 찾아뵙지 않는 것은 죄를 짓는 것입니다. 그래서 인간은 다 죄인입니다. 죄인인 인간이 아무리 착해도 마음과 생각 속으로 죄를 짓지 않을 수가 없습니다. 남을 미워하는 것도 성경은 죄라고 말하고 있습니다. 사모님 태어나서 지금까지 사시면서 한 번도 사람을 미워해 보신 적이 없으십니까? 그러므로 죄인 아닌 사람은 한 사람도 없습니다. 우리 죄를 위해 대신 죽어 주시고, 다시 사신 예수님을 믿으시면 죄를 용서함 받고 천국 가는 복을 받습니다.

(17)아무거나 믿으면 되지 뭘... 하는 사람.

우리가 서울에서 부산 가려면 부산행 기차를 타야하지 강릉 가는 기차를 타고 있으면 아무리 노력해도 부산은 갈 수 없는 것입니다. 미국을 가려면 미국행 비행기를 타야 하는 것과 같습니다. 아무거나 탄다고 내가 원하는 목적지에 가는 것은 아닙니다. 이 세상에는 400여 종교가 있는데 모두 인간이 만들었습니다. 오직 기독교만이 인간이 아닌 하나님으로부터 시작되었고, 천국이 보장되어 있고, 죄의 문제가 해결됩니다.

반짝인다고 다 금이 아니며 오직 금은 하나이듯이 참! 구원의 종교를 바르게 믿는 것이 필요합니다. 독약을 약이라고 먹으면 죽게 되는 것처럼 천국에 가는 길은 오직 하나입니다. 그래서 선택은 순간이지만, 영원을 좌우합니다.

"다른 이로서는 구원을 얻을 수 없나니 천하 인간에게 구원을 얻을만한 다른 이름을 우리에게 주신 일이 없음이니라."(행 4:12)

(18)교회 다녀도 별 수 없더라! 라고 하는 사람.

교인 중에도 예수님을 진정 믿는 사람이 있고, 그냥 왔다 갔다 하는 사람도 있습니다. 아마 선생님이 보신 분은 단지 교회만 다니는 사람이었나봐요. 하나님을 열심히 진실 되게 믿으면 반드시 하나님이 축복해 주시고 구원함을 받게 되어 있습니다.

한 부모 밑에서 태어난 자녀들도 얼굴이 다르고 성격이 다르듯이 교파마다 교리적인 차이는 조금씩 있습니다. 그러나 어느 교파나 예수님을 믿는 목적은 딱 한 가지 똑같이 구원 받고 천국 가는데 있습니다. 너무 교파에 신경 쓰지 마시고 중요한 것은 내가 하나님을 믿어야 한다는 사실입니다.

(19)먹고 사는데 부족함이 없어서! 라고 하는 사람.

사람이 태어나면 한 번은 죽는 것이 정해져 있지 않습니까? 이 세상에서 잘 먹고 잘 사는 것보다 더 중요한 것은 영원히 살 수 있느냐에 달려 있습니다. 영원히 사는 것을 위하여 무엇을 준비하고 계시지요? 아무런 준비가 없으시다구요. 미리 미리 준비 하셔야 합니다. 예수님을 믿으면 영생의 길이 열립니다.

"한번 죽는 것은 사람에게 정하신 것이요 그 후에는 심판이 있으리니."

(히 9:27)

"들으라 부한 자들아 너희에게 임할 고생을 인하여 울고 통곡하라."

(약 5:1)

전도자가 알아야 할 상식 1

1. 복음의 내용을 확신하자 (고전 15:1-3)

  1) 하나님은 사랑이시다. (요일 4:10)

  2) 모든 인간은 죄인이다. (롬 3:10, 23)

  3) 죄 값은 불행과 사망과 지옥이다. (히 9:27, 마 25:41)

  4) 하나님의 아들 예수께서 죄를 담당하셨다. (롬 5:8, 벧 2:24)

  5) 4)번 내용을 마음에 믿고 입으로 시인하면 구원을 받는다.
    (롬 10:9-10, 요 1:12)
    구원의 확신이있는 자가 전도를 확실하게 할 수 있다.

2. 복음의 능력을 확신하자

  1) 모든 인간은 복음으로만 구원받을 수 있다. (행 4:12, 요 14:6)

  2) 복음은 구원을 얻게 하는 하나님의 능력이다. (고전 1:18, 롬 1:16)

  3) 복음은 사람을 변화시킨다. (고전 2:5)

  4) 복음은 세상을 변화시킨다. (마 5:14-16, 요 3:17, 12:47)

5)복음의 능력을 확신하는 자가 전도를 힘 있게 할 수 있다.

3. 복음에 대한 마귀의 자세를 알고 있어야 한다.

1) 복음을 방해한다. (고후 4:4)

2) 택한 자를 미혹한다. (마 24:24)

3) 복음을 약화시키도록 교회도 미혹한다. (계 2:)

4) 전도하는 사람과 교회를 가장 싫어한다. (행 14:2, 5)

4. 복음전파와 기도의 관계를 알아야 한다.

1) 복음전파를 방해하는 마귀는 능력자다. (엡 6:12)

2) 기도하는 사람을 마귀가 가장 무서워한다. (벧전 5:8)

3) 기도할 때 하나님이 가까이 하신다. (신 4:7)

4) 기도할 때 천사가 동원된다. (계 8:3)

5) 기도할 때 권능을 소유한다. (막 9:29)

6) 기도할 때 사랑과 기적이 생긴다. (마 15:21)

7) 전도에 있어서 구원의 확신과 복음의 능력, 기도의 중요성을 깨닫는 것이 무엇보다 중요하다.

전도자가 알아야 할 상식 2

전도자는 마귀의 방해를 알고 있어야 한다.

1. 마귀의 정체와 속성

  1) 타락한 천사

  2) 불신자의 아비 (요 8:44)

  3) 거짓으로 속이는 자 (요 8:44)

  4) 미혹하는자, 참소자 (계 12:9-10)

  5) 교만한자, 반역자 (겔 28:17)

  6) 혼미케 하는자 (고후 4:4)

2. 마귀가 하는 일

1) 모든 인간을 꾀어 하나님과의 관계를 단절되게 한다. (계 12:9)

2) 마음을 혼미케 하여 복음의 빛을 막는다. (고후 4:4)

3) 택한자도 할 수만 있으면 미혹하여 넘어뜨리려고 한다. (마 24:24)

3. 마귀의 전략

　1) 광명한 천사같이 유화전략 (고후 11:14)

　2) 우는 사자같이 모든 환경을 이용하여 공격 (벧전 5:8)

4. 마귀가 제일 싫어하는 일

　1) 전도

　2) 순종

　3) 기도

　4) 말씀 충만

　5) 은혜사모

　6) 성숙한 신앙

5. 마귀를 이기는 방법

　1) 마귀의 일을 예수께서 말하려 오셨다. (요일 3:8)

　2) 예수께서 죽으시고 부활하시므로 마귀권세를 무너뜨렸다.

　3) 예수의 권능은 내 권능이다. (요 14:12)

　4) 믿음을 굳게 하여 전신갑주 (엡 6:12-17)

전도자가 알아야 할 상식 3

연령에 따른 사람의 특성을 알아야 한다.

1. 소년기 (10~17)

1) 특성 및 장점 : ① 반항적 ② 우월감 ③ 모방성 ④ 감수성 예민
  ⑤ 각성기

2) 단   점 : ① 비판적 ② 비교의식 ③ 몰입성 ④ 동화성
  ④ 분별력 부족

3) 전 도 방 법 : ① 좋은 인상 ② 논리적이며 감정에 호소
  ③ 결단촉구

2. 청년기 (18~30)

1) 특성 및 장점 : ① 낭만적 ② 생각을 많이 함 ③ 부푼 꿈 ④ 정열적

2) 단   점 : ① 위기의 시기 ② 신체 예민 ③ 과신

3) 전 도 방 법 : ① 이성과 감성에 호소 ② 인생의 근본문제 제시
  ③ 부푼 꿈의 허무성

3. 장년기 A (31~40)

1) 특성 및 장점 : ① 의욕적 ② 왕성한 사회활동 ③ 많은 고민거리

2) 단   점 : ① 세상욕심 ② 이기적이고 자기중심적 ③ 배타적

3) 전 도 방 법 : ① 친근감 ② 공감대 형성 ③ 허무한 인생
    ④ 확실한 간증

4. 장년기 B (41~59)

1) 특성 및 장점 : ① 건강관심 ② 성공과 실패 ③ 허무감과 고독감
    ④ 약한 마음

2) 단   점 : ① 우월의식 ② 잘못된 만족감 ③ 굳은 마음
    ④ 불만 불신

3) 전 도 방 법 : ① 인생의 허무성 ② 자녀와 사람의 본성
    ③ 죽음과 심판 ④ 확실한 간증

5. 노년기 (60~)

1) 특성 및 장점 : ① 의욕상실 ② 완고함 ③ 심약함 ④ 예민(오해)

2) 단   점 : ① 마음이 굳음 ② 무관심 ③ 자포자기

3) 전 도 방 법 : ① 성경의 효사상 강조 ② 따뜻한 사랑과 호의
    ③ 지속적인 노력

전도방법으로 마음이 열렸을 때 핵심적인 복음을 일곱 번 전해 주어야
열매 맺는 전도가 된다.

전도자가 알아야 할 상식
4

사람들의 다양한 기질을 알면 전도가 쉽다.

1. 다혈질의 사람

 1) 특성 및 장점 : ① 감정적 ② 활동적 ③ 사교적 ④ 낙천적

 2) 단   점 : ① 의지력 결핍 ② 결단력 부족 ③ 변덕이 심함

              ④ 큰실수 가능

 3) 전 도 방 법 : ① 감정에 호소 ② 격려 칭찬 ③ 결신 후 관리 철저

              (눅 26:33)   (마 16:16-18)   (요 21:15-17)

2. 우울질형

 1) 특성 및 장점 : ① 감수성 예민 ② 침착성 ③ 창작 및 관찰력

              ④ 책임감 및 의지

 2) 단   점 : ① 자기중심 ② 비판적 ③ 비사교적

 3) 전 도 방 법 : ① 호감 있는 첫인상 ② 모범적 생활 ③ 강력한 기도

3. 담즙질형

  1) 특성 및 장점 : ① 견인지 구성 ② 모범적임 ③ 추진력 풍부

  2) 단　　　　점 : ① 비양보성 ② 외고집 ③ 출세형

  3) 전 도 방 법 : ① 세상출세 지향적이므로 인생의 허무성 강조

                       ② 뜨거운 기도 (믿기만 하면 큰일)

4. 점액질형

  1) 특성 및 장점 : ① 소극적 ② 은둔적 ③ 침착성 ④ 실제적

  2) 단　　　　점 : ① 지둔점 ② 자기옹호적 ③ 무사안일주의

  3) 전 도 방 법 : ① 잘 응하나 믿지 않고 미루므로 인생의 허무성 강조

                       ② 자극이 필요하므로 양심과 심판 강조

사람의 기질을 이론적으로 아는 것 보다 "영혼을 사랑하는 마음을 주소서", "지혜를 주소서" 라는 기도의 사람이 되자. 그럴 때 기질에 대한 지식은 크게 도움이 될 것이다.

전도자가 알아야 할 상식

5

1. 무관심한 자들 (눅 12:16-21)

 1) 특 징

　① 늘 세상 것으로 분주

　② 노골적으로 반대는 안한다.

 2) 방 법

　① 가장 급한 것, 우선적인 것 설명

　② 피할 수 없는 죽음 (히 9:27)

2. 계속 미루는 자들

 1) 미루는 사람

　① 우선순위를 모름 (창 27:1)

　② 짧은 인생 (약 4:13)

3. 자기의 의로움 때문에 변명하는 자들

1) 나는 할 수 있는 최선을 다했다. (롬 3:10, 23)

2) 기독교 신자들은 무질서하고 비양심적이다. (요 16:9)

4. 주저함과 두려움 때문에 변명하는 자들

1) 나는 너무나 큰 죄인이다. (눅 19:10)

2) 내가 이제야 믿는 것은 너무 늦다. (고후 6:1-2)

3) 믿어 보려고 했으나 실패했다. (마 18:22)

4) 믿으려면 할 일이 너무 많다. (마 6:33)

5) 세상 친구가 멀어지는 것이 두렵다 (잠 13:20)

6) 난 감히 신자생활을 못할 것 같다. (고후 5:17, 고전 10:13)

7) 핍박이 무섭다. (마 5:11-12)

8) 내가 용서할 수 없는 사람이 있다. (마 18:22-23)

사람을 깊이 알아 그를 이해하고 사랑해야 전도할 수 있는 것이다.

전도자가 알아야 할 상식
6

1. 무신론자

  1) 인간의 문제 (눅 16:19-31)　　2) 근본문제 (롬 3:23, 10)

  3) 죄의 결과 (롬 6:23, 엡2:2)　　4) 해결책 (요 3:16, 요 1:12)

2. 확신있는 자

  1) 멸망 상태란 (엡 2:1, 2, 6, 7)　　2) 구원이란 (엡 2: 1, 2, 3, 6)

  3) 영접하는 자의 복 (마 16:13-19)　　4) 이미 얻음 (엡 2:6, 요4:24)

3. 낙심자

  1) 하나님의 존재 (히 11:6)　　2) 하나님의 동행, 체험 (잠 3:5-6)

  3) 모르는 이유 (고전 2:10-14)

  4) 하나님 체험하려면 (요 1:12, 요 14:26-27)

4. 질병에 걸린 자

1) 질병의 시작 (창 3:16-19)   2) 질병의 유익 (시 119:67)

3) 해결책 (약 5:14)   4) 예수는 만병의 의사 (마 11:28)

5. 율법주의자

1) 노력하는 신자 (인간적)   2) 거짓말하는 신자 (요 3:1-8)

3) 복음을 설명 (롬 5:14)   4) 구원은 선물 (엡 2:8)

6. 타종교인 (비방 말 것)

1) 원죄란 (창 3:1-5)   2) 모든 인간은 죄인 (롬 3:23)

3) 모든 인간은 심판 (히 9:27)   4) 종교로 구원 불가 (김진규, 명진홍)

7. 천주교와 이단 (접촉 말라)

1) 우상 숭배의 죄 (출 20:1-10)   2) 행위 주장 (요일 2:20-27)

3) 예수의 유일성 (요 14:6)

유형별로 전도할 때 열매 맺는 전도가 된다.

전도자가 알아야 할 상식
7

간증은 전도하는데 필수적이다.

1. 간증이란 무엇인가?

1) 간증은 법정에서 범죄를 증명하는 말을 하는 것을 가리킨다.

2) 신앙체험을 말하는 것이다. (죄인인 자신이 받은 하나님의 용서와 사랑, 기쁨과 예수 믿기 전 생활을 간략하게 말하고 믿은 후 나의 변화를 간증한다.)

2. 전도에 있어서 간증의 목적 (딤전 1:13-17)

1) 하나님께 영광 돌리기 위함이다. (고전 15:10)

① 자신이 악한 모습, 불행했던 과거

② 하나님의 축복, 사랑, 은혜 강조

2) 이웃과 공감대를 이루기 위함이다.

① 마음이 통하도록 한다.　② 듣는 사람이 같이 느끼도록 한다.

공통적인 문제 ; 부부 고부 자녀들의 문제, 사업, 직장, 병고, 경제적 문제.

3) 죽음에 대해 관심을 갖게 하기 위함이다.

　① 마음을 얻게 한다.　② 마음을 움직이게 한다.

　③ 자신도 그렇게 됐으면 하는 호기심을 갖게 한다.

4) 간증의 부수적 유익

　① 반론을 막을 수 있다.　② 공격도 할 수 있다.

　③ 충동을 일으킨다.

3. 간증에 있어서 필요한 요령

1) 공감대를 이루기 위해 재미있고 실감나게 한다.

2) 효과적 전달을 위해 노력한다. (쉬운 말, 짧은 시간, 정돈된 주장)

3) "천국의 은혜를 누리기 전에는…, 지금은…" 이야기한다. 지금은 확
신있게.

4) 복음의 핵심을 강조하라. (천국의 은혜를 누리기 전에는)

5) 덕을 세우도록 힘쓰라. (몸짓, 말투, 표정, 지나친 표현 – 용기, 위로
얻도록)

4. 간증의 골격과 준비 (나의 간증, 다른 성도들, 가족들의 간증)

1) 골　격　① 믿기 전 생활 (죄인, 허망한 꿈)

　　　　　　② 믿게 된 경위 (동기, 과정)

　　　　　　③ 믿음과 고백 (하나님, 예수님 사랑)

　　　　　　④ 지금 생활의 기쁨과 계획

2) 준　비　① 가정문제　② 자녀문제　③ 경제문제　④ 욕구문제

　　　　　　⑤ 건강문제　⑥ 정신적 문제　⑦ 기타문제

전도자는 언제든지 간증할 수 있는 준비가 되어 있어야 한다.

내 자랑이 되지 않고 하나님께 영광을 돌려야 한다.

전도자가 알아야 할 상식
8

1. 접촉점을 만들자. (요 4장)

　1) 전도하려는 의지와 소원 (빌 2:13)

　2) 기도하며 연구한다. (엡 5장)

　3) 방법을 사용한다.

　　①소금이야기　② 대화거리를 찾음 (…는 전도대상으로 알고 정함)

　　　　　　　　　　－ 성씨, 고향, 취미, 자녀, 옷, 현실문제

2. 상대방으로 잘할 수 있게 한다.

　1) 귀담아 들어준다.　　2) 깊은 관찰로 중심을 살핌

　3) 가장 큰 문제가 무엇인지 포착　　4)　사랑을 베푼다.

3. 간증한다. (자신의 간증, 타인의 간증)

　　1) 천국의 확신　　2) 천국의 기쁨

　　3) 체험적인 사건 (타인 것이라도)

확신과 밝은 얼굴, 덕스러운 자세로 간증한다.

4. 예수를 소개

　1) 예수를 믿으라고 권유

　2) 교회를 소개

　　　① 영적인 학교　　② 영적 병원

　　　③ 영적인 식당　　④ 천국 대합실 (모형)

5. 교회로 인도

　1) 주일예배

　2) 초청잔치

　　　① 동행 동반　　② 교회 자랑

　　　③ 목회자 자랑　　④ 성도들 자랑

6. 계속적 관심과 기도

　1) 교회 출석　　2) 기도 해 줌

　3) 말씀 공부　　4) 전도하는 신자

전도열매를 맺기 위하여 이렇게 사랑하라

모든 사람들이 마음에 아픈 상처가 있고 사랑에 굶주려 있다. 이때 주님께서 나에게 베풀어주신 주님의 사랑을 갖고 전도 대상자를 사랑하자.

사람들은 진짜 사랑, 가짜 사랑을 알게 된다. 전도의 열매를 맺기 위하여 정말 지옥 가면 안 될 불쌍한 영혼을 뜨거운 열정으로 내게 있는 좋은 것들 진심으로 나누면서 사랑하라. 그러면 관계는 깊어지고 상대가 감동을 받는다. 그렇지 않고 형식적인 사랑은 아무리 쏟아 부어도 영혼이 돌아오는 시간이 늦어진다. 천하보다 귀한 한 영혼, 예수님께서 몸 찢고 피 흘려 사신 귀한 영혼들이다. 소중히 생각하고 주님께 대접하는 마음으로 섬겨야 전도의 열매가 쉽게 맺힌다.

이 글을 읽고 계신 하나님의 자녀 된 전도자에게 부탁한다.

저는 주님의 은혜 감사하고, 지옥 가는 영혼들이 불쌍해서 울면서 이 글을 쓴다. 읽은 자들은 모두가 전도자가 되어서 천하보다 귀한 영혼을 살리소서. 전도는 하나님을 사랑하는 최고의 표현이다 정말 예수님을 사랑한다면 우리의 신랑되신 예수님께 좋아 하시는 영적 자녀 쑥쑥 잘 낳는 예수님의 신부가 되자. 전도자에겐 100의 복과 상급이 준비된다. 생각만 해도 가슴 찡 하다.

한 영혼, 한 영혼, 모든 영혼 돌아오는 것이 하나님의 소원이다.

한국교회 전도의 태풍이 불어오도록 우리 모두 전도하자.

CTS기독교 TV에 방영 되었던 천국 가는 약도

〈 복음 제시 때 또는 전도 집회 때 참고용 〉

1. 천국약도

사랑하는 시청자 여러분 안녕 하십니까? 저는 한국도농선교회 대표 최원수 장롭니다. 시청자 여러분 저를 따라 한번만 말씀해 보십시오.

그 좋은 천국에 ＿＿＿＿ " 나 혼자만 가야지 ＿＿＿＿ " 어이구 시청자님들 웃기시네요.

아니 그렇게 좋은 천국을 혼자만 가시려고 합니까? 다시 해 봅시다.

그 좋은 천국에 ＿＿＿＿ " 나 혼자 갈 수 없다 ＿＿＿＿ " 모두 함께 천국 갈 수 있기를 바랍니다.

저는 오늘부터 천국 가는 길을 명쾌히 알려드리겠습니다.

사람은 누구나 사후에 천국가기를 원합니다. 하나님께서 제게 천국 가는 약도로 전도하시도록 도와 주셨습니다.

천국 가는 약도는 사람들이 약도치고 별 약도 다 있네 천국 가는데도 약도가 있네 하고 호기심을 갖고 혼자 잘 읽어보기도 하고 읽어주면 잘 들어

주셔서 전도가 잘 됩니다. 처음 길을 찾아갈 때 약도를 들고 가면 쉽게 찾을 수 있듯 천국 가는 데도 약도를 따라가면 쉽게 갈 수 있습니다.

제가 천국 가는 약도를 보여 드리겠습니다. ? 원래 사람은 천국가고 지옥은 마귀를 보내는 곳이었습니다. 지옥가게 된 마귀는 억울하여 사람들을 유혹 하였습니다. 이 그림처럼 사람의 화살표는 천국, 마귀의 화살표는 지옥을 향한 것과 같습니다.

마귀의 유혹으로 죄 지은 모든 사람은 죄 때문에 천국길이 끊어지고 지옥가게 되었습니다. 우리 모두 지옥가게 되었습니다. 여기 보십시오. 죄 때문에 천국길이 끊어졌습니다. 세상에서 죄를 지으면 감옥 가듯 우리의 영혼이 죄 때문에 영혼의 감옥인 지옥으로 가게 됩니다.

영원히 불타는 지옥은 사람들이 상상 할 수 없을 정도로 뜨거운 곳입니다. 저는 도자기를 굽듯 1000도 가까이 뜨거운 소금 굽는 불가마의 화구를 들여다보다 빨갛게 달아 있는 소금 알맹이를 얼굴에 맞아본 적이 있습니다. 어찌나 뜨겁던지 깜짝 놀랐습니다. 제 생각엔 지옥은 유황 불 못이니 5000도 정도 되지 않을까 생각이 됩니다. 여름에 37도만 되어도 덥다고들 난리들인데 5000도나 되는 지옥을 한 번 생각해 보십시오. 얼마나 고통스러울까요? 반대로 천국은 세상의 말로는 표현 할 수 없을 정도로 엄청나게 아름답고 정말정말 좋은 곳입니다. 시청자 여러분은 영원히 불타는 지옥과 영원히 행복한 천국-두 곳 중에 어디로 가고 싶습니까? 네 천국가고 싶다고 말하신 분들은 천국가실 분이 틀림없습니다. 꼭 천국 가셔야죠. 그러나 천국도 가는 길을 알아야 갈 수 있습니다.

사람들의 죄 값으로 예수님께서 대신 십자가에 못 박혀 죽으시고 다시 사셨습니다. 이 사실을 믿어 죄 용서 받은 사람은 천국 갑니다. 여기 ②번에서는 죄 때문에 천국길이 끊어졌지만 ④번에는 십자가 때문에 천국길이 연결 되어 있지요. 하나님은 너무 사랑이 많으셔서 우리 인간들을 천국으로 보내주시기 위하여 엄청나게 큰 공사를 하십니다. 영원히 끊어지지 않는 견고한 다리를 놓아 주셨습니다. 그 다리는 바로 십자가입니다. 이 다리를 통하기만 하면 누구나 천국 갑니다. 피 흘림이 없이는 죄 용서 받을 수가 없고 죄 용서 받지 않고는 천국 갈 수 없습니다. 인간의 피는 죄로 오염된 피이기 때문에 죄 용서 받을 수 없습니다.

하나님께서 단 하나밖에 없는 죄 없으신 하나님의 아들 예수님에게 사람들의 과거, 현재, 미래의 죄를 씌워 대신 피 흘려 죽게 하셨습니다.

시청자 여러분 이 시간 죄를 용서 받고 천국가고 싶은 분은 따라하십시오.

하나님 _______ 가만히 계시는 분도 있으시네요. 하나님 한 번 해 보세요. 하나님 _______ 저는 죄인입니다 _______ 내 죄 때문에 _______ 십자가에 못 박혀 _______ 죽으시고 다시사신 _______ 예수님의 피 공로로 _______ 내 죄가 용서 받고 _______ 천국 갈 것을 확실히 믿습니다. _______ 예수님 내 마음속에 들어와 주세요. _______ 예수님 이름으로 기도 드립니다. _______ 아멘

진실한 마음으로 따라 하셨다면 이미 천국 갈 복을 받았습니다. 축하드립니다.

다음 방송부터는 더 구체적으로 상세히 말씀드리겠습니다. 전도대상자 함께 시청을 하시기 바랍니다. 우리 모두가 천국 가서 다시 만나길 소원합니다. 꼭 천국에서 만납시다.

2.최고의 사랑

시청자 여러분 주안에서 한주간도 평안 하셨습니까?

다윈이란 학자의 말대로 정말 사람은 원숭이가 진화되었을까요? 그렇다

면 지금도 산골짜기의 원숭이가 사람이 되어 나와야 할 텐데 창세 이래 한 번도 그런 일은 없었습니다. 어느 목사님께서 동물원에서 목사님의 자녀와 같은 날 태어난 원숭이 한 마리를 데려다가 분유도 같이 먹이고 잠도 함께 재우고 옷도 똑같이 입혀서 키웠는데요. 원숭이는 아무리 말을 가르쳐도 말도 못 배우고 킹킹대면서 단지 뚜껑에 올라갔다 단지 뚜껑만 깨어버리고 사람과 똑같은 환경에서 키워도 사람이 되지 않더랍니다. 사람은 하나님께서 직접 만들어 주셨지요.

제가 여러분께 넌 센스 퀴즈를 하나 소개하겠습니다.

왜 목욕탕 가면 꼭 여자는 오래 목욕하고 남자는 빨리 나올까요? 벌써 알고 계시는 분도 계시네요. 바로 재료 차이지요. 남자는 흙으로 만들어서 오래 물에 담가두면 푹 퍼진데요. 반면에 여자는 뼈로 만들어서 물에 오래 담가두어야 푹 붓는데요.

맞아요! 사랑의 하나님께서는 우리 인간들을 직접 흙으로 만드시고 남자가 쓸쓸해 보여 남자를 깊이 잠들게 하고 남자의 갈비뼈를 취하여 돕는 배필로 아주 아름답고 사랑스런 여자를 만들어 주셨습니다. 그리고 아름답고 평화로운 에덴동산을 주셨습니다. 그것뿐이 아닙니다. 하나님께서는 사람들에게 아름다운 보석으로 집을 짓고 황금으로 포장된 길 12 진주 문이 있고 전쟁이 없고 죽음도 없고 눈물과 병과 슬픔과 죄와 마귀가 없는 영원히 행복한 천국을 만들어 주셔서 원래 사람은 천국가고 지옥은 마귀를 보내는 곳이었습니다. 지옥가게 된 마귀는 억울하여 사람들을 유혹하였습니다. 어느 날 하와에게 마귀가 찾아왔습니다. 마귀는 다른 말로 귀신인데 귀신은 귀신같이 알고 사람을 지옥으로 데려가려 유혹했습니다.

어떤 임금님께서 사람들이 아내 말을 얼마나 잘 듣고 있는가를 시험해 보기위해 신하들을 마당에 모두 모았습니다. "평소 아내 말을 잘 듣는 사

람 오른쪽으로 안 그런 사람 왼쪽으로 모이시오” 했더니 모두 오른쪽으로
모였는데 한사람만 왼쪽으로 달려갔습니다. “당신은 왜 그쪽으로 갔소” 하
고 물었더니 “오늘 아침에 집을 나오는데 아내가 사람 많이 모이는 데는
절대로 가지 말라고 했기 때문에 이리 왔습니다.”라고 말했습니다. 그 사
람은 실제로 다른 사람들 보다 아내 말을 더 잘 듣는 사람 이였던 것입니
다.

모든 사람이 아내의 말을 잘 들을 것을 귀신은 이미 귀신같이 알고 아내
인 하와를 먼저 선악과를 먹여 불순종의 죄를 짓게 하였습니다. 그리고 하
와는 남편에게 주었습니다.

하나님께서 먹지 말라는 선악과를 따먹고 하나님의 명령을 어긴 죄의 결
과로 여자는 잉태하는 고통을 더하여 수고하고 자식을 낳게 되었고, (돼지
는 새끼를 열두 마리 낳아도 쑥쑥 잘 낳는데요.) 남자는 얼굴에 땀을 흘려
야 식물을 먹게 되고 뱀은 배로 기어 다니게 되었습니다. 그리고 육신은 죽
고 영혼은 지옥가게 되었습니다. 하지만 걱정하지 마십시오. 사랑의 하나
님께서는 우리에게 천국 갈 길을 열어 주셨습니다. 그 길은 오직 한 길 죄
를 용서 받는 길 밖에 없습니다. 우리 사람들의 죄 값을 대신 치뤄 주시기
위해 하나밖에 없는 아들 예수님을 죽는 자리에 까지 내어 주셨습니다. 하
나님께서는 우리를 최고로 사랑하셨습니다.

시청자 여러분도 이사랑 받으실 수가 있습니다.

저를 따라해 봅시다.

하나님 한 번 해 보세요. 하나님 ________ " 저는 죄인입니다. ________ "
내 죄 때문에 ________ " 십자가에 못 박혀 ________ " 죽으시고 다시사신
________ " 예수님의 피 공로로 ________ " 내 죄가 용서 받고 ________ "
천국 갈 것을 확실히 믿습니다. ________ " 예수님 내 마음속에 들어와 주

세요. _______ " 예수님 이름으로 기도 드립니다. _______ " 아멘 _______ "

진실한 마음으로 이 기도를 드렸으면 이미 천국 갈 복을 받았습니다.

가까운 교회로 나가셔서 꼭 신앙생활을 오는 주일부터 시작하십시오.

3. 마귀

시청자 여러분 지난 주간에도 하나님의 은혜아래 평안하셨습니까?

저는 깜짝 놀란 것이 몇 가지 있습니다. 한국에 낙심 자가 1000만 명이나 되고 교회 다니는 교인들 중에도 45.5%만 구원의 확신이 있다고 합니다. 이 얼마나 놀라운 사실입니까?

이 마귀는 우리를 지옥으로 끌고 갈려고 못 믿게 하고 죄짓게 하고 전도도 못 하게 합니다. 전도는 차차해야지 전도는 어려워서.. 하면서 마귀는 유혹을 합니다.

마귀의 유혹으로 죄지은 모든 사람은 죄 때문에 천국길이 끊어지고 지옥 가게 되었습니다. 우리 모두 지옥가게 되었습니다.

처음사람 아담과 하와가 에덴동산에서 행복하게 살고 있었습니다. 제가 이 시간 시청자분들께 여쭤 보겠습니다.

새로 태어나도 현재의 배우자와 다시 결혼 하실 분 손들어 보세요. 허. 허. 남자들은 많이 드시는데 부인들은 별로 안 드시는 것 같아요.

저도 제 아내에게 "여보 나는 다시 태어나도 꼭 당신과 결혼 할 텐데 당신은 어떻게 할꺼야?" 했더니 제 아내는 "어이구 몸서리야 나는 아니다" 하더군요.

여러분 여자들은 다 남편이 몸서리 난데요 시청자 여러분께서 혹시라도 몸서리나는 남편 바꿔볼까 하고 생각하는 분은 절대로 바꾸지 마십시오. 바꿔 봐도 별 수 없습니다. 어떤 할머니의 말씀에 "남자는 그놈이 그놈이다."라고 말씀하셨습니다.

여러분 남편이 몸서리나지 않고 무척이나 행복해도 이제 그냥 천국가시 긴 다 틀렸습니다. 그것은 죄 때문입니다. 마귀는 하와에게 찾아와 선악과 를 왜 안 먹었느냐 하니 먹으면 죽기 때문에 만지지도 말라고 한 수 더 떴 습니다. 인간은 한수 더 떠도 마귀를 이길 수는 없습니다.

이 마귀는 "애 하와야 선악과를 먹으면 너도 하나님처럼 될까봐 못 먹게 한 거야 먹어봐" 하는 말에 그만 속아 하와는 선악과를 보니 먹음직도 하 고 보암직도 하고 탐스럽게 생겨서 그만 따먹고 또 남편에게 이 선악과를 가져갔더니 깜짝 놀랐습니다. 아담은 "선악과를 먹으면 죽어" 왜 이것을 따 왔느냐고 야단입니다. 그러나 아내 하와는 남편에게 있는 아양 없는 아양 을 다 떨면서 "내가 먹었는데 안 죽었지 봐" 아담은 "조금 있다 죽으면 어 떻게 해"라고 했더니 하와는 대뜸 "죽어도 같이 죽고 살아도 같이 살아야 지 뭐 그래. 이렇게 의리 없는 남편과 어떻게 살아. 살아도 같이 살고 죽어 도 같이 죽어야지"하는 동안 아담은 주춤하며 거절했지만 하와는 "우리도 먹고 하나님처럼 한번 되어봅시다" 하니 남편이 홀딱 넘어간 것 같아요. 그래서 하나님의 말씀을 어기고 선악과를 먹어 불순종한 죄인 원죄를 지었 고 그 죄를 이어받아 태어난 우리 인간에게도 마귀는 계속 유혹하여 지옥 으로 끌고 가려고 사람들에게 남을 미워하게하고, 시기, 질투, 교만, 음행, 도둑질, 살인, 하나님도 못 믿게 하는 등 많은 자범죄를 짓게 하여 그 죄 때 문에 천국길이 뚝 끊어지고 죄지은 모든 사람들은 지옥가게 되었습니다. 우리 모두 지옥가게 되었습니다.

세상엔 두 가지 영이 존재합니다. 하나님의 영이신 성령은 우리에게 믿 음을 주시고 천국으로 인도하지만, 마귀는 악령인데 우리를 망하게 하고 끝내 지옥으로 끌고 갑니다.

그러나 절망하지 마십시오. 사랑의 하나님은 우리를 천국 길로 인도하시기 위해 우리 죄 값을 예수님께 씌우셨습니다.

그러므로 인간의 공로로는 천국 갈 수 없지만 예수님의 공로로 천국 갈 수 있습니다.

모든 시청자 여러분 저를 따라 한번 해 봅시다.

하나님 한 번 해 보세요. 하나님 _______" 저는 죄인입니다. _______"

내 죄 때문에 _______" 십자가에 못 박혀 _______" 죽으시고 다시사신 _______" 예수님의 피 공로로 _______" 내 죄가 용서 받고 _______"

천국 갈 것을 확실히 믿습니다. _______" 예수님 내 마음속에 들어와 주세요. _______" 예수님 이름으로 기도 드립니다. _______" 아멘 _______"

이 기도를 진실 되게 드렸다면 이미 천국 갈 복을 받았습니다. 꼭 천국에서 만납시다.

4. 영혼

시청자 여러분 한 주간 주안에서 평안 하셨습니까?

사람은 흙으로 지어진 몸과 하나님께로부터 온 영혼이 있습니다.

영혼의 집이 몸이기 때문에 집이 무너지면 영혼은 이사를 갑니다.

육신이 사고나 질병으로 죽는 날 영혼은 하나님께로 돌아가 심판을 받게 됩니다.

한 번 죽는 것은 사람에게 정한 것이요 그 후에는 심판이 있다고 성경은 우리에게 말해주고 있습니다. 심판받아 영원히 고통 받는 지옥에서 영원히 사느냐 영원히 행복한 천국에서 사느냐가 인생 최대의 문제입니다.

저는 1981년 12월에 전 영혼과 육체가 분리되는 체험을 했습니다.

영혼이 육신에게서 나와서 걸어 다니지 않고 날아다니며 문을 열고 나가는 것이 아니고 벽을 차고 나갔습니다. 무엇보다도 중요한 것은 현재가진 시력과 감각을 모두 갖고 나온다는 것입니다. 현재의 시력으로 영혼이 지옥에서 아름다운 천국을 바라볼 때 얼마나 속상하겠습니까? 영원히 고통 받게 되면 너무나 불행한 일입니다.

동광교회 이영범 목사님께서 친구에게 전도하니 "나는 지옥 간다"고 하더랍니다.

"그래 그럼 너는 지옥 가거라" 하니 막 대들더랍니다. 지옥은 누구나 가기 싫어하는 곳입니다. 또 유황 불 못에서 감각적으로 뜨거워 못 견딜 것을 상상해 보십시오.

여러분 낮에 생활할 때가 있고 밤에 잠을 자는 때가 있듯 육신의 삶이 끝나는 날 내세의 영원한 삶은 분명 있습니다. 매일 밤 잠 잘 때는 죽는 연습을 하는 것이고 아침에 일어나는 것은 부활의 연습 입니다. 꿈을 꾸는 것은 꿈보다 훨씬 확실한 영혼의 세계가 있는 것을 알려주기 위해 꿈을 주신 것 같아요.

죄 때문에 우리 모든 사람들은 다 지옥가게 되었습니다.

지옥은 유황불 못이라고 했습니다. 유황불 못에 풍덩 빠졌는데 불로 소금 치듯 함을 받는데 바로 미꾸라지에게 소금을 뿌려 놓은 것과 흡사하게 사람들이 뜨거워 못 견디는데 계속 불은 타고 재가 되지 않고 죽을 수도 없고, 도망 갈 수도 없고, 물도 없는 엄청난 고통가운데 영원히 사는 곳이 지옥입니다.

절대로 지옥만은 가지 마십시오. 저는 예수님 안 믿어도 봤고 믿어보니 하나님을 만날 수도 있고 그 사랑과 은혜가 감사하여 전하지 않을 수가 없어서 시청자 여러분께 전합니다.

성경에 한 부자가 지옥 갔는데 "내형제가 다섯 명이 있는데 이 고통스런 지옥을 모르고 그냥 지내니 꼭 알려달라고 호소합니다.

성도 여러분 주위에도 지옥을 알지 못해 계속 지옥을 향해 가고 있는 구나 이웃은 없는지요? 우리는 온 인류에게 꼭 전도해야 합니다.

천국은 집들이 보석으로 꾸며졌고 길이 황금 길이고 물이 수정 같고 죽음이 없고 병이 없고 슬픔과 전쟁이 없고 죄가 없고 우리를 꾀이는 마귀가 없는 나라 영원히 행복한 나라가 성도님들과 저의 나라인줄 믿습니다.

여러분 천국 갈 준비가 되어 있습니까? 천국 가는 것은 아주 쉽습니다.

누워서 팥 떡 먹는 것 보다 쉬운 것이 천국 가는 것입니다.

시청자 여러분의 죄를 위해 예수님께서 대신 죽어 주시고 다시 사신 것을 믿기만 하면 천국 갑니다. 그러나 지옥 가는 것은 더 쉬워요. 가만히 그대로 살다 죽으면 다 지옥 갑니다. 하지만 걱정하지 마십시오.

천국 가시도록 시청자 여러분 저를 따라해 보십시오.

하나님 한 번 해 보세요. 하나님 _______ " 저는 죄인입니다. _______ "
내 죄 때문에 _______ " 십자가에 못 박혀 _______ " 죽으시고 다시사신 _______ " 예수님의 피 공로로 _______ " 내 죄가 용서 받고 _______
천국 갈 것을 확실히 믿습니다. _______ " 예수님 내 마음속에 들어와 주세요. _______ " 예수님 이름으로 기도 드립니다. _______ " 아멘 _______ "

이 기도를 진실하게 드렸으면 이미 천국 갈 복을 받았습니다.

꼭 천국에서 만납시다. 신앙생활을 위해 가까운 교회에 출석하십시오.

5. 안 믿는 분과 함께 보는

천국 가는 약도 – 용서

시청자 여러분 주안에서 평안하셨습니까?

저는 참으로 별난 이름을 가졌습니다.

뭔가 하면 원수거든요. 그래서 사람들은 제 집사람을 사랑의 원자탄이라고 해요.

왜냐고요? 날마다 원수를 사랑하니까요.

전도하면서 전도운동을 일으켜 마귀의 원수가 된 최원수 입니다.

우리 모든 인간들은 마귀의 유혹을 받아 하나님을 믿지 않고, 하나님과 사람을 원망하고, 살인, 도둑질, 음탕한 생각, 미움, 시기, 질투 때문에 하나님과의 자녀가 아니라 하나님의 원수가 된 죄인이 되어 모두 지옥가게 되었습니다.

죄 용서함 받지 않고는 하나님의 자녀가 될 수가 없습니다.

자식은 아버지의 집에 자유롭고, 편하고, 자연스럽고, 당연하게 드나들 수 있는 것처럼 하나님의 자녀가 되면 하나님의 집인 천국이 내 집이 되어 당연히 가게 되고, 땅에서도 기쁨과 평안과 늘 만족함으로 날마다 행복을 누리면서 하나님과 교제하고 하나님의 사랑받고 엄청나게 좋은 삶을 살 수 있습니다.

그런데도 우리는 죄의 담 때문에 하나님을 만나지 못하고 알 수 도 없습니다. 죄 용서는 인간의 힘으로는 도저히 받을 길이 없습니다.

선을 행하거나 종교를 가지거나 철학적으로도 안 됩니다.

또 죄 용서를 받는 데는 피 흘림이 없이는 도저히 불가능 합니다.

피도 인간의 피는 죄로 오염된 피라서 효력이 없습니다.

그래서 사랑이 많으신 하나님께서 인간들의 죄 값을 대신 치르시고 용서해 주시기 위해 죄 없으신 외아들 예수님을 사람의 몸으로 이 땅에 보내주셔서 사람들을 대표하여 십자가에서 죽게 하시기까지 사랑해 주셨습니다.

예수님께서는 인간의 죄 값을 치르기 위해 십자가 지실 때 짐승의 뼈를 깎아 달아놓은 가죽 채찍으로 얼마나 맞으셨던지.. 살이 점점이 떨어져 나가 그 뚫어진 구멍마다 뻘건 피를 흘리는 예수님께서 십자가 형틀을 메고 가는데도 군병들은 사정없이 때립니다.

뚫어진 구멍마다 피를 얼마나 쏟으셨는지 짧은 거리에서 넘어지고, 또 넘어지니 구레네 시몬에게 대신 십자가를 지고 가게 했습니다.

그러나 주님은 맨몸으로 올라가시는데도 피를 너무 많이 흘리셔서 넘어지고 또 쓰러졌습니다.

거의 끌고 가다시피 한 예수님을 골고다 산상에서 양손과 발에 대못을 박고 옆구리엔 창으로 찔리고 머리엔 가시관을 씌워 뚫어진 구멍에서 흘러내린 피는 눈에도 고이고 입에도 고이면서 몸에 피가 빠져 나갈 때는 심장에 몰려오는 압박 때문에 엄청나게 많이 아프답니다.

그러나 마취제인 쓸개 탄 포도주를 마시지 않고, 외면하시고 시청자 여러분과 저의 죄를 대신하여 이 엄청난 고통을 다 담당하시고 죽어주시고 다시 사셨습니다.

천국 가는 약도를 보십시오. 사람들의 죄 값으로 예수님께서 대신 죽으시고 다시 사셨습니다. 이 사실을 믿어 죄 용서 받은 사람은 천국 갑니다.

죄 용서 받고 천국 가시도록 저를 따라 기도 해 보십시다.

하나님 한 번 해 보세요. 하나님 ＿＿＿＿＿ " 저는 죄인입니다. ＿＿＿＿＿ "
내 죄 때문에 ＿＿＿＿ " 십자가에 못 박혀 ＿＿＿＿ " 죽으시고 다시사신
＿＿＿＿ " 예수님의 피 공로로 ＿＿＿＿ " 내 죄가 용서 받고 ＿＿＿＿
천국 갈 것을 확실히 믿습니다. ＿＿＿＿ " 예수님 내 마음속에 들어와 주세요. ＿＿＿＿ " 예수님 이름으로 기도 드립니다. ＿＿＿＿ " 아멘 ＿＿＿＿ "

이 기도를 진실 되게 드렸다면 이미 천국 갈 복을 받았습니다. 꼭 천국에서 만납시다.

6. 안 믿는 분과 함께 보는

천국 가는 약도 – 발견

시청자 여러분 지난 주간도 하나님의 은혜로 잘 지내셨습니까?

오늘은 발견 중에 위대한 발견에 대해 말씀 드리려고 합니다.

여러분은 무엇을 발견하셨습니까?

산에 갔다 산삼을 발견하면 "심봤다"라고 외치며 기뻐들 하시지요. 제가 아는 목사님의 교회 집사님께서 산삼을 목사님께 대접해 드려야겠다는 마음을 먹고 산에 갔는데, 정말 산삼을 몇 뿌리나 발견하여 그 중 가장 좋은 것으로 목사님께서 대접 받으셨다는 이야기를 들었습니다.

이보다 더 위대한 발견을 한 강도가 있었습니다.

예수님께서 시청자 여러분과 저의 죄를 대신해서 십자가를 지실 때 함께 달린 두 강도 중 첫 번째 강도는 예수님을 비방하고, "네가 구세주냐? 만약 그러면 너와 우리를 구원해봐" 하고 조롱 했습니다.

그러나 두 번째 강도는 그 사람을 꾸짖으며 "너와 나는 강도짓을 하고 붙잡혀 와서 동일한 정죄를 받고서도 하나님이 두렵지 않느냐? 우리가 행한 것은 상당한 보응을 받는 것이 당연하다"고 말하면서 그는 하나님을 발견하고 나니 자신이 진정 죄인임을 발견하게 되었습니다.

문제는 사람들이 하나님도 모르고 자기가 죄인임을 모르는 것이 가장 큰 문제입니다. 많은 사람들은 당신도 죄인이요 하면 나는 남에게 손해를 안 끼쳤기 때문에 죄인이 아니라고 말합니다. 마음속으로만 미워하고, 시기하고, 질투해도 모두 죄고 무엇보다도 하나님을 모르는 것이 하나님 앞에서는 가장 큰 죄인입니다.

강도가 하나님을 두려워 한 것은 바로 죽음의 언덕 저 넘어 하나님의 심판을 받아 죄 용서 받지 못한 사람은 지옥에 간다는 사실입니다.

그리고 이 강도는 예수님을 일컬어 이분이 행한 것은 옳지 않는 것이 없다고 무죄하신 예수님을 발견했습니다.

또 예수님께 당신나라(천국)에 임하실 때 나를 기억 하소서 했더니 예수님께서 흔쾌히 말씀하시기를 진실로 네게 말하노니 오늘 네가 나와 함께

낙원에 있으리라는 구원의 확증을 보증수표 보다 더 확실하게 받았으니 이 얼마나 대단한 일입니까

우리가 이 강도보다 못해서 되겠습니까?

이가 발견한 것은 자신이 죄인인 것과 하나님과 예수님은 무죄하신 구세주시라는 것과 천국이 확실히 있음을 발견 했습니다.

당신도 이 위대한 발견을 할 수 있습니다.

하나님이 계심과 내가 죄인인 것과 예수님은 구세주가 되어 천국 길을 발견하면 최대의 축복입니다.

시청자님 중에서도 이 믿음을 갖고 천국 갈 확신이 서는 분은 그 믿음을 굳게 잡으시고, 주위에 안 믿는 분들과 매주 이 시간에 방송되는 천국 가는 약도를 함께 시청하셔서 전도 하실 수 있기 바랍니다.

두 번째 강도처럼 우리도 오늘 하나님께 내가 죄인임을 발견하고 예수님이 우리의 구세주이심을 확실히 믿고 내가 천국 갈 복을 받을 수 있다는 보장을 받도록 진실한 마음으로 저를 따라 기도합시다.

이 기도는 강도에게 '오늘 네가 나와 함께 낙원에 있으리라' 함 같이 시청자 여러분도 오늘 천국 갈 복을 받을 수 있다는 확신을 갖게 하고, 하나님께서 선물로 주시는 복을 받으시게 하고, 예수님을 마음속에 영접하시는 기도입니다.

하나님 한 번 해 보세요. 하나님 _______ " 저는 죄인입니다. _______ " 내 죄 때문에 _______ " 십자가에 못 박혀 _______ " 죽으시고 다시사신 _______ " 예수님의 피 공로'로 _______ " 내 죄가 용서 받고 _______ " 천국 갈 것을 확실히 믿습니다. _______ " 예수님 내 마음속에 들어와 주세요. _______ " 예수님 이름으로 기도 드립니다. _______ " 아멘 _______ "

이 기도를 진실 되게 드렸다면 이미 천국 갈 복을 받았습니다. 축하합니다.

그리고 가까운 교회로 나가셔서 신앙생활을 시작해 보십시오.

하나님은 지금 당신을 기다리십니다.

7. 안 믿는 분과 함께 보는

천국 가는 약도 - 삶

시청자 여러분 안녕하셨습니까?

오늘도 제 이름 이야기 한 번 할게요.

제 이름이 원수니까 사람들에게 제 이름을 말씀드리면 웃으시면서 한 번 더 물어 봐요. 아니 원수라고요? 예. 하면 사랑이라고 하지 왜 하필이면 원수라고 지었어요? 그래도 저는 제 이름이 좋습니다. 이 원수가 아니고 최원수 니까요.

1. 시청자 여러분 질병으로 고생하십니까?

병은 몸의 연약함 때문에 생기는 병과 죄 때문에 생기는 병과 하나님의 영광을 위해 생기는 병이 있습니다.

예수님은 모든 병을 고치셨고 지금도 고쳐주십니다.

2. 가난 때문에 고생하십니까?

경제적인 문제 아니 가난 때문에 고생하는 이들 중에 힘들게 일하고 돈을 벌었는데 왜 어려울까 하며 고민하는 이들이 많습니다. 복의 근원은 하나님이시기 때문에 하나님만 제대로 잘 섬기는 자에게는 수고한대로 먹을 복과 풍성한 복을 주십니다.

3. 자녀와 가정의 문제가 있습니까?

인간은 누구나 행복하게 살고 싶어 합니다. 그러나 자녀문제가 생기고 부부 또는 가족 간에 문제들로 고민하게 되는 이유가 있습니다. 이것은 첫째, 사람을 지으신 하나님의 창조원리와 그 말씀을 떠나 살기 때문입니다

마귀는 우리가족들에게 나쁜 것을 주고 문제를 일으키고 가정을. 파괴하

는 것이 주요 임무입니다. 하나님을 만나시고 성경(하나님 말씀)대로만 살면 만사형통입니다.

4. 죄와 죽음과 두려움이 있습니까?

죄는 마귀가 주는 것입니다.

세상에서 죄지은 사람 감옥은 가듯 모든 사람은 마귀의 유혹으로 죄를 지어 죽고 영혼의 감옥인 지옥으로 가게 되었습니다.

그러나 지옥만은 절대로 가지 마십시오.

사람이 죽으면 끝이 아니고 낮에 생시가 있고 밤에 꿈나라가 있듯이 땅의 삶이 끝나는 날 몸은 흙으로 가고 영혼은 영원히 사는 세계로 옮겨 갑니다.

지옥은 어떤 곳이고 누가 가는지 아십니까?

유황불 못에 빠져 불로 소금 치듯 함 받으며 물이 없어 목말라 영원히 고통당하는 곳입니다. 정말 후회 또 후회로 애통하는 곳이 지옥입니다.

지옥은 죄 용서 받지 못한 모든 사람이 갑니다.

지옥에 안 갈려면?

죄를 용서 받아야 합니다. 시청자 분들 한분도 빠짐없이 세상에서 제일 귀한 복을 받는 것은 천국 가는 것입니다.

천국은 어떤 곳일까요?

눈물과 죽음과 병과 불행이 없고 죄와 마귀가 없는 곳입니다. 기쁨과 감사와 사랑이 넘치고 엄청난 상급과 영광가운데 영원히 행복한 나라가 바로 천국입니다.

어떻게 하면 천국 갈 수 있을까요?

우리 죄를 위해 죽으시고 다시사신 예수님을 믿으면 천국 갑니다. 천국 가는 것은 누워서 팥떡 먹는 것 보다 쉽습니다.

모든 시청자 여러분 저를 따라 한번 해 봅시다.

하나님 한 번 해 보세요. 하나님 ________ " 저는 죄인입니다. ______ "
내 죄 때문에 ______ " 십자가에 못 박혀 ______ " 죽으시고 다시사신
______ " 예수님의 피 공로로 ______ " 내 죄가 용서 받고 ______ "
천국 갈 것을 확실히 믿습니다. ______ " 예수님 내 마음속에 들어와 주
세요. ______ " 예수님 이름으로 기도 드립니다. ______ " 아멘 ______ "

이 기도를 진실 되게 드렸다면 이미 천국 갈 복을 받았습니다. 꼭 천국에
서 만납시다.

8. 안 믿는 분과 함께 보는

천국 가는 약도 – 세 번 삶

시청자 여러분 한주간도 잘 지내셨습니까?

저를 전도해 주신 강원도할머니..

저희 집에 수도 없이 많이 오시면서 어이구 이놈 원수야 나 따라 오면 천
국이지만 너 가는대로 가면 지옥이야 하면서 제게 전도 하러 왔습니다.

할머니께서 셀 수 도 없이 많이 전도하러 오시니 미안해서 한 번 교회를
따라 갔습니다. 저는 한 번 만 가 주면 될 줄 알고 갔는데 할머니는 또 찾아
오셔서 어이구 이놈 원수야 네가 오늘 교회 안 따라가고 도망가면 나는 하
루 종일 네 뒤를 졸졸 따라 다닐 테니 그리 알고 딴 생각 말라고 하시기에
할머니 성화에 못 이겨 한 번 더 갔습니다.

이젠 안 오겠지 했는데 세 번째 주일날 아침에 또 오셨습니다.

저는 화를 버럭 내면서 "논에 기어 다니는 찰거머리보다 더 하시네요"
했더니 할머니께선 빙그레 웃으시며 "야 이놈 원수야! 네가 날 떨굴려고
팔공산으로 도망가도 내가 죽으면 죽고 따라 갈 끼다" 저는 하는 수 없이
"그럼 삼세판이니 이번만 갑시다" 하고 따라 갔다 조직에 몸을 담고 전도자

까지 된 것이 전적으로 하나님의 은혜와 축복 이지요.

사람은 세 번 산다는 이야기를 들어 보셨습니까?

처음 엄마 뱃속에서 열 달을 삽니다. 혹시 그 때 이런 세상이 있는 줄 아시고 오신 시청자님 계시면 한 번만 손들어 주세요. 한 분도 안계시네요.

세상이 있는 줄 모르고 태어나 보니 땅 위에서 두 번째 살게 되었잖습니까?

엄마 뱃속에서 태어날 때 내가 한번 응아 하고 웁니다.

만약 울지 않으면 엉덩이 때려서라도 울리지요.

이 세상에 살다가 죽고 나면 가족과 주위 분들이 울게 됩니다.

이 때 어떤 집 며느리는 시어머님이 돌아 가셨는데 눈물이 안 나오니 침을 찍어 왼쪽 눈에 바르고 또 침을 찍어 오른쪽 눈에 바르고는 속으로는 '잘 죽었다 잘 죽었어 우리 시어머니 잘 죽었다' 생각하며 눈물 한 방울 안 흘리는 며느리도 있지만 어쨌든 울 때마다 삶이 한 번씩 바뀌는데 두 번째 울고 나면 세 번째 삶을 살게 됩니다. 그런데도 만물의 영장인 사람이 육신의 삶으로 끝나고 죽고 나면 아무것도 없는 줄 아는 사람도 있는데 이것은 큰 착각입니다.

굼벵이도 매미로 변하고 계란 속에서 병아리가 나오고 누에 속에 나방이 나오는데 어찌 사람이 죽으면 끝이라는 그런 어리석은 생각을 하십니까?

계란 속에 병아리가 나오고 나면 계란 껍질을 버리듯이 영혼의 집인 육신이 죽는 날 속에서 영혼이 나와서 영원한 세계로 옮겨 갑니다.

이때 하나님의 심판을 받아 영원히 불타고 불로 소금 치듯 함을 받으면서 물이 없어 목말라 계속 고통 받는 지옥에서 영원히 살 것인지, 집들이 보석으로 꾸며졌고, 길은 황금으로 포장되어 있고, 물이 수정 같은 생명수 강가에서 날마다 다른 과일을 먹고, 전쟁도 없고, 죽음도 없고, 병도 없고,

눈물도 없고, 죄와 마귀도 없는 영원히 행복한 천국에 살 것인지 이것이 인생 최대의 문제입니다.

하나님은 교회 다니는 사람이나 다니다가 쉬는 분이나 안 다니시는 분도 모두 천국가시길 원하십니다.

예수님은 시청자님의 죄를 대신하여 죽으시고 다시 사셨습니다. 이 사실을 믿으면 죄 용서받아 심판받지 않고 영원히 행복한 천국에 갑니다.

우리 한번 한사람도 빠짐없이 꼭 따라해 봅시다.

하나님 한 번 해 보세요. 하나님 _______ " 저는 죄인입니다. _______ " 내 죄 때문에 _______ " 십자가에 못 박혀 _______ " 죽으시고 다시사신 _______ " 예수님의 피 공로로 _______ " 내 죄가 용서 받고 _______ " 천국 갈 것을 확실히 믿습니다. _______ " 예수님 내 마음속에 들어와 주세요. _______ " 예수님 이름으로 기도 드립니다. _______ " 아멘 _______ "

이 기도를 진실 되게 드렸다면 이미 천국 갈 복을 받았습니다.

다가오는 주일부터 주위에 교회 다니시는 분과 함께 교회를 꼭 가 보십시오.

여러분의 생애에 분명 놀라운 변화가 일어날 것입니다.

9. 안 믿는 분과 함께 보는

천국 가는 약도 – 심판

시청자 여러분 한주간도 하나님의 사랑 안에서 잘 지내셨습니까?

성경에 이런 말씀이 있어요.

한 번 죽는 것은 사람에게 정하신 것이요 그 후에는 심판이 있으리니 (히 9:27) 라고 했습니다.

사람들은 바쁘게 사느라고 때로는 내가 죽음을 향해 가고 있다는 사실도 잊어버리고 또 나도 언젠가는 죽는다는 것을 망각하고 삽니다.

그러나 언젠가는 죽는다는 것이 어떤 사람에게는 바로 그날이 오늘입니다.

우리 시청자님들도 언제 세상을 떠나갈 런지 모르잖아요.

젊은이도 안전사고, 교통사고, 심장마비로 또 어린아이도 노인도 죽는 날이 바로 오늘 일 수 있습니다. 또 내일 일 수도 있습니다.

그렇다면 가장 급한 일이 죽음을 준비하는 것입니다.

죽은 후 심판은 하나님의 재판인데 시청자님은 하나님의 심판에 합격하여 천국 갈 준비가 확실하십니까? 아니면 천국 갈 준비가 아직 안되었습니까?

확실한 구원의 확신이 있는 분은 그 믿음을 굳게 잡으시고 주위에 안 믿는 분들에게 꼭 매주 이 시간 방송을 통해 복음 전하는 이 방송을 보시도록 하셔서 전도합시다.

하나님의 심판의 세상 그 누구도 피할 수가 없습니다.

시청자님들의 가족, 친구, 직장상사, 동료, 이웃, 한사람도 피할 수 없습니다.

꼭 심판에 합격 하시도록 전도합시다.

오늘은 참 재미나는 이야기를 들려 드리겠습니다.

지하 800m탄광 갱도를 조사하면 검사관이 갱도 조사를 마치고 지상으로 나오기 위해 승강기를 타고 현장소장님께 전도하기 시작했습니다.

소장님을 사랑하셔서 하나님께서 보내주신 그 아들 예수님을 구세주로 믿기만 하면 천국 갈 수 있습니다. 이 말을 들은 현장소장님은 "거참 안 될 소리 하네. 사람이 아무 노력도 하지 않고 다만 믿기만 하면 천국 갈 수 있다니 나는 그 점이 납득이 안가네." 이때 검사관이 말했습니다. "소장님 여기서 밖으로 나가려면 어떻게 갑니까?" "그야 간단하지 승강기만 타면 되니까" "그러면 지상까지 나가는데 오래 걸립니까?" "단 몇 분이면 되는데"

"정말로 쉽고 간단하지만 소장님은 아무 노력을 하지 않아도 됩니까?" "내가 해야 할 일은 일단승강기를 타서 버튼만 누르면 되지. 하지만 승강기를 설치하는 데는 상당한 시간과 물질, 노력들이 있었을 것 같네." "소장님 말씀이 맞습니다. 회사에서 지하 800m 를 쉽게 오르내리도록 승강기를 설치 해 놓았듯이 하나님께서 소장님과 저의 죄를 위해 그 외아들 예수님을 우리의 죄 값으로 십자가에서 대신 죽어 주시고, 살리셔서 우리에게 천국 갈 수 있는 튼튼한 다리를 놓아 주셨습니다. 소장님이 승강기 타고 밖으로 쉽게 나갈 수 있듯이 예수님께서 내 죄를 위해 피 흘려주신 십자가의 다리만 건너면 천국 갈 수 있습니다. 얼마나 쉽습니까?"

믿기만 하면 영원히 행복한 천국에 갈 복을 선물로 받게 됩니다.

예수님은 그가 흘린 피 공로를 통해 값 없이 공짜로 천국 갈 길을 열어 주셨습니다.

이제 시청자님들이 하실 일은 그 사실을 믿고 바로 교회로 나가셔서 믿음생활 하는 것 입니다.

그 튼튼한 다리를 올라타고 천국 가시도록 저를 따라 기도해 봅시다.

하나님 ______ " 저는 죄인입니다. ______ " 내 죄 때문에 ______ " 십자가에 못 박혀 ______ " 죽으시고 다시사신 ______ " 예수님의 피 공로로 ______ " 내 죄가 용서 받고 ______ " 천국 갈 것을 확실히 믿습니다.

______ " 예수님 내 마음속에 들어와 주세요. ______ " 예수님 이름으로 기도 드립니다 . ______ " 아멘 ______ "

이 기도를 진실 되게 드렸다면 이미 천국 갈 복을 받았습니다. 축하합니다.

그리고 가까운 교회로 나가셔서 신앙생활을 시작해 보십시오.

하나님은 지금 당신을 기다리십니다.

10. 안 믿는 분과 함께 보는

천국 가는 약도 - 봐야 믿지

시청자 여러분 한주간도 하나님의 보호아래 잘 지내셨습니까?

전도하다 보면 어떤 사람은 정말로 하나님이 계시는가 봐야 믿지 하는 분을 만나 볼 수 있습니다.

사람들은 눈으로 보이는 것만 생각할 때가 많습니다.

오늘은 세 분의 박사님을 이긴 혜경이의 이야기를 들려드리겠습니다.

혜경이는 초등학생으로 교회를 열심히 다니는 하나님의 사랑받는 딸이었습니다.

어느 날"나는 많은 사람을 해부해 보았는데 영혼은 없더라. 그 영혼은 머리에도 심장에도 뱃속에도 없으니 사람은 육신만 있지 영혼은 없어."라고 말하는 의학박사님을 향해 혜경이는 이렇게 말했습니다. "박사님은 사모님을 사랑 하시지요?" "그야 물론 사랑하지" "그럼 사람의 몸을 해부해 보실 때 그 사랑이 머리에 있었어요? 심장에 있었어요?" 했더니 의학박사님은 머리를 긁으시면서"글쎄다" "사랑도 못 보시는 눈으로 영혼을 보시려니 당연히 안 보이시죠"

두 번째는 망원경으로 하늘 저 멀리를 아무리 살펴보아도 천국이 안보이더라고 주장하시는 천문학 박사님께 혜경이는 또 "박사님 망원경으로 공기를 보셨습니까?" "글쎄 못 봤는데" "공기도 못 보시는 그런 망원경으로 천국을 보시니 당연히 안 보이시죠"

세 번째로 철학적으로 아무리 연구해 봐도 하나님을 못 만나봐서 그러니 하나님은 안 계신다고 하는 철학박사님께 "박사님 시조님 계시지요 그러나 시조님을 만나보셨습니까?" "시조님 못 만났지" "시조님도 못 만나시는 방법으로는 하나님을 만날 수가 없습니다."

소리는 귀로 들어보고, 냄새는 코로 맡아 보고, 맛은 입으로 먹어보고, 색깔은 눈으로 바라보고, 매끄러운 것은 손으로 만져 보아 알듯이 하나님은 마음으로 믿어봐야 볼 수가 있고, 만날 수 있고 대화 할 수 있습니다.

공기도 안 보이고 전파도 안보이듯 눈으로는 안 보이는 것이 너무 많이 있습니다.

눈에는 안 보여도 사랑이 있는 것처럼 영혼이 분명히 있습니다.

망원경으로 볼 수 없지만 공기가 있듯 천국은 분명히 있습니다.

시조를 안보고도 계셨던 것을 알 수 있듯 하나님은 분명히 계십니다.

하나님은 믿는 자를 만나주시고, 함께해 주십니다.

이젠 봐야 믿지 하시던 분들도 꼭 먼저 믿어보면 하나님을 만나 뵐 수가 있습니다.

육신은 영혼을 담고 있는 그릇에 불과 합니다.

그릇이 깨어지면 물이 쏟아지듯 몸이 죽는 날 영혼은 빠져나와 영원히 사는 세계로 이사를 갑니다. 이사 갈 때는 영혼의 고향인 하나님 앞에서 꼭 심판대에서 합격이면 무사통과 천국이지만 불합격하면 지옥으로 가게 됩니다. 그래서 어른이 죽으면 돌아가셨다.

왔던 대로 육신은 죽고 나면 흙으로 돌아가고, 영혼은 하나님께로 돌아갑니다.

이렇게 말씀 드리면 어떤 사람은 화장 하면 어떻게 되냐고 의아해 하시는 분도 계시는데, 화장을 해서 재를 물에 뿌려도 가라앉으면 흙입니다.

또 별세 하셨다고 말씀하시지요. 별세는 별다른 세계로 이사 가셨다는 뜻입니다.

하나님 앞에 설 때 합격하여 천국가시고 땅에서 하나님의 사랑과 보호하심을 받도록 저를 따라 기도해 봅시다.

하나님 _______ " 저는 죄인입니다. _______ " 내 죄 때문에 _______ " 십자가에 못 박혀 _______ " 죽으시고 다시사신 _______ " 예수님의 피 공로로 _______ " 내 죄가 용서 받고 _______ " 천국 갈 것을 확실히 믿습니다. _______ " 예수님 내 마음속에 들어와 주세요. _______ " 예수님 이름으로 기도 드립니다. _______ " 아멘 _______ "

이 기도를 진실 되게 드렸다면 이미 천국 갈 복을 받았습니다. 축하합니다.

그리고 가까운 교회로 나가셔서 신앙생활을 시작해 보십시오.

하나님은 지금 당신을 기다리십니다.

11. 전도

오늘은 기발한 전도 법을 소개해 드리겠습니다.

특별히 모든 성도님들이 100배의 복을 받고 하늘나라 상급을 준비하여 영원히 잘 살 수 있는 법을 알려 드리고자 합니다.

그것은 바로 하나님께서 하나밖에 없는 외아들을 죽는 자리에 까지 내어 주셔서 영혼구원을 위하여 희생시키신 그 심정을 알고 헤아려 드리는 일 바로 전도입니다.

예수님께서 우리의 죄를 대신하여 몸 찢고 피 흘려 죽으시고 부활하셔서 우리의 죄를 대속해 주셨고 승천하실 때 피맺힌 유언이 전도하라고 말씀하신 유언대로 전도하면 됩니다.

성령님이 오신 목적이 전도인데 오늘날 한국교회 전도를 잊고 지내는 교회들이 많고 행사로 끝내는 경우가 많습니다.

참으로 안타까운 일입니다.

전도는 핵심적인 복음을 전해 영혼을 살리는 것 입니다.

아무리 좋은 전도지 내용이라도 잘 안 읽으시니 문제입니다.

종이 전도지는 또 바로 쓰레기통으로 들어가는 경우가 많습니다.

제가 개발한 전도지는 천국 가는 약도라서 불신자들이 호기심을 갖고 잘 읽어 봅니다. 또 은박지로 만든 고급전도지에다 황토에 구운 미네랄소금을 담아두었기 때문에 버리지 않고 소금을 사용하는 동안에 다른 식구들까지 천국 가는데도 약도가 있네 하며 잘 읽어 봅니다.

불신자는 영적인 것 보다 물질적인 것이 관심이 많으므로 이런 전도지를 만들게 되었습니다.

잠시 소개를 드리면 미네랄소금은 전도에 접촉점이 되는 좋은 전도용품이 되고 천국 가는 약도는 복음의 내용이 너무 쉽고 불신자가 호기심을 갖고 잘 읽어 보기 때문에 전도가 잘 됩니다.

잠시 천국 가는 약도를 소개해 드리겠습니다.

① 원래 사람은 천국가고 지옥은 마귀를 보내는 곳 이었습니다. 지옥가게 된 마귀는 억울하여 사람들을 유혹하였습니다.

② 마귀의 유혹으로 죄 지은 모든 사람은 죄 때문에 천국길이 끊어지고 지옥가게 되었습니다. 우리 모두 지옥가게 되었습니다.

③ 영원히 불타는 지옥과 영원히 행복한 천국 중에 어디로 가고 싶습니까?

④ 사람들의 죄 값으로 예수님께서 대신 십자가에 못 박혀 죽으시고 다시 사셨습니다.

이 사실을 믿어 죄 용서 받은 사람은 천국 갑니다.

우리 한번 한사람도 빠짐없이 꼭 따라해 봅시다.

하나님 _______ " 저는 죄인입니다. _______ " 내 죄 때문에 _______ " 십자가에 못 박혀 _______ " 죽으시고 다시사신 _______ " 예수님의 피 공로로 _______ " 내 죄가 용서 받고 _______ " 천국 갈 것을 확실히 믿습니다. _______ " 예수님 내 마음속에 들어와 주세요. _______ " 예수님 이름으로 기도 드립니다. ______ " 아멘 ______ "

12. 행복

사람들은 행복을 위해 열심히 공부도 하고, 결혼도 하고, 세계를 돌면서 여행도 하고, 돈도 많이 벌어 부자가 되고, 명예도 쌓고, 권력도 얻고, 건강 관리도 합니다.

많은 사람들이 자기가 구하는 모든 것을 얻어도 공허하고 만족을 얻지 못하여 때론 자살하기도 합니다.

이 모든 것이 우리를 행복하게 해 줄 수 없습니다.

하지만 예수님을 만나면 만족하고 평안하고 기쁨이 있는 참 행복한 삶을 살 수 있습니다.

이런 말이 있죠. "돈을 잃으면 조금 잃는 것이요. 명예를 잃으면 많이 잃는 것이고, 건강을 잃으면 전부를 잃는다."라고 말합니다.

여기에 한 가지 더 부치면 예수님을 믿는 믿음을 잃으면 영원히 잃는 것입니다.

예수님은 병든 자를 고쳐주시고 불행한 삶을 사는 자에게 행복을 안겨주시는 분이 십니다.

인생의 방황과 불행은 진정으로 예수님을 만나면 끝이 납니다.

세상에서도 행복하게 살고 영원히 행복한 나라까지 갈 수 있는 특권을 부여받을 수 있는 천국 가는 약도를 소개해 드리겠습니다.

① 원래 사람은 천국가고 지옥은 마귀를 보내는 곳 이었습니다.

   지옥가게 된 마귀는 억울하여 사람들을 유혹하였습니다.

② 마귀의 유혹으로 죄 지은 모든 사람은 죄 때문에 천국길이 끊어지고

   지옥가게 되었습니다. 마귀는 다른 말로 귀신인데 귀신은 귀신같이 알고 남자보다 여자를 유혹하면 잘 넘어 갈 것 같아 먼저 하와에게 선악과를

먹게 한 후 아담에게도 주게 하여 선악과를 처음사람 아담이 하나님과의
　언약을 깨고 불순종의 죄를 짓게 되고, 죄로 말미암아 인생이 불행해 지
고 끝내 지옥으로 가게 되었습니다.
　우리 모두 지옥가게 되었습니다.
　③ 영원히 불타는 지옥과 영원히 행복한 천국 중에 어디로 가고 싶습니
　　까?
　④ 사람들의 죄 값으로 예수님께서 대신 십자가에 못 박혀 죽으시고 다
　　시 사셨습니다.
　이 사실을 믿어 죄 용서 받은 사람은 천국 갑니다.
　우리 한번 한사람도 빠짐없이 꼭 따라해 봅시다.
　하나님 ＿＿＿＿" 저는 죄인입니다. ＿＿＿＿" 내 죄 때문에 ＿＿＿" 십
자가에 못 박혀 ＿＿＿" 죽으시고 다시사신 ＿＿＿" 예수님의 피 공로
로 ＿＿＿" 내 죄가 용서 받고 ＿＿＿" 천국 갈 것을 확실히 믿습니다.
＿＿＿" 예수님 내 마음속에 들어와 주세요. ＿＿＿" 예수님 이름으
로 기도 드립니다. ＿＿＿" 아멘＿＿＿"

영혼을 사랑하는 10가지

1.전도는 거절을 이겨야 한다.

2.전도 대상자를 위해 기도하라.

3.영혼을 사랑하는 자에게 영혼을 붙이신다.(살전 2:7-9)

4.열린 곳으로 가라.(행 8:26-35)

5.삶속에서 전도하라.(행 5:42)

6.옥토를 만들어 복음을 심어라.(마 13:23)

7.관계중심으로 전도하라.(요 1:40-42)

8.현장으로 가서 부딪쳐라.(마 9:35)

9.깊은 곳으로 가라.(눅 5:1-11)

10.끈기를 가지고 하라 (때를 얻든지 못 얻든지).

전도는 섬겨야 된다.

  A.부모의 죽음, 질병, 실직, 사고, 자녀문제, 이혼 등 인생의 중대한 문제로 고통하며 슬퍼 할 때 진정한 친구가 되어 준다.

  B.그의 기쁨도 함께 하여 주라. 개업, 생일, 입학, 졸업, 취업, 결혼, 승

진, 회갑, 칠순 등 축하해 주고 함께 기뻐하라.

C. 전도 대상자에게 필요한 사람이 되어준다. 그가 필요로 할 때 필요한 사람이 되어준다. 이사 할 때 도와주기, 급할 때 아기 봐주기, 무거운 물건 들어주기, 아플때 간호해주기, 출산 후 장봐주기, 김치 담을 때 도와주기

D. 사랑은 눈빛을 주고 받을때 생기고, 정은 물건을 주고 받을때 생긴다. 김치, 과일, 떡, 음료수, 소금, 된장, 간장 나누어 먹기, 식사 대접하기, 좋은 영화 함께 보기, 좋은 책 빌려주기, 혈압측정 해주기, 장난감 빌려주기, 작장에서 휴일 날짜 바꿔주기 등 다양한 방법으로 전도 대상자를 섬겨야 가까운 관계가 되고 관계가 좋아야 전도된다.

농어촌 전도는 이렇게…

　　세계 선교의 불길이 한참 치솟고 있는 이때 우리는 더욱 정신을 차려야 겠습니다.

　　우리나라에 복음을 전해서 우리 민족을 살려준 미국 교회는 어떤가?, 생각해 볼 때인 것 같았습니다. 해외 선교만을 큰일인 줄 알지만 그렇지 않습니다. 더욱 귀중한 것은 우리의 땅끝인 우리 가정, 우리 전도구역안의 이웃, 교회 없는 이웃마을을, 농어촌 목회자님과 사모님께서는 이때 해외선교사 이상으로 농어촌 선교에 큰 불길을 붙여야 할 때입니다. 불꽃이 없는 불은 불이 아닌 것 같이 전도가 없는 교회는 교회가 아니다는 이야기를 아십니까?

　　농민이 농사에 성공하려면 씨를 많이 뿌려야 하는 것 같이 목회자가 성공하려면 전도를 많이 해야만 하나님 보시기에 가장 성공한 목회일 것입니다. 큰 교회 목회자만 목회 성공일까요? 작은 마을 내게 주어진 구역을 복음화시킴이 가장 성공하는 목회일 것입니다. 마귀는 우리에게 전도를 못하게 초대교회 뜨거웠던 전도의 열기를 빼앗아 갔는데 많은 목회자님들도 안

일한 목회만 생각하고 있습니다.

지난해 94년도 전국 기독교인이 4%나 감소 되었답니다. 앞으로 10년이 지나면 지옥으로 달려가실 상늙은이들이 지옥문 앞에 섰는데 어떻게 우리 농어촌 선교를 보통으로 생각할 수 있겠습니까? 이제 더욱 전진하셔서 농어촌 교회를 우리 힘으로 살려 나갑시다.

1. 쉽게 전도하는 방법

① 뜨겁게 기도하고(눅 22:44)

지옥 가면 안되는 영혼을 위하여 뜨거운 사랑과 눈물을 쏟으면서, 성령님께 전적 의지하며 기도합시다.

② 찾아가서 정을 주고(눅 19:10)

자꾸 자꾸 찾아가서 정을 주어 예수님의 사랑을 느끼게 합시다.
(전화, 선물, 사랑의 대화, 전도책자, 전도용 비디오테이프)

③ 강권하여 데려와서(눅 14:23)

목사님 자랑, 교회 자랑 많이 하셔서 선입감을 갖게 한 후 강권하여 교회로 모셔 와야 합니다.

④ 친절하게 양육하자(요 21:17)

처음 믿는 성도는 영적 어린아이이므로 친절하게 잘 가르치고 키워야 합니다. (나의 전도대상자는   명, 투자는?   )

2. 전도하는 교회들 사례(1994년도 부터 모은 자료)

1) 영주 대룡산교회 최종협 목사

① 교육관에 이발의자를 비치해 두고 년 6회 이발선교를 하는데, 이발사 일당 5만원씩 지불하며 초대하여 이발해 드리고 점심식사대접까

지 하여 주민들의 좋은 반응이 일어나 전도에 큰 도움이되고 있다.

② 1일 노인학교를 실시하여 1부 예배 후 기관장들의 특강도 있고, 의료선교, 침술선교 등으로 91년부터 매년 4회씩 지속적으로 노인학교 개교를 하고 있고, 년 1회 효도관광도 시켜 드려 전도의 좋은 결실을 맺고 있다.

2) 영주 두산교회 이광희 목사

① 대학생 선교회의 지원을 받아 3년차 년 1회씩 의료선교와 직접 복음 제시를 하여 전 동민에게 전도한다.

② 제자 양육을 위한 성경공부를 농촌 실정에 맞게 잘 지도함으로 전도의 결실을 맺고 잇다.

③ 불신자들에게 교회를 알리는 메시지를 담은 주보를 6개월간 돌렸더니 멀리 풍기에서 새로운 교인이 나왔다.

3) 김천 송죽교회 윤도현 목사

① 윤도현 목사님은 만나는 사람마다 그냥 지나치지 않으시고 "예수 믿읍시다"라고 꼭 전하시는 구령에 불타는 열정을 가지시고 새벽기도 후 매일 마을과 들녘을 돌면서 전도하신다.

② 전도집회(한국 농어촌선교회 주관) 후 마을 주민을 찾아가서 전도하여 두달만에 22명 새로 교회 출석하도록 열심히 전도하셨다.

4) 영주 화평교회 윤찬열 전도사

① 중·고생 불신 학생에게 영어 개인지도를 전도사님께서 직접 인도하시므로 학생들과 가까워지고 식사까지 제공함으로 한 가족같이

사랑의 공동체가 형성됨으로 쉽게 전도되고 있다.

② 윤 전도사님께서 저녁시간(7시-10시)에 불신가정을 방문하여 정담을 나누시며 사랑의 고리가 맺어짐으로 전도하고 있다.

③ 불신 주민 중에 병자가 생기면 찾아가서 병문안도 드리고 기도해 드림으로 주민과 가까워질 수 있는 기회만 있으면 이 외의 여러가지 방법으로 전도하고 있습니다.

③ 전도대상구역 전 주민 신상을 파악하여 면밀한 전도 계획과 자료를 가지고 전도한다.

5) 구미 상림교회 오상련 목사

① 5년전에 전도 헌금을 하여 일천사백만원을 정기적금으로 예치한후, 늘어나는 이식만으로 매년 몇백만원의 전도비를 투자하여 지속적으로 전도집회와 주민 관광여행 경로잔치로 전도한다.

② 향우 회원들의 장학금 전달로 주민들에게 교회가 늘 빚된 일로 전도한다.

6) 문경 청하교회 김성식 전도사

① 도시교회 지원을 받아 대민봉사(농사일 거들어 드림)를 통하여 교회에 좋은 인상을 심어서 전도한다.

② 전도 구역안에 있는 관광지 청소를 함으로 관내 기관장들과 주민들에게 칭찬을 듣는다.

③ 전도사님께서 침술로 전도한다.

7) 대구 효목중앙교회 이남수 목사

① 특별전도기간을 정하여 전 교인이 함께 전도하게 한다.

② 매일 정오에는 1분간을 구원해야 할 영혼을 위해 기도함으로, 주님을 의지하며 영혼을 뜨겁게 사랑함으로 전도의 동기 주님께 부여받아 전도하게 한다.

8) 대구 사랑의 교회 현영일 목사

무료 강좌(지점토, 미술, 기타, 중국어, 영어)를 주 2회 실시하여 전도한다.

9) 구미 연흥교회 임병주 전도사

① 장학금 전달과 경로당에 필요한 물건 계속 지원(휴지, 간식, 연료)하여 교회가 주민에게 베푸는 교회로 심으셨다. 연흥교회는 다른 농어촌 교회처럼 다 쓰러져가는 본당에 재정은 빈약하고 성도들 몇 분 안계셨지만 주를 위해 사용할 때 많은 사람이 전도되어 지금은 큰 교회당을 짓게 되었다.

② 관광여행과 전도집회를 지속적으로 하고 있다.

10) 상주 백화교회 이남묵 목사

① 이남묵 목사님 사례금을 털어 고등학생 2명, 중학생 2명에게 장학금을 지원함으로 주민들의 존경의 대상이 됨으로 전도가 쉽게이루어진다.

② 전도구역 주민을 잘 파악하여 불신가정별 심방카드를 작성하여 지속적인 불신자 가정 대심방을 통하여 전도한다.(주민현황 : 9개 자연부락, 389세대 인구 1,272명, 불교신자 60%, 유교 20%, 기독교

8%, 천주교 2%, 기타 10%)

11) 대구 목민교회 전원락 목사

① 교회 전경과 예배시간, 당회장 사진을 담은 교회 안내와 복음의 메
시지를 실은 특수전도지 제작, 기념품(휴지, 방향제)을 전 주민에게
배포하며 전도한다.

② 안드레 전도단(16명)을 조직하여 매주 목요일 전도 후 전도보고 를
통하여 정보교환을 하며 전도 실적대로 점수를 매겨 시상함으로 전
도의 열기를 더해 가고 있다.

12) 문경 정리교회 채신덕 목사

① 대중목욕탕을 설치하여 매주 1일 무료 개방하여 주민들이 멀리떨어
진 목욕탕을 가지 않고 교회에서 목욕을 함으로 전도에 큰 도움이
되고 있다.

② 채선덕 목사님은 하루 2시간만 주무시고 불쌍한 영혼들을 위해 뜨
겁게 기도하시고 전도대상자를 위해 기도할 때 병자 고침받아 많은
전도의 열매를 맺었다.

13) 청도 예리교회 이태환 목사

한국 선명회 후원으로 농번기때 매일 15명씩 교회 승합차로 도시 영세
민을 모시고 와서 무료로 농사일을 도와 드림으로 전도하고 있다.(노임
은 한국선명회에서 후원한다)

14) 안동 명동교회 이광희 목사

경로잔치의 재정은 교회에서 내고 동네 청년회 부녀회가 함께 일함으로 동민들이 우리 교회라는 인식을 무의식중에 갖게 됨으로 전도에 도움된다.

15) 대구 호산나교회 정명식 목사

① 부채를 맞추어 전도하고, 전화 설교를 통해 전도하고 있다.

② 구역예배시 성경공부에 불신자 초대하여 전도한다.

16) 예천 고항교회 유영직 목사

주민 교양강좌와 주민신문, 도서대여, 탁구장 설치를 통해 주민을 위한 일을 많이 함으로 주민의 필요를 채워주니 교회는 채워질 것을 믿는다.

17) 대구 신암교회 윤의근 목사

① 평생교육원을 설립하여 국문, 한문, 영어, 꽃꽂이, 컴퓨터 교육등을 무료 교육함으로 지역 주민들이 자연스럽게 교회를 드나들어 저절로 전도가 되고 있다.

② 파티마병원 입원실 환자들에게 꽃선물, 김치 제공하여 병원전도에 열매를 맺었다.

18) 영주 용산교회 정명순 목사

① 사모님이 사택을 개방하여 학생들의 공부방으로 제공하며 공부 지도까지 해 드림으로 학교 성적이 좋아짐을 통해 아동과 부모까지 전도된다.

② 농촌 전도는 목회자가 겸손한 마음으로 동네 어른들께 인사만 공손

하고 친절하게 해도 50점을 따고 들어간다고 말씀하신 정명순목사
님은 인사 잘함으로 친숙해진 다음, 전도 심방으로 작은 마을에서 3
년만에 37명 성도가 70명으로 늘어났다.

③ 주교생 학생회 회원들에게 예절교육 잘 시킴으로 부모님들이 교회
에 감사함으로 전도에 밑거름도 되었다.

④ 전도대상 구역 전주민 신상을 파악하여 면밀한 전도계획과 자료
를 가지고 전도한다.

19) 대구 산광교회 김종한 목사

동사무소에 민원인들이 서류넣는 작은 봉투에 교회 안내와 성구를 기
록해서 기증함으로 교회를 알리고 전도도 된다.

20) 합천 백암교회 오명국 목사

① 구역예배시 이동 전도예배를 실시하여 이때 O.H.P 그림 성경, 융
판, 인형극 등을 동원하여 불신자를 가정에 초대하여 전도하는데 굉
장한 열매를 맺고 있다.

② 전도 구역안 전 주민의 생년월일, 이름, 환경, 경제적인 여건까지 모
두 기록하여 개인적인 전도계획서를 작성하여 매우 과학적으로 전
도하고 있다.

③ (목사님과) 보건소 소장 집사님이 함께 전도 다니심으로 매우 전도
하기가 쉽다고 하셨다. 장날은 교회 버스도 운행한다.

21) 구미 명곡교회 노차복 장로

① 노장로님께서 오토바이로 통학해 줌으로 전도하고 있다.

② 끈질긴 행사로 동민들이 교인화 되어가고 있고 행사 때마다 열매가 생겨 많은 전도의 열매를 맺었다. 10년간 전도집회, 경로잔치, 의료선교, 미용선교 약 60회나 실시한, 연세가 70정도 되신 열성파 장로 교역자님이시다.

22) 밀양 사포교회 김강우 목사

초등학교 운동회때 마다 전교생에게 스케치북과 전도지를 함께 나누어 학부형과 학생을 전도한다.

23) 대구 공항교회 최부영 목사

① 매년 총동원주일을 실시하여 많은 불신자에게 복음을 전함으로, 많은 주민들이 최부영 목사님의 설교를 통해서 천국과 지옥, 심판과 예수님 대속에 대한 복음을 제시함으로 교회의 사명을 다해가고 결신자도 생겨서 도랑치고 가재잡는 재미를 본 셈이 된다.

② 매월 이웃초청 주일을 정해 정기적으로 태신자를 초대하여 전도의 열매를 맺어가고 있다.

③ 생명서신, 전도편지를 발송함으로 전도의 접촉점을 갖게 하여 전도한다.

④ 새신자 성경공부반을 만들어 전도된 자를 양육하고 있다.

⑤ 비디오 간증 테이프, 비디오 선교영화 테이프를 빌려 드리고 정기적으로 전도대원들이 선물을 갖고 찾아가서 정을 베풀므로 전도에 효과가 있다.

⑥ 매주 전도일을 정하여 전도대원들이 전도하고 있다.

24 경산 북민교회 조규천 목사

비디오 테이프를 많이 구비하여 지속적으로 바꾸어 드리기 위해 찾아
가시므로 전도의 접촉 기회도 되고 영화감상을 통해 많은 감동을 받아
전도의 큰 도움이 되고 있다.

25) 김천 부항중앙교회 김은조 목사

① 교회 청년들이 비디오를 짊어지고 자연 부락마다 찾아가서 한곳에
   장소를 정하여 그곳으로 초대하여 선교영화 테이프로 전도한다.
② 매주 토요일 영어 개인지도로 학생들 전도하고 있다.

26) 경산 계당교회 진하원 목사

사모님께서 국민학교 하교시 교실을 빌려서 선물을 주며 성경공부 함
으로 전도의 놀라운 결실을 맺고 있다.

27) 한국 농어촌선교회

① 전도집회 : 1달전에 집회할 교회와 전도집회를 결정하고 현수막, 포
   스터, 초대장을 발송하며, 동민 집집마다 세숫대야를 보내드려 전도
   집회 전에 가정방문 하여 돌리고, 1부 전도집회때 간증식, 설교를 통
   해 전 동민에게 복음을 전하고, 많은 교회들이 부흥되게 하며, 집회
   후 교회에서 직접 준비한 간식을 대접하며 영화 상영을 통하여 영상
   전도를 하며, 돌아갈 때 샤워타올과 전도책자를 드림으로 전도의 효
   과도 커지며, 동민들이 교회와 가까워지며 좋은 호평을 받아 전도의
   큰 밑거름의 역할도 한다.
② 전도교육 : 전도집회 때마다 성도님들에게 전도교육, 전도간증(신영

자권사)을 실시하여 전도의 능력을 얻게 한다.

28) 본 선교회 북부지회 김홍섭 장로

전도집회 : 본부에서 하는 전도집회와 동일한 내용으로 하되 설교는 김홍섭 장로님께서 하신다.

29) 본 선교회 경남지회 박태수 목사

① 전도집회 : 본부에서 하는 전도집회와 동일한 내용으로 하되 설교는 박태수 목사님께서 하신다.

② 전도 부흥성회 : 3~4일간의 부흥회를 통해 성도님들이 은혜받고 전도할 수 있는 능력 얻어 마지막날 집회는 동민 모두 초대하여 전도집회를 가짐으로 상당한 전도의 열매를 맺고 있다.

③ 미용, 침술 선교 : 목사님 집회 때마다 침술 선교와 미용 선교를 겸하여 동민들이 교회에 자주 오게 한 후 전도집회에 참석시킨다.

30) 본 선교 강원지회 문종복 목사

① 전도집회 : 본부와 동일하게 하며 설교는 문종복 목사님께서 하신다.

② 전도 부흥성회 : 3~4일 부흥회를 통해 성도님들이 은혜받고 전도할 수 있는 능력을 얻어 마지막날은 동민 초대하여 복음을 전한다.

③ 농촌 선교사인 김상택 목사님, 안상희 목사님, 김학근 목사님, 이양수 전도사님 함께 사역하시면서 침술, 미용 선교로 전도한다.

부록

한국도농선교회는 94년도 (당시 한국 농어촌 선교회)부터 2008년까지 3-4일 정기 세미나를 16회 주최해 왔다. 그리고 1일 세미나는 100여회 실시했다.

세미나 때 인기가 있었던 강의중 7명의 강의 안을 부록에 실었다. 참고 하시고 자료가 수록된 분을 강사로 초청하여 세미나 또는 전도 집회나, 부흥회를 하실 교회는 한국도농선교회 전도 훈련원 053-961-0691 번으로 연락 주시면 안내해 드리겠습니다.

1. 성경적인 참 교회

박 재열 목사
동선교회 담임목사
한국교회 살리기 운동본부장

서론: 성경에서 가리키는 교회는 오늘날 교리적이고 신학적이라는 이론에 매야 경직되고 메마른 교회와 거리가 멀다. 역동적일 뿐만 아니라 영혼구원과 뗄 수 없고 아니 영혼구원이 교회의 전부임을 말하고 있다. 그러므로 영혼구원으로 성장과 역동적 현상이 자연스런 일이다 오늘날 찾아보기 어려운 역동적 영혼구원의 역사가 활발한 교회가 성경적 교회이다.

I. 유람선이 아닌 구원의 방주(구원선)인 교회 (창 7장)

1. 유람선교회

1)오늘날 교회들은 유람선교회의 모습으로 유지하고 있다. 유람선교회는 소속된 교인들끼리 재미있게 한가하게 유지하며 편히 지내는데 초점을 맞추고 있다.

2)조금 세련되고 진보된 유람선교회들은 성경공부 제자훈련으로 교인들의 교양과 인격을 높이는데 힘을 쓰지만 불신자 구원에는 관심이 없다.

3)좋은 교회라는 일부 유람선교회들은 성경공부 제자훈련으로 전도에도 힘을 쓰지만 유람객과 같은 기성교인들을 더 많이 오게 하는데 최선을 다하여 성장하고 있다.

4)유람선교회가 아닌 것처럼 보이면서 주변의 불신자 구원은 등한히 하며 멀리 타국의 불신 영혼을 건진다며 해외선교에 힘을 더 기울이는 유람선도 엄청나게 많다.

5)동네와 주변과 자국의 불신자 영혼구원을 최우선으로 여기지 않으며 해외선교에 치중하는 교회 불신자 영혼구원을 최우선이 아닌 두 번째나 부흥성장의 수단으로 여기는 교회도 그럴듯한 유람선교회들이다.

2. 구원의 방주교회(구원선 교회)

1)주변과 동네와 자국의 불신자 영혼구원을 다른 무엇보다도 최우선으로 여기며 전력을 기울이는 교회가 구원의 방주교회인 구원선교회다.

2)교양과 인격적인 교인으로 만드는 게 목표가 아니라 불신자 영혼을 사랑하고 구원할 줄 아는 교인으로 만드는 게 구원선 교회의 모습이다.

3)선장되는 목회자와 함께 장로 권사 중진들이 불신자 영혼을 사랑하고 그 구원에 전념하고 교회의 모든 것으로 총력을 기울이는 교회가 구원선교회다.

4)기성교인에 의해 성장되는 것 보다 불신자 구원으로 성장하며 주변과 동네와 자국의 영혼구원에 먼저 힘쓰며 해외선교에도 힘을 다하는 교회가 구원선교회다.

5)유람선교회의 교인들이 재미있게 편히 지내는 것과 다르게 구원선의 교회는 목회자와 중진들이 고달프게 지내지만 마지막에는 상과 영광이 엄청나게 크다.

* 불신자 구원으로 괄목할 만한 성장을 이루는 교회는 0.5%에 불과 하고 유람선교회는 99.5% 나 된다. 그러기에 교회수가 점점 줄고 기독교인 구도 줄고 있다.

* 한국의 유람선교회들이여 지금도 주변의 불신영혼들이 지옥으로 떨어지고 있으니 깨어 불신 영혼구원에 올인 하므로 성장하는 구원선교회로 돌아서자.

II. 큰 잔치 집과 같은 교회 (마 22장 눅 14장)

1. 잔치집에서 가장 크고 중요한 손님(불신자)

1)성경에 나오는 잔치집에서 가장 중요한 것은 손님이 얼마나 오느냐의 문제요 손님은 오늘날 불신자들이다. 손님들이 많이 와야 잔치집이 빛나듯 오늘날 교회도 불신자가 많이 와 예배드려야 빛이 나고 진정한 예배가 된다.

2)손님이 아니 오거나 적게 올 때 주인의 마음이 아프고 상하듯 노하기를 더디 하시는 주께서 가장 화나고 마음 상하는 일은 바로 불신자 손님이 안 오거나 적게 와서 교인들끼리만 먹고 마시듯 형식적 예배드리는 것이다.

3)오늘날 한국교회는 주님의 마음을 모르고 그의 참 뜻을 외면하고 손님(불신자)이 없이 매일 자신들끼리 모여 예배드리고 파이프오르간 거대한 성가대로 예배드리는 일을 잘하는 일로 여기며 그것을 자랑하면서 계속 주를 괴롭게 하고 있다.

4)손님 없는 잔치집 같이 불신영혼 없이 신자들끼리만 드리는 예배만 매주 드리는 한국교회를 보시고 화내시며 괴로워하시는 주님이심을 모르

는 게 한국교회요 지도자들이다.

2.큰 잔치 집과 같은 분위기의 교회

　　1)잔치 집은 노래 웃음 소란함 등이 어울려 즐거운 분위기 흥이 있는 곳이다. 마찬가지로 교회는 잔치집과 같이 열기가 있고 기쁨이 넘치는 예배로 아멘 할렐루야의 함성과 은혜가 넘쳐나야 한다. 그러나 오늘날 그렇지 않은 교회들이 너무나 많은 현실이다.

　　2)오늘날 조용한 가운데 질서와 정돈되고 짜여 있는 순서에 의해 매끄럽게 진행되는 예배를 경건한 예배 경건한 교회라고 자랑하는 형식적이고 외식적 경건에 빠진 교회가 많다. 그와 같은 껍데기 경건은 결코 참 경건이 아니다.

　　3)진정한 경건은 열기 있는 찬송과 넘치는 기쁨과 함께 불신자 손님으로 어수선하고 거룩한 무질서한 가운데 불신 손님이 구원 받는 역사가 일어나는 교회가 잔치집과 같은 참 교회요 하나님께서 바라시는 교회이다.

　　4)한국교회여 외적인 모습과 형식으로 조용하게 경건하게 예배드리고 외적인 요소인 거대한 성가대 파이프 오르간 원숙한 오케스트라 악단의 연주로 드리는 예배에만 치중하며 구원의 역사 생명의 역사가 없는 교회로 머물러 있지 말고 새롭게 거듭나자.

Ⅲ.아버지 집으로서의 교회 (눅15장)

1.아버지 집과 식구들

　　1)오늘날 아버지 집은 궁극적으론 하늘나라요 현실적으로는 하나님의 품과 교회라 할 수 있다. 지상교회가 하나님 아버지 집임을 인식하고 귀히

여겨야 한다.

2)큰 아들로 비유되는 자식은 예수 믿고 하나님의 품으로 돌아와 하나님 아버지 집인 교회에 소속된 잘 믿는 기성성도들이라 할 수 있다.

3)가출한 둘째 아들은 오늘날 하나님의 품을 떠나 아버지 하나님을 잊고 외면한 채 자기 마음대로 살고 있는 불신자 세상 사람들이라 할 수 있다.

4)아버지는 창조주요 인생의 주인이시오 인생의 아버지이신 하나님을 말하는 것이다. 가출한 자식을 기다리는 부모와 같이 하나님을 외면하고 사는 불신자를 애타게 기다리신다.

2. 아버지 마음을 모르는 맏자식과 같은 한국교회

1)맏자식이라면 누구보다도 아버지의 마음을 잘 이해하며 기쁘시게 하려고 최선을 다해야 할 것이다. 그러나 성경의 맏자식은 아버지의 마음을 전혀 헤아리지 못하는 자식이었다.

2)아버지의 가장 크신 근심은 집을 나간 자식 문제요 아버지의 가장 크신 소원은 오직 집을 나간 자식이 돌아오는 것이었다. 다른 것은 다 두 번째 세 번 째 일이다.

3)오늘날 맏자식과 같은 기성신자 잘 믿는다는 신자들은 아버지집의 가장 큰 문제와 아버지의 가장 크신 근심이 집을 나간 동생이 돌아오는 것임을 모르는 철부지 자식들이다.

4)심지어 맏자식들 중에 자신에게 세상적으로 좋은 일 잘 되는 일을 안 해 준다고 자신도 가출해서 안 믿겠다고 협박하는 철부지 같은 맏자식들도 많다.

5)더더욱 기가 막힌 사실은 아버지 집의 책임자요 맏자식 중 맏자식인

지도자들 까지도 아버지 하나님의 소원하시는 마음과 아버지 집의 가장 큰 일인 집나간 동생인 불신자가 돌아오는 것을 제쳐놓고 엉뚱한 일을 최우선 으로 여기는 게 현실이다.

　*한국교회여 먼저 믿는 맏자식들이여 하나님의 가장 크신 소원은 집을 나간 동생과 같은 불신자들이 예수 믿고 하나님의 품과 교회로 돌아오는 일임을 명심하라 다른 것은 다 나중에 해도 될 일이므로 가장 우선적으로 집나간 동생 데려오는 일에 전력을 다하자.

IV.금 촛대로 비유된 교회 (계 1;20)

　-교회가 금 촛대라고 예수님께서 직접 비유하신 것은 교회는 세상을 향해 빛을 발해야 할 것을 말씀하고 있는 것이다.-

1.교회는 전도로 복음의 빛을 발해야 한다.

　1)교회가 전도로 복음의 빛을 발하는데 열심을 다해야 한다. 입으로 말로 전도를 해야 한다. "꼭 입으로 해야 하나 말로 해야 하나" 핑계하는 교인들이 있으나 성경은 분명히 전파하는 이가 없으면 어찌 들으리요(롬 10;14) 하며 꼭 입과 말로 할 것을 명했다.

　2)교인의 일부분인 전도 특공대로만 아니라 온 교인이 전도로 복음의 빛을 발해야 하며 교회의 일 중에 부수적인 일로 하는 게 아니라 교회의 가장 우선적이고 가장 큰 일로 여기면서 말과 입으로 전도를 해야 한다.

　3)교회적으로 전도하고 많은 교인들이 입으로 말로 전도하면 주변사람들이 비난하며 심지어 욕을 하며 심한 경우 해를 입히는 경우가 있다. 참 성도는 욕을 먹고 핍박을 받음이 당연하고 그리할 때 상이 크다고 말씀했

다.(딤후 3;12)

4)자유세계와 풍요한 문명국에서 예수 믿는 자가 핍박 받고 욕을 먹은 경우는 전도를 열심히 할 때만 있는 일이므로 참 성도답게 욕을 먹고 핍박을 받을 지라도 전도하자.

2. 선행으로 빛을 발하는 교회가 돼야 한다. (마 5;14-16)

1)착한 행실로 하나님께 영광을 돌리라고 한 말씀대로 교회는 세상에 주변 불신자들에게 주의 이름으로 착한 행실과 좋은 일을 많이 하므로 빛을 발해야 한다.

2)선행이나 착한 일 좋은 일은 직접 전도는 아니지만 세상 불신자들의 마음을 열게 하는 작업을 해 주는 것으로 간접 전도가 된다고 할 수 있으므로 많이 해야 한다.

3)교회에서 주의 이름으로 하는 선행과 좋은 일은 반드시 영혼구원을 목적으로 삼고 영혼구원을 염두해 두되 많은 기도와 영혼사랑의 마음으로 행해야 한다.

4)멸망의 길을 가는 세상 불신자들에게 베푸는 가장 큰 선행은 자선이나 구제나 육체적인 도움이 아니라 그 멸망에서 영혼을 구하고 건져 주는 것이다.

5)영혼구원의 목적과 영혼사랑의 마음이 없는 구제 자선은 아무리 크게 한다고 할지라도 하나님께서 보실 때 아무 것도 아니요 물에 빠진 사람에게 빵을 주는 것처럼 놀리는 것이다.

*한국교회여 세상에 빛을 비추는 금촛대가 되되 말과 입으로 하는 전도로 복음의 빛을 발하고 영혼구원의 목적과 영혼사랑의 마음으로 선행을 행하는 참 금촛대 같은 교회가 되자.그 좋은 천국 나 혼자 갈수 없다

그 좋은 천국 나 혼자 갈수 없다

1. 뜨겁게 : 지옥가면 안 될 사람을 위해 뜨겁게 기도 한다.
   기도하고

2. 찾아가서 : ①파악(영적상태) ②친구가 되어준다.
   (친구 따라 강남 간다)
   증거하고 : 마음 문 열리면 복음을 증거 한다. (7단계 전도지로)

3. 강권하여 : 전도 대상자를 왕처럼 섬기면 열린다.
   데려와서 : 익은 영혼은 교회 출석(강권), 등록일 배웅상담.

4. 사랑으로 : 성도 중 사랑을 쏟을 7명의 친구를 정해준다.
   (내 몸처럼 사랑한다)
   양육하자 : 구원의 감격 속에 살아갈 사역자로 양육 한다.
   ①양육 시스템 ②매주 낮 예배시 영접기도③전도자가1:1)

한국도농선교회 전도훈련원

2. 획기적인 21c 총동원전도와 전도꾼 만들기

강사 : 김종수 목사

21c총동원전도학교 교장, 전도꾼만들기 대표 중흥교회 담임
011-640-5047

1부, 21c 성공적인 총동원전도와 전도꾼 만들기

1. 행복축제와 전도꾼 만들기 목적

교회 안과 밖에 있는 전도에 활용할 수 있는 모든 자원을 총동원하여 불신자들을 매주일 등록, 미래 예비신자 파악 작정 전도, 시스템 진행등록, 새 가족 정착, 양육과 전도꾼들을 세워 전도 생활화로, 주님의 소원인 많은 영혼구원과 주님의 몸 된 교회들의 큰 부흥으로 한국교회 프러스 성장과 세계선교를 더 잘 감당하는데 있다.

1) 21c 성공적인 총동원전도와 전도꾼 만들기' 는 숫자를 많이 모아서 많이 모인 것을 과시하기위해 다른 교회 교인들까지 품앗이 하여 데려오는 등 과시형전도로, 많은 시간과 재정을 낭비하는 비효율적인 전도라는 비판을 받았던 '1980년대 유행했던 총동원전도' 가 아니다.

2) 김 종수 목사가 10년 동안 주도했던 새로운 총동원전도학교의 '새로운 총동원전도와 전도특공대 훈련 은 전도대상을 불신자와 신앙생활 중단

자로 하되, 철저한 준비와 기도, 전도동기부여, 현장 전도훈련을 같이하여
각광을 받았다.

　3) 21c 총동원전도와 전도꾼 만들기’는 새로운 총동원전도를 보완하여
4 단계로 더욱 구체화한 획기적인 시스템과 현장전도훈련으로 ‘쉬운 전
도, 열매맺는 전도, 정착하는 전도’ 다.

　⑴ 예비신자 파악 작정 전도
　⑵ 전도꾼을 세워 교인들끼리 서로 불이 붙어서 작정과 등록을 하게 하
는 총동원 시스템진행
　⑶ 등록한 새 가족 정착을 위한 재작정 심방 관리
　⑷ 전도꾼들의 매주 전도생활화와 전교인 전도꾼 체질화

2. 행복축제와 전도꾼 만들기 사역동기

　김종수 목사가 10년 전 시무하던 장년 80명 출석교회에서 성공적인 총
동원전도 주일(불신자 350명참여) 후 2개월 동안 새 신자가 75명 등록한
일이 한국교회에 알려진 것이 계기가 되었다.

3. 전도훈련 원리

전도훈련 원리는 하나님이 역사하시면 기적이 일어난다.
그러므로 ‘할 수 있다 ! 하면 된다! 해 보자!’

4. 비중

훈련비중은 이론 30% 현장전도 70%이다.

5. 전도훈련 방법

1) '되게 하는 방법, 쉽게 하는 방법, 내 모습 그대로 하는 방법이다.

2) 그래도 안 되면 '냅도부러 전도법'을 사용한다.

6. 전도훈련 진행

1) 전도 동기부여부터 잘 되어야 한다.

　(1) 전도 동기부여는 시작 단계이다.

　(2) 경험에서 나온 전도방법을 기본으로 하라.

　(3) 이해식 훈련을 하라.

2) 훈련자의 현장시범전도로 부담을 없게 하라.

3) 성도들이 곧 바로 전도할 수 있도록 누구나 할 수 있는 쉬운 전도법을 보여주라.

4) 전도는 닥치는 대로 하는 것이다.

5) 관계있는 사람을 소개받아 가서 전도해 주면서 전도하는 현장을 보여주라.

6) 전도는 될 때까지 해야 한다.

7) 훈련생들이 전도훈련을 받으면서 전도를 했을 때의 전도실적은?

　훈련생들이 현장에 나가서 전도를 1시간 정도하면 참석자가 20명일 경우에는 보통 첫 날에 20-40정도, 둘째 날에는 전도의 자신감과 열기가 더 올라가서 40-100명 정도의 전도 열매가 맺는 것이　통이다.

8) 전도훈련을 나가서 실제로 전도했던 내용을 간증하게 하라.

　(1) 첫째 날에는 5명 정도 간증하게 하고, 둘째 날에는 10명 정도간증하게 하면 적당하다.

(2) 성도들을 전도간증하게 하면 기쁨과 성령충만으로 전도열정이 불타면서 열심히 전도하게 된다.

(3) 전도훈련에 참여하지 못했던 성도들도 간증을 드으면 많은 도전을 받고 방법을 깨닫게 된다.

(4) 교회 전체에 전도의 불이 활활 타오르게 하는 촉진제가 된다.

9) 전도 대상은 불신자나 신앙생활을 하다가 쉬고 있는 자로 하는 것을 원칙으로 해야 한다.

전도대상자는 반드시 불신자나 신앙생활을 하다가 중단 하고 있는 자들로 해야 한다. 그런데 요즘 불신자나 신앙생활 중단자를 전도하는 것이 아니라 타교회 성도들을 자기교회로 대리고 와서 등록을 시키는 경우가 많다. 한국교회가 마이너스 되고 있는 것은 이 수평이동 때문이다. 특히 큰 교회　들에게 이런 일이 많이 일어나고 있다. 그래서 교회 하나가 크게 부흥되면 그만큼 여러 작은 교회들이 어려움을 당하거나 교회간판을 내리고 있다. 이것은 주님이 기뻐하시는 일이 아니다. 그러므로 수평이동을 좋아하는 한국교회는 회개해야할 것이다. 필자의 경우 반듯이 전도 대상자를 불신자와 신앙생활을 중단자로 하고 있다.

10) 예비신자 파악 전도를 할 때 기억할 일

(1) 훈련받은 다음 주일 날 새 가족으로 등록할 예비신자를 파악해야 한다.

(2) 앞으로 교회에 나올 가능성이 있는 미래 예비신자 숫자를 파악해야

한다.

　(3) 행복축제 총동원전도주일 날 참석할 예비신자들의 숫자를 파악해야
한다.

　11) 총동원 주일날 예비신자들을 최대한 동원하라.

　⑴ 예비신자들을 최대한 동원하는 총동원훈련을 철저히 해야 한다.
　⑵ 참석한 많은 예비신자들이 결신 등록을 하도록 유도해야 한다.

　12) 행복축제에 참석한 사람들을 A, B, C, S급으로 분류 하여 관리한다.

7. 전도훈련 일정종류

　1) 2박3일 훈련

　2) 1박3일 훈련

　3) 1일 집중 훈련

　4) 구역장중심 훈련

　5) 총동원전도주일 설교만 하는 경우

1) 무랑태수교회 이 태영 집사(장년출석 8명/48명으로 부흥)

　김 종수 목사님의 전도 강의와 훈련방법은 너무 쉽고 평이합니다. 현장에서 전도하시면서 직접 보여 주시는 실제 전도훈련은 전혀 부담이 없기 때문에 누구나 금방 따라 할 수 있었습니다. 저도 곧 바로 전도를 따라서 할 수 있었습니다. 저도 처음에는 전도를 하기는 해 야 되겠는데 어떻게 해야할지 몰라서 강사목사님이 전도하시는 현장을 2일 간 따라 다니면서 구경했습니다.

　그 후에는 저도 자신감이 생겨서 열심히 전도를 했는데 생각보다 잘 되었습니다. 그리고 우리 교회가 원래 주일 낮에 장년 출석 8명이였는데, 전도 훈련을 받고 3개월 만에 48명으로 부흥되는 큰 기적이 일어났습니다. 하나님께 영광을 돌리고, 훈련시켜 주신 김 종수 목사님께 감사드립니다.

2) 푸른초장교회 이 은식 목사(장년출석 250명이 2개월 후 450명 됨)

　제 목회철학이 말씀과 기도목회이었는데 이번에 '전도도 참 중요하구나. 또 전도도 참 쉬운 방법이 있구나. 하면 되는구나…' 하는 것을 깨닫고 전도도 치중해야 되겠다는 목회철학으로 바뀌었습니다. 그리고 성도들의 의식도 완전히 바뀌었습니다. '전도는 할 수 없는 것' 이란 부정적인 생각들이었는데, 김 목사님의 강의와 현장시범 전도훈련을 통해 '나도 할 수 있다! 하면 된다! 해 보자!' 로 바뀌었습니다. 또 담대하게 전도를 열심히 잘 하고 있고, 많은 열매를 거두니 너무 기쁩니다.

성도들이 말씀만 받아먹는 앉은뱅이 신앙에서 이제는 나가서 전하는 행동하는 신앙으로 바뀌었으며 교회가 아주 활기가 넘치고 있습니다. 행복축제 총동원전도 사역이 한국교회에 속히 많이 확산되어 큰 부흥들을 맛보면 좋겠습니다.

3) 광석교회 이 상수 목사(장년출석 40명 / 새신자 60명등록)

2007년3월11일-13일까지 전도훈련을 받고 성도들이 전도를 했습니다. 그런데 전도하는 것 자체를 아주 어려워하고 부담을 가졌던 성도들이 실제로 현장에서 전도 훈련을 받고 나더니 성도들의 말은   한결같이 "전도가 참 쉽고 이렇게 전도가 잘 되다니…"라는 반응이었습니다. 또 현장에 나가서 전도를 하다가 안 되면 '냅도부러!' 하면서 강하고 담대하게 전도하러 나가는 모습들이 너무 아름답기만 합니다. 성도들이 전도를 열심히 했고, 어떤 성도는 직장을 1개월간이나 휴가를 내어 열심히 전도를 했습니다.

9. 행복축제하면 일어나는 좋은 일들

1) 전교인이 참여하여 은혜 속에 전도하게 된다.

　전도특공대 만 별도로 훈련할 수 있다.

2) 아주 쉽고 편이하기 때문에 어느 교회나 할 수 있다.

3) 단 시일 내에 총동원과 결신, 등록이 최대이다.

4) 매주 새 가족이 등록하게 된다.

5) 미래 예비신자가 확보되어 전도 대상자와 계속 관계를 맺을 수 있다.

6) 대상은 불신자와 신앙생활 중단 자이므로 교회부흥과 한국교회 플러스 성장에 기여하게 된다.

7) 많은 전도 은사자들이 발굴되고 스스로 전도하는 전도꾼들이 생겨나서 행복축제 총동원전도 후 에도 계속 전도를 하게 된다.

8) 갖가지 문제 해결과 치료의 역사도 나타난다.

9) 교회가 지역사회에 살아 움직이는 교회로 알려지게 된다.

10) 훈련 메시지는 하나님 중심 교회 중심 목회자 중심이기 때문에 교회에 질서가 확립되게 된다.

10. 행복축제(총동원전도주일) 준비를 어떻게 할까?

1) 행복축제 총동원전도주일 일시를 정한다.

2) 예배 회수 및 설교자 찬양단을 정한다.

(1) 예배 횟수는 본 교회 예배횟수와 비슷한 것이 좋다.

(2) 설교와 결신 등록 인도는 전문 강사에게 의뢰하는 경우가 있다.

(3) 담임목사 혹은 강사가 전담하거나 분담한다.

(4) 본 교회 찬양단은 대부분 일 잘하는 일꾼들이므로 초청승낙자 들을 동원하는데 투입하고, 대형교회가 아니면 불신자들의 초청에 맞는 외부 전문 찬양단을 초청하는 것이 좋다.

3) 주제가 찬송을 부른다.

4) 행복축제(총동원전도) 성공을 위해 기도한다.

5) 개인별 예비신자 작정 카드를 작성한다.

6) 좋은 선물을 가지고 세 번 찾아가기를 한다.

7) 세련되고 예쁜 엽서를 발송한다.
   8회 (매주 1회 또는 2회 정도) 준비된 엽서를 보낸다.

  (1) 평안 : '평안은 마음에 있습니다.' / 견본참조
  (2) 기쁨 : '기쁨은 삶에 활력을 줍니다.' / 견본참조
  (3) 축복 : '축복은 예수 안에 있습니다.' / 견본참조
  (4) 믿음 : '믿음이 미래를 결정합니다.' / 견본참조
  (5) 감사 : '감사는 삶의 에너지입니다.' / 견본참조
  (6) 사랑 : '사랑은 조건이 없습니다.' / 견본참조
  (7) 행복 : '행복은 멀리 있지 않습니다.' / 견본참조
  (8) 소망 : '소망은 삶을 이끌어 갑니다.' / 견본참조

8) 좋은 관계 맺기를 한다.

  (1) 인사를 잘 한다.
  (2) 세 번 찾아가 만나기를 한다. 이때 무리되지 않는 범위 안에서 선물이나 편지 등을 가지고 간다. 그러나 상대방이 거부할 때에는 즉시 중단한다.

(3) 애경사에 참석한다.

(4) 좋은 일이 있을 때 초청하여 대접을 한다.

(5) 돕는 일을 한다.(쓰레기 치워주기, 아이 돌 봐주기 등)

9) 초청장 및 초청승낙서 제작

(1) 상대방이 귀하게 여길 3단 고급 카드

(2) 상단 : 위치 안내 및 참석 표

        (위치 안내도, 기념품교환권)

(3) 중단 : 초청장

        (초청내용, 초청일시, 장소, 초청인 : 담임목사)

(4) 하단 : 승낙서

        (참석할 시간, 승낙자 성명, 주소, 전화번호,

        H.P, 성별, 생년월일, 안내인이름, 소속, 전화)

10) 강단 벽에 부착할 배너와 'D-day' 판 제작

11) 개인별 초청승낙자 현황판 제작

12) 구역별(교구, 지역포함) 현황판 제작

(1) 견본과 같이 만들되 크기는 누구나 잘 볼 수 있도록 좀 크게 적당하게 한다.

(2) 아스테이지로 덮어서 구역별로 승낙자 통계 숫자만 기록한다.

(3) 등위는 1/3씩 구분하여 표시하되 1등은 파란 꽃 또는 리본을 붙이고 꼴등은 빨강색으로 꼴등 앞 등위는 위험 신호인 노란색을 붙인다.

13) 전도꾼 조직 및 임명장 준비

(1) 대장
(2) 총무
(3) 서기
(4) 전도꾼 대원

14) 선서문 제작

선포식 예배 때에 담임목사님에게 전도꾼 대장이 오른손을 들고 큰 소리로 선창하고 전 교인이 후창을 한다.

11. 훈련과 교육 진행

전도훈련을 하거나 총동원 행복축제를 진행할 때 성도들이 전도 자체에 부담을 갖는 경우가 많으 므로 누구나 할 수 있도록 쉽고 기쁨과 즐거움이 넘쳐야 하며 전도꾼을 효과적으로 잘 활용하는 시스템적이어야 한다.

1) 전도 동기부여 및 초청승낙서 사용법에 대한 강의와 훈련(기초단계)

(1) 하나님의 전도 명령과 필수 성

⑵ 가장 쉬운 전도법 강의

⑶ 선물 사용을 통한 관계 맺기

⑷ 초청장 및 초청승낙서의 내용과 사용법

2) 교회 중직자들의 특별 교육

전도대 발대식 예배 후에 하는 것이 좋다.

3) 전도꾼 임명장 수여

선포식 예배 중에 준비된 임명장을 수여한다.

전도꾼 대장

총무

서기

전도 꾼

4) 행복축제 선포식 예배

⑴ 예배순서

묵도

찬송

대표 기도

임명 장수여

선서

성경 봉독

찬양

말씀 선포

초청장 사용법

격려 및 광고

찬송

축도

(2) 선서

준비된 선서문을 전도꾼 대장이 예배좌석 제일 앞 강단 앞에 서서 강단에 서있는 담임 목사님에게 오른손을 들고 선서문내용을 한 줄씩 큰소리로 선창하면 전교인이 큰 소리로 후창한다

5) 행복축제 선포식 후 훈련과 진행

(1) 강사(담임목사, 전도전문가)가 현장시범전도를 보여준다.

가) 개인별로 나간다.

나) 2명씩 짝지어 나간다.

다) 구역별로 나간다.

(2) 성도들의 현장전도

가) 1:1 전도.

나) 그룹 전도

다) 대중 전도

6) 간증자의 간증

교회에서 성도들이 현장에 나가 전도를 했을 경우 전도의 결과와 현장에서 일어났던 이야기들을 간   증하게 한다. 간증하는 방법은 언제 어디서 누구를 만나서 내가 어떻게 했더니 어떤 반응과 결과들 이 나타났는가에 대하여 발표하면 된다.

7) 중간점검(중간 평가회)

(1) 전도를 진행 하면서 항상 중간 중간 잘되고 있는 지를 점검해야 한다.
(2) 전도실적이 미흡할 경우에는 특별조치를 취한다.

가) 특별기도회를 한다.
나) 훈련된 특별 강사를 투입하여 성도들과 함께 전도하게 한다.

8) 초청승낙자들을 동원하기 위한 훈련

(1) 행복축제 초청주일 2주 전에 한다.
(2) 차량배치 및 동원조를 편성한다.
(3) 교회 안내조를 편성한다.
(4) 예배 전 관리한다.

9) 최대의 결신 및 등록을 돕기 위한 훈련

(1) 초청주일 2주전에 한다.
(2) 전화 또는 직접 방문을 하게한다.
(3) 등록카드 작성위원을 선정한다.
(4) 등록카드 및 볼펜을 준비한다.

12. 행복축제 총동원전도주일

1) 예배 순서

* 들어 올 때 교인 등록카드를 작성하게 한다.
* 예배 전 찬양 또는 율동
 묵도
 찬송
 대표기도(2분 이내)
 성경봉독
 특별찬양(율동)
 설교(25분 정도)
 초청의 시간
 미등록자 등록시간(10분 이내)
 찬송
 축사(특별한 경우에만 하고. 시간은 3분 정도)
 광고 및 인사

축도

(총 예배시간은 70분 이내)

2) 열린 예배로 할 수 있다.

① 총동원전도 주일이므로 열린 프로그램 식으로 진행할 수 있으면 좋다.

② 준비를 잘 하여야 하며 시간은 교회의 상황에 따라 조정하면 된다.

13. 새 가족 정착작정과 훈련

행복축제 총동원전도주일 마지막 예배시간 때 또는 금요기도회 등이 좋다.

1) 구역 및 각 기관에 편성하여 관리

2) 새가족 정착위한 작정

3) 내 교회부흥 평생 전도꾼 결성

4) 후속조치위한 편지발송

5) 특별기도

6) 편지 선물 등을 갖고 찾아가서 감사하기

7) 1:1 바나바 식 관리

8) 성경공부와 특별초청친교

9) 전도대학을 통한 후속관리

14. 총동원주일 참석자의 분류와 사후관리

A급 : 초청에 승낙하고 참석하여 등록카드를 제출한 사람

B급 : 초청에 승낙하고 참석하여 결신카드를 제출한 사람

C급 : 초청에 승낙하고 참석하였으나 카드를 제출하지 아니한 사람

D급 : 초청승낙을 하였으나 참석하지 아니한 사람

S급 : 초청승낙을 하고 참석하지 아니하였으나 아주 긍정적인 사람(A급과 같이 관리함)

* 관리 순서는 A급 B급 C급 D급으로 하십시오.

15. 성공에 큰 영향을 미치는 요소들

1. 영혼을 뜨겁게 사랑하고 교회부흥에 대한 열정과 기도
2. 평소 교회의 좋은 이미지 관리
3. 철저한 준비와 진행
4. 꼭 성공하겠다는 목회자의 강한 의지와 헌신된 모본
5. 중직 자들의 헌신적인 협력과 모본
6. 전 교인들의 순종적인 참여와 헌신적인 전도의 열심
7. 교회안과 밖의 도움이 되는 여건들의 적절한 활용

"너희는 가서 모든 족속으로 제자를 삼아 아버지와 아들과 성령의 이름으로 세례를 주고 내가 너희 에게 분부한 모든 것을 가르쳐 지키게 하라" (마 28:19)

"오직 성령이 너희에게 임하시면 너희가 권능을 받고 예루살렘과 온 유대와 사마리아와 땅 끝까지 이르러 내 증인이 되리라 하시니라"(행 1:8)

"많은 사람을 옳은 데로 돌아오게 한 자는 별과 같이 영원토록 비취리라"(단 12:3)

"만일 복음을 전하지 아니하면 내게 화가 있을 것임 이로라"(고전 9:16)

2부, 확실한 전도 동기부여

전도부흥회 또는 특새, 특밤을 통해 전도동 기부여를 확실하게 한다.

1. 전도! 할 수 있다.

2. 전도하면 주님이 책임지신다.

3. 당신은 전도능력을 받았다.

4. 21c 총동원전도하면 기적이 일어난다.

5. 믿음으로 전도하자.

6. 예수님이 원하는 우리교회 전도목표

7. 전도목표를 달성하자.

3부, 총동원전도와 전도꾼 만들기

1단계 : 예비신자 파악과 작정전도(2주)

* 전도꾼 조직
* 예비신자 파악 작정

1. 전도꾼 1차 모임(파악 작정), 구역전도화 1차 모임(파악 작정)

2. 전도꾼 2차 모임(파악 작정 진행), 구역전도화 2차 모임(파악 작정 진행)

2단계 : 전도꾼 시스템 진행 등록(4주)

3. 전도꾼 3차 모임(파악 작정 진행), 구역전도화 3차모임(파악 작정 진행)

4. 전도꾼 4차 모임(진행 초청), 구역전도화 4차 모임(진행 초청)

5. 전도꾼 5차 모임(초청 총동원등록 준비), 구역전도화 5차 모임(초청 총동원등록 준비)

* 행복축제 총동원주일 등록 : 행복축제 총동원주일 설교

6. 전도꾼 6차 모임(정착작정 심방양육), 구역전도화 6차 모임(정착작정 심방양육)

3단계 : 등록한 새 가족 정착과 양육(2주)

7. 전도꾼 7차 모임(정착작정 심방양육), 구역전도화 7차 모임(정착작정 심방양육)

8. 전도꾼 8차 모임(정착작정 심방양육), 구역전도화 8차 모임(정착작정 심방양육)

4단계 : 매주 전도꾼 생활화

1. 지역 센터 교회 선정과 8주 집중훈련

2. 전도꾼들의 매주 전도 생활화

3. 전교인들의 전도꾼 체질화

* 현장전도 가상 실습의 필요성

* 행복축제 총동원전도주일 설교

* 기적이 일어 난 부흥한 모델교회

 1) 푸른초장교회의 250명이 450명으로 80%부흥

 2) 무랑테수교회의 8명이 48명으로 500%부흥

 3) 강평교회의 45명이 68명으로 50%부흥

* 주제가 찬양

* 목회자 2박3일 집중훈련

* 새 가족 정착 : 행복한 교회생활

3. 목회자두레 팀전도

홍온유 목사
대전사랑의교회(한국도농선교회대전지부장)
H.010-4455-9106

1. 목회자가 전도하여야 하는가?

1) 우리나라는 선교 100년에 경이적인 부흥과 발전을 거듭하면서 세계 100대 교회중 50%가 우리나라에 있고 한때는 성도 수가 1,000만 명이 넘는다고도 하였다. 그러나 근래에 들어서는 기독교가 정체 내지 감소하는 추세를 보이며 그 현상은 더욱 급격해짐을 느낄 수 있다. 2005년도 말 통계청 보고에 의하면 기독교 인구는 816만 명으로 보고되었으나 실제로는 더 적은 숫자라고 보는 이들이 많다.

2) 예수님은 대제사장이시고 대선지자시며 우리의 가장 큰 선생님이셨지만 이 땅에 계실 때 가장 앞장서서 본을 보이시며 전도하셨다. 그러나 오늘날의 주의 종이며 제자 된 우리 목회자들이 이런 저런 핑계로 전도를 등한시한 결과 오늘날 한국 교회가 침체 내지 퇴보하는 상태에 이르게 되었다.

3) 이제라도 목회자들이 회개하고 목숨 걸고 전도의 최 일선에 서서 매진한다면 한국의 기독교는 다시 하나님의 사랑을 받고 부흥의 계절을 맞이

할 것이다.

4) 기독교의 재생산적인 힘은 전도에서 나와야 한다.

인적자원, 물적 자원, 영적자원이 모두 전도에서 나오는 것이다. 전도해야 기독교가 부흥되고 성장한다. 기독교가 부흥되고 성장하여야 나라가 잘 살 수 있다.(이것은 역사와 현실이 증명하는 사실이다.)

5) 어떻게 하여야 주님의 지상 명령이며 하나님께서 가장 기뻐하시는 일이고, 교회가 부흥 성장되고 나라가 잘 되는 전도에 불을 붙일 수 있을까? 그것은 한국의 목회자들이 전도의 불쏘시개가 되지 않으면 불가능한 일이다.

6) 목회자들이 전도를 시작하기는 쉬운 일이지만 지속적으로 전도하기는 쉬운 일이 아니다. 대개는 전도 좀 하다가 지치고 낙심하고 좌절하고 또 바쁘다는 핑계 등 악한 영의 방해 때문에 중도에서 포기하고 만다.

7) 목회자들이 지속적으로 전도하지 않으면 전도의 불을 붙일 수가 없다.

8) 목회자들이 지속적인 전도를 하기 위해서는 목회자 두레를 조직해서 품앗이 전도를 하는 것이 이상적이다.

2. 목회자두레 팀전도를 하면?

1) 목회자들은 특별히 전도훈련을 따로 받지 않아도 전도현장에 3∼4회만 나가면 곧 숙련된 전도자가 되는 것이 가장 큰 장점이다.

2) 전도대열에서 마음대로 이탈하기 힘든 두레를 조직해서 열심히 기쁨으로 전도에 힘쓰면 상승작용에 의해 놀라운 결과를 얻을 수 있다.

3) 누구나 처음에는 내 교회 성장만을 위해서 힘썼는데 한달 두달 전도하면서 다른 목회자들의 전도하는 모습과 전도 의식의 변화로 어느새 이기

적인 전도자였던 내가 하나님 나라 확장을 소망하는 이타적인 전도자로 변하게 된다.

4) 이런 전도자는 언제나 어디서나 전도하지 않으면 답답해서 견딜 수 없는(렘20:9) 전천후 전도자가 되는 것이며 목회자가 이런 전도자가 되면 성도들은 그 본을 받아 성도들도 전도에 힘쓰게 된다.

5) 전 교인이 모두 전도에 열심을 내는 전도집중 교회가 되면 교회는 자연히 부흥되고 성장하게 된다.

6) 교회의 본질은 전도에 있고 전도는 주 예수그리스도의 지상 명령이다.

3. 전도하면 얻어지는 효과

1) 전도를 계속하면 교회가 성장한다.

2) 전 교인이 합심해서 전도에 집중하여야 교회 성장이 더욱 빨리 된다.

3) 내 교회 성장만을 위한 이기적인 전도는 오래 지속되지 못한다.

4) 담임목회자가 앞장서서 전도의 본을 보이는 것이 전교인 전도인화 전도집중교회화 되는데 가장 큰 영향을 미친다.

5) 목회자가 지속적인 전도를 하기 위해서는 상호 상승효과가 있는 목회자두레 팀전도가 효과적이다.

4. 목회자두레 팀전도란 무엇인가?

목회자가 두레를 조직해서 팀전도를 하는 것이다.

1) 두레란 무엇인가?

(1) 두레의 기원

신라 유리왕 때(AD 57년경) 음력 7월15일부터 8월15일까지 한 달간 여인들이 두 팀을 조직해서 열심히 길쌈시합을 하여 질적으로나 양적으로 승리한 팀에게 음식을 대접하고 한가위날 흥겹게 놀았다(두루삼두레라고 불렀다).

(2) 두레라는 말은 "윤번"을 뜻한다. 갑, 을, 병, 정의 4인이 두레조직에 참여한다고 하면 그들은 4인 전부의 공동 노동으로 갑의 논밭부터 시작하여 을, 병, 정의 논밭을 각각 일정한 순번에 따라 경작하는 것이다. 이처럼 공동 노동의 참가자가 일정의 윤번에 따라서 각각의 전답을 공동 경작하는데서 두레라는 용어가 나왔다.

5. 목회자두레 팀 조직

1) 7~8개 교회로 한 두레를 조직한다.

(1) 농사일을 하기 위한 두레 조직은 원래 1두레에 20~30명 정도였다. 두레꾼의 노동 총량은 1일 9시간에 1인 1마지기가 적당량이다.

(2) 전도를 하기 위한 두레 팀조직은 7~8개 교회가 적당하다고 본다. 두레 회원의 숫자가 너무 많으면 1순회 하는데 시일이 너무 오래 걸리기 때문에 각 교회에 미치는 전도의 효과가 미약하기 때문에 회원들이 힘을 잃게 된다.

(3) 회원의 숫자가 너무 많으면 접대하는데 부담을 느끼게 되어 전도를 기피한다.

(4) 회원의 숫자가 너무 적으면 상승효과가 부족하다.

(5) 회원의 숫자가 너무 적으면 전도물품과 시간과 비용이 낭비될 수가 있다.

(6) 교회에 전도 차례가 돌아오는 기간은 1개월에 1회-40일에 1회가

적당하다.

(7) 전도에 전념하고 전도로 목회의 승부를 걸겠다는 각오를 가진 목회자 부부가 약 14명(2인1조×7)이 1주일에 1일 전도하고 개 교회에서는 화요일과 토요일에 전도하면 효과가 크다.

6. 전도물품의 선정

1) 목회자두레 팀전도는 팀원이 내 교회 네 교회의 개념을 떠나서 공동의식을 가져야 한다.(팀원들의 교회는 다 내 교회다.)

2) 전도하는 날, 내가 빠지면 한 마지기 모를 내지 못하기 때문에 피해가 크다.

3) 날짜와 시간을 엄수하고 순수한 전도의 목적으로만 모여야 한다.(다른 목적이 개입하면 변질되고 변질되면 성령의 도움을 받을 수 없으므로 힘을 잃고 와해됨.)

4) 전도 물품의 선정에 신중하라. 아무리 훈련이 잘된 군인이라고 해도 병기가 구식이거나 성능이 좋지 못하면 승리할 수 없다. 특히 현대와 같이 극단 이기주의와 폐쇄적 환경 하에서는 만남의 매개체인 전도 물품이 중요한 역할을 한다.(만나야 전도 할 수 있다.)

5) 현대에는 건강에 효과가 있는 물품, 미용에 효과가 있는 물품, 웰빙에 도움을 주는 물품이 인기가 있다.

6) 여러 가지 이유(건강, 미용, 웰빙, 가격 등)에서 황토 생소금이 가장 좋은 전도 물품이었다.

7. 목회자두레 팀전도를 한 결과

1) 전도에 지속성이 있었다. 품앗이 전도로 계속 전도하는 중에 전도 의

식이 이타적으로 바뀌게 되었다.

2) 전도에 상승 효과가 나타났다. 내 믿음이 약해졌을 때 다른 목회자의 열심을 보고 힘을 얻고 서로 힘을 주게 된다.

3) 성도들에게 본이 되어 성도들이 전도인화 되었다. 설교로만 전도해야 된다고 강조할 때보다 직접 본을 보이니 전도하라고 강조하지 않아도 성도들이 자발적으로 전도하게 되었다.

4) 사역에 힘을 얻는다. 전도 현장에서만 맛볼 수 있는 승리감, 기쁨, 건강, 성령의 감동 등으로 사역에 역동성이 생김.

5) 한국 교회가 부흥한다. 서로가 이타적인 전도를 계속하게 된다면 내가 전도하지 않은 사람도 내 교회로 올 수 있다. 이것은 서로가 도움이 되는 일이고 결국 한국 교회가 부흥되고 나라가 잘 살게 된다.

6) 목회자두레 팀전도를 열심히 하다 보면 같이 전도하고자 하는 목회자가 많이 생기게 되는데 이때는 때를 놓치지 말고 팀을 나누어야 한다. 나눈 후 약간의 출혈이 있을 수 있으나 곧 다시 새로운 힘을 얻는 것을 볼 수 있을 것이며 나누어 팀이 많이 생기게 되면 한국 교회가 사는 길이요 하나님이 기뻐하시는 뜻이라고 믿는다.

4. 새신자 정착 관리

박성준목사
(CBS 부흥한국, 한국연합신학대학원 교수)

1. 문제 제기

"새신자들은 꾸준히 오는데 왜 교인 수는 늘지 않을까?"

교회들의 고민 가운데는 새 신자를 교회에 정착시키는 문제가 적지 않은 비중을 차지한다. 일반적으로 새신자 정착률이 연간 12~15% 수준에 불과하기 때문이다. 결과적으로 전도자의 의욕 상실로 이어진다. 어렵게 전도해 온 새가족을 잘 정착시켜야 한다.

2. 해결 방법 : 누가복음 15장의 핵심 메시지

원망, 불평, 배척 ↔ 기쁨, 배려, 환영

1) 새신자 중심 마인드

새신자 목회를 위해서는 먼저 새신자 중심의 마인드가 확산되어야 한다. 아무리 잘 포장된 조직이나 훈련 프로그램이 있어도 마인드가 결여되면 제대로 작동할 수 없다. 먼저 담임 목회자의 마음속에 새신자 사역에 대한 열정이 샘솟아야 한다. 교회의 주인은 주님이며 새신자라는 사고가 퍼져야 하는 것이다.

2) 뜻밖에 교회 부흥을 원치 않는 신자들이 있음을 알아야 한다.

① 이기적인 신자들 – 목사 관심과 사랑 독차지, 혼자 인정받으려고 함.
(회장, 부장자리 고수파)

② 폐쇄적인 신자들 – 끼리끼리 뭉치고 자리 뺏길까봐 견제, 시기함.

③ 기존 신자들의 열등감과 자격지심(기득권 고수파)
(무슨 부서가 이리도 많나? 너무 사무적이다. 새신자만 제일이냐? 목사님은 새신자만 좋아한다. 새신자 위원만 최고냐?.)

3) 왜 새신자가 중요한가?

① 전도 가능성이 높은 집단 – 새신자 주변에 새신자 많다.

② 목회자에게도 큰 힘과 보람을 준다. – 새신자를 볼 때 힘이 난다.

③ 목회자에게도 큰 힘과 보람을 준다. – 목회자를 가장 인정하고 존경하는 집단

④ 새신자로 인해 교인들은 본이 되려 하며 성숙과 헌신의 정신을 차리게 한다.

⑤ 교회 전체에 좋은 영향을 미친다.

4) 새신자 정착 5계명

① 교회에 위로, 칭찬, 화목이 가득한 분위기로 만들라.

② 새신자보다 사역자를 먼저 교육시켜라.

③ 새신자 앞에서 담임목사님과 교회를 자랑하라.

④ 예배 후 10분 동안 새신자를 절대 혼자 있게 만들지 말라.

⑤ 새신자와 짝짓는 환영실을 만들라.

(매주 2명 소개하고 공감대를 형성하는 7명 교제권)

5) 새신자 조직관리

교회 전체의 예산의 15%가 적당. 한국 교회 75%이상이 예산의

5% 미만.

① 부서의 독립　② 예산의 독립

③ 공간의 독립　④ 교육의 독립 – 새신자 양육반

6) 새신자 양육과 관리

① 개괄적인 양육 과정

전도 → 교회등록 → 새가족 모임 등록(5주과정) → 구역편성 →

담임목사 및 교구담당 교역자와 구역장(순장)이 심방 → 구역성경

공부 참석(다락방) → 학습 세례 → 성경 대학 1년 이상 → 제자훈

련 → 사역훈련 → 구역장 임명(순장) → 재교육

② 새가족 모임

a. 새가족 모임 참석 홍보

– 주보 광고, 사회자 광고, 교역자 구역장(순장)의 권면, 전도자

와 함께 참석

– 제도적 장치(새가족 모임 수료해야 등록받음 / 학습세례를 받

으려면 새가족 모임을 반드시 이수해야 함 / 교회안의 모든 영

적인 훈련을 받는데 있어서 새가족 모임을 수료해야 함 / 직

분 받는데 있어서도 마찬가지임)

b. 구체적인 시간 운영

– 주일반 / 2개반 – 주로 부부, 남자, 직장인 출석

- 수요반 – 주로 주부 출석
- 5주 과정(순환식) – 아무 때나 가서 5주 과정을 수료하면 된다.

c. 새신자교육 교재 – 유일한 구원자 예수 그리스도 / 5주 과정 한 과씩 매주 나눠준다.

제1과 유일한 구원자 예수 그리스도 – 구원 초청

제2과 믿음이란 무엇인가? – 구원의 확신 심어 줌, 믿음과 구원 정의

제3과 신앙생활을 어떻게 하면 잘할 수 있는가?
   – 하나님 중심의 삶, 말씀, 기도, 교제, 전도, 봉사

제4과 성경은 하나님의 말씀이다. – 성경의 주제, 목적, 성경 목록가

제5과 교회와 그 중요성 – 교회 소개(주보 참조, 교회 소개지)

d. 새가족반 자원봉사자

찬양팀, 교재 나누어주는 자, 연필, 찬양집 나누어주는 자, 자리 안내자, 등록받는 자, 아기 돌보는 사람, 수료자, 결석자 파악, 서기, 수료자 선물

3. 새신자 정착에 실패하는 10대 이유

성장하는 교회는 성장의 이유가 있고 성장하지 않는 교회는 성장하지 않는 이유가 있다. 새신자 정착에 실패하는 것도 곰곰이 살펴보면 그 이유를 알 수 있는데 그러한 이유를 불식시키는 목회로 돌아갈 때 새신자 확보에 성공할 수 있다. 새신자 확보를 막는 10가지 장해 요인은 무엇인가?

1) 작은 교회의 자화상에서 벗어나지 못하기 때문이다.

2) 교회 성장에 대한 확신이 없기 때문이다.

3) 냉철한 준비와 평가에 인색하기 때문이다.

4) 수단이 목적이 되는 현상 유지형 태도 때문이다.

5) 제대로 초청하지 않기 때문이다.

6) 막연한 전도전략 때문이다.

7) 새신자들에게 책임을 회피하기 때문이다.

8) 사람들의 거부를 그대로 받아들이기 때문이다.

9) 기존 신자들을 훈련시키지 않았기 때문이다.

10) 영적인 능력이 결여되어 있기 때문이다.

4. 체크리스트

새신자는 처음 온 주일이 가장 중요하다. 교회가 새신자를 얼마나 환영하는 교회인지 점검 하는데는 20가지 체크리스트가 있다.

1) 충분한 주차시설을 갖추고 있는가?

2) 주차장 안내요원이 있는가?

3) 예배당 안내표시가 확실한가?

4) 성전안내요원이 기다리고 있는가?

5) 새신자 지정 좌석이 있는가?

6) 새신자 옆에 새신자 담당 요원이 앉아 있는가?

7) 교회 주보는 새신자가 보아도 부담이 없는가?

8) 교인들의 미소와 인사가 있는가?

9) 새신자에게 환영의 표시를 하는가?

10) 환영카드를 기록하고 있는가?

11) 예배중에 새신자 환영식을 하는가?

12) 옆에 앉는 위원이 대화를 유도하는가?

13) 예배 후에 다과모임에 참석시키는가?

14) 교회 시설에 대한 안내를 제대로 하는가?

15) 교회학교와 유아실을 갖추고 있는가?

16) 예배 후 여러 사람이 관심과 인사를 하며 접근하는가?

17) 담임목사를 만날 기회를 제공하는가?

18) 다음 주 예배에 적극적으로 초대되는가?

19) 다른 프로그램에 참여하도록 유도하는가?

20) 새신자반에 등록하게 하는가?

결 언 : 성장하는 교회는 항상 새신자들로 넘쳐난다. 그리고 새신자들이 넘치는 교회는 역동적이며 항상 새로운 힘으로 가득차게 된다. 왜냐하면 전도와 새신자의 관리를 위하여 부지런히 움직이기 때문이다. 새신자와 전도자는 교회를 생명력있게 이끌어 가는 두 개의 축과 같다. 전도자는 전도자를 낳는다. 전도자가 전도를 통하여 새신자를 채우고 그 채워진 새신자를 통하여 전도열을 강화하고 또한 새신자들을 교육하여 그들을 전도자로 세울 때 교회는 성장한다. 이것이 부흥하는 교회의 특징이다.

말씀의 사상화, 기도의 체질화, 전도의 생활화

(에베소서 6:10-20)

1. 하나님의 형상을 입은 인간

하나님께서 사람을 만드실 때 하나님의 형상과 능력을 인간에게 부여

하셨기 때문에 인간에게는 신적능력이 잠재되어 있습니다. 인간은 교육과 훈련을 통해 자신의 내면에 잠재되어 있는 신적능력을 개발함으로 현재보다 더 나은 인생을 개척해 나갈 수 있습니다.

2. 사람의 구성요소

"여호와 하나님이 땅의 흙으로 사람을 지으시고 생기를 그 코에 불어 넣으시니 사람이 생령이 된지라"(창2:7)

원숭이가 진화해서 사람이 된 것이 아니라 사람은 하나님께서 직접 디자인하신 최고의 걸작품입니다 사람의 주인은 하나님입니다. 그러므로 인간은 주인 되신 하나님을 섬기며 그분을 기쁘시게 하는 삶을 살아갈 때 그분의 은혜와 축복 속에서 행복하고 풍요로운 삶을 살 수 있습니다.

하나님께서 흙으로 육체를 지으시고 그 육체에 영혼을 불어 넣으심으로 사람으르 창조하셨습니다. 그러므로 사람의 구성요소는 육체와 영혼입니다.

3. 겉사람과 속사람의 성숙과 균형

하나님께서 사람의 육체를 만드실 때 크게 세 부분으로 만드셨습니다. 사람의 육체를 해부해 보면 맨 위에는 머리통이 있고, 가운데는 몸통이 있고, 그리고 손발이 있습니다.

하나님께서는 이 세 부분을 균형 있게 만드시고 각각 고유의 기능을 하도록 창조하셨습니다. 하나님께서는 머리통과 몸통과 손발이 서로 균형을 이루며, 각각 고유의 기능을 하게 하심으로 사람의 육체를 참으로 아름답게 만드셨습니다.

"우리가 주목하는 것은 보이는 것이 아니요 보이지 않는 것이니, 보이

는 것은 잠깐이요 보이지 않는 것은 영원함이니라"(고후4:18)

하나님께서 사람을 창조하실 때 보이는 겉사람과 보이지 않는 속사람으로 만드셨습니다. 사람은 보이는 겉사람에 비중을 두고 살지만 하나님께서는 속사람을 중요하게 여기십니다.

"내가 보는 것은 사람과 같지 아니하니, 사람은 외모를 보거니와 나 여호와는 중심을 보느니라"(삼상 16:7)

4. 건강한 육체와 건강한 영혼을 위한 세가지 원칙

사람은 몸과 마음이 건강하면 살맛이 나고 삶의 의욕이 생깁니다. 사람의 구성요소는 육체와 영혼이기 때문에 육체가 건강하고 영혼이 건강하면 삶의 에너지가 생깁니다. 육체건강을 위한 세 가지 필수요소는 첫째 음식을 잘 먹고, 둘째 맑은 공기를 잘 마시고, 셋째 운동을 적절히 하는 것입니다. 건강한 육체를 위해서는 이 세 가지 원칙을 꼭 지켜야 합니다.

육체가 사는 원리와 영혼이 사는 원리는 다르지 않습니다. 영혼건강을 위한 세가지 필수요소는 첫째 주야로 말씀을 묵상하고, 둘째 쉬지 말고 기도하며, 셋째 말씀을 삶 속에서 실천하는 전도하는 삶을 사는 길입니다.

5. 말씀의 사상화 : 주야로 말씀을 묵상하라.

"복 있는 사람은 악인의 꾀를 따르지 아니하며, 죄인들의 길에 서지 아니하며, 오만한 자들의 자리에 앉지 아니하고, 오직 여호와의 율법을 즐거워하여 그의 율법을 주야로 묵상하는 도다. 그는 시냇가에 심은 나무가 철을 따라 열매를 맺으며, 그 잎사귀가 마르지 아니함 같으니, 그가 하는 모든 일이 다 형통하리로다."(시1:1-3)

육체가 건강하게 일을 하고 힘을 쓰려면 밥을 잘 먹어야 합니다. 여기에는 예외가 없습니다. 천하에 젊고 힘센 사람도 밥을 먹지 않으면 힘을 쓸 수가 없습니다. 양식의 원리는 매일 매끼 먹어야 한다는 사실입니다. 과거에 밥을 아무리 많이 먹었어도 오늘 하루 밥을 먹지 않으면 그 사람은 전혀 힘을 쓸 수가 없습니다.

우리 영혼도 영혼의 양식인 말씀을 매일 먹어야 영적으로 힘을 쓸 수가 있습니다. 과거에 아무리 영양가 있는 음식을 많이 먹고 과식을 했을지라도 오늘 밥을 먹지 않으면 오늘 힘을 쓸 수 없는 것처럼, 우리 영혼도 과거에 아무리 성경을 많이 읽고 성경공부를 많이 했을지라도 오늘 영혼의 양식을 먹지 않으면 오늘 영적인 힘을 발휘할 수가 없습니다.

하나님께서 다윗을 가리켜 "내가 이새의 아들 다윗을 만나니 내 마음에 맞는 사람이라. 내 뜻을 다 이루리라"(행 13:22)고 하셨습니다. 다윗이 하나님 마음에 맞는 사람이된 것은 그가 주야로 말씀을 묵상했던 사람이었기 때문이었습니다.

"내가 주의 법을 어찌 그리 사랑하는지요. 내가 그것을 종일 작은 소리로 읊조리나이다. 주의 계명들이 항상 나와 함께 하므로 그것들이 나를 원수보다 지혜롭게 하나이다."(시 119:97-98)

6. 기도의 체질화 : 무시로 성령 안에서 기도하라.

육체는 밥을 아무리 잘 먹어도 숨을 쉬지 않으면 죽습니다. 육체가 쉬지 않고 숨을 쉬어야 살 수 있는 것처럼, 우리 영혼도 쉬지 않고 기도해야 건강하게 살 수 있습니다. 기도는 영혼의 호흡입니다.

밥은 하루 세끼 먹지만 숨은 쉬지 않고 계속 쉬어야 합니다. 사람이 죽지 않고 계속 사는 비결은 숨을 멈추지 않고 계속 쉬는 것입니다. 성도는 아무리 어려운 일을 당하고 홍해가 앞길을 가로막아도 기도 줄만 놓지 않으면 살 수 있습니다.

"쉬지 말고 기도하라"(살전 5:17).

"모든 기도와 간구를 하되 항상 성령 안에서 기도하고, 이를 위하여 깨어 구하기를 항상 힘쓰며, 여러 성도를 위하여 구하라"(엡 6:18).

다니엘은 정적들의 모함으로 사자 굴에 갇히게 되었습니다. 하지만 평소에 하루 세 번씩 시간을 정해놓고 기도하며 기도 줄을 놓지 않았습니다. 기도가 체질화 되었던 하나님의 사람 다니엘은 사자 굴에서도 살아남은 응답의 역사를 체험하게 되었습니다.

"다니엘이 이 조서에 왕의 도장이 찍힌 것을 알고도, 자기 집에 돌아가서는 윗방에 올라가 예루살렘으로 향한 창문을 열고, 전에 하던대로 하루 세 번씩 무릎을 꿇고 기도하며 그의 하나님께 감사하였더라"(단 6:10).

7. 전도의 생활화 : 날마다 복음을 전하라.

"그들이 날마다 성전에 있든지 집에 있든지 예수는 그리스도라고 가르치기와 전도하기를 그치지 아니하니라"(행 5:42).

육체는 밥을 먹고 숨을 쉬면 살 수 있습니다. 하지만 일을 하지 않으면 건강하게 살 수 없고 잘 살 수가 없습니다. 우리 영혼도 영의 양식인 말씀을 먹고 영의 호흡인 기도를 쉬지 않고 하면 살 수는 있지만, 영의 일인 전도를 하지 않으면 영이 건강할 수 없고 강한 힘과 능력을 발휘할 수가 없습니다.

육체가 일을 하지 않고 밥만 먹으면 밥맛이 없는 것처럼, 우리 영도 영의 일인 전도를 하지 않으면 말씀의 맛이 떨어집니다. 아이에게 젖을 먹이는 엄마가 밥맛이 좋은 것처럼, 불신자들에게 말씀을 먹이면 내 속에서 말씀을 필요로 하기 때문에 말씀의 맛이 꿀처럼 달게 됩니다. "주의 말씀의

맛이 내게 어찌 그리 단지요. 내 입에 꿀보다 더 다니이다."(시119:103)

예수님께서는 직접 온 성과 촌에 두루 다니며 전도하셨습니다. "예수께서 모든 도시와 마을에 두루 다니사 그들의 회당에서 가르치시며 천국복음을 전파하시며 모든 병과 모든 약한 것을 고치시니라"(마9:35)

또한 예수님께서는 우리에게도 나가서 전도하라고 말씀하셨습니다. "너희는 온 천하에 다니며 만민에게 복음을 전파하라."(막16:15)

8. 3313 운동

매일 반복되는 일상 속에서 자신이 살아온 고정관념과 습관의 틀을 깨고 삶의 변화를 시도한다는 것은 매우 어려운 일입니다. "세살 버릇 여든까지 간다."는 속담처럼, 그것이 잘못된 습관인줄 알면서도 이미 굳어진 자신의 삶의 패턴을 수정한다는 것이 자의적으로는 매우 어려운 일이라는 것을 우리 모두는 너무나 잘 알고 있습니다. 그렇기 때문에 우리는 가끔 공동체적인 운동과 분위기 조성을 통해서 개인의 고정관념과 습관의 틀을 깨기 위해 함께 협력할 필요가 있습니다.

3313운동은 첫째 내 육체를 우해 하루 세끼 밥 먹듯이 내 영혼을 위해 하루 30분 말씀을 묵상하는 것입니다. 둘째 내 육체가 생명을 연장하기 위해 쉬지 않고 하루 종일 숨을 내쉬듯이 내 영혼에 하나님의 생기를 공급하기 위해 하루 30분 기도하는 것입니다. 셋째 내 육체가 편안하게 먹고 살기 위해 일을 하며 돈을 벌듯이 내 영혼이 안식할 영원한 천국을 위해 하루 1명에게 전도하는 것입니다. 넷째 건강을 잃으면 이 세상의 모든 것을 다 잃기 때문에 내 육체의 건강을 위해 하루 30분 운동을 실천하여 하나님께서 주신 육체를 잘 관리하는 것입니다.

전도의 원리와 방법

(눅 5:1-11)

1. 전도의 7가지 원리

1) 준비된 자에게 영혼을 붙이신다.

전도의 궁극적 주제는 성령님입니다. 전도자는 성령님의 인도하심에 따라 쓰임 받는 2차적인 존재입니다. 불신자가 하나님께 돌아올 때가 되면 하나님의 시간과 공간 속에서 그 영혼을 가장 잘 돌볼 수 있는 준비된 전도자에게 붙이십니다.

여자가 장성하여 결혼을 하고 아이를 낳아서 잘 키울 수 있는 육체적, 정신적, 경제적 환경과 여건이 갖추어진 준비된 엄마가 아이를 낳아서 키워야 그 아이를 훌륭한 사람으로 잘 키울 수 있습니다. 그러한 여건이 전혀 준비되지 않은 상황에서 미혼모가 아이를 낳으면 아이의 소중한 인생을 망칠 수도 있습니다.

전도는 영적 생명을 출산하고 양육하여 그 영혼을 장성한 분량으로 키우는 하나님의 일입니다. 하나님께서 어찌 천하보다 귀한 영혼을 준비되지 않은 사람에게 맡길 수 있겠습니까? 하나님께서는 영혼을 사랑하는 마음과 그 영혼을 살릴 수 있는 생명의 말씀이 준비된 성도와 준비된 교회에 영혼을 맡기십니다. 하나님께서 보시고 '그래, 너에게 영혼을 맡기니 안심이 된다.'고 인정하실 수 있는 일꾼이 됩시다.

"오직 하나님께 옳게 여기심을 입어 복음을 위탁받았으니, 우리가 이와 같이 말함은 사람을 기쁘게 하려 함이 아니요, 오직 우리 마음을 감찰하시는 하나님을 기쁘시게 하려 함이라"(살전 2:4)

"우리는 그리스도의 사도로서 마땅히 권위를 주장할 수 있으나 도리어 너희 가운데서 유순한 자가 되어 유모가 자기 자녀를 기름과 같이 하였으니, 우리가 이같이 너희를 사모하여 하나님의 복음으로만 아니라 우리의 목숨까지 너희에게 주기를 기뻐함은 너희가 우리의 사랑하는 자 됨이니라. 형제들아 수고와 애쓴 것을 너희가 기억하리니, 너희 아무에게도 폐를 끼치지 아니하려고 밤낮으로 일하면서 너희에게 하나님의 복음을 전하였노라"(살전 2:7-9)

2) 열린 곳으로 가라.

전도는 성령님과 전도자의 공동 사역이므로 전도자는 혼자서 독단적으로 일을 하지말고 반드시 말씀과 기도에 집중하여 예민한 영성으로 성령님의 섬세하신 인도하심에 따라 움직여야 합니다. 특히 성령님께서 길을 안내하시는 열린 곳으로 가야 합니다. 인생도 전도도 사업도 성령님께서 열어 주시는 곳으로 가야 합니다. 닫힌 곳으로 가면 힘들게 수고해도 결과가 안 좋습니다.(눅 5:5-6)

"성령이 아시아에서 말씀은 전하지 못하게 하시거늘, 그들이 부르기아와 갈라디아 땅으로 다녀가 무시아 앞에 이르러 비두니아로 가고자 애쓰되 예수의 영이 허락지 아니하시는지라"(행 16:6-7)

"주의 사자가 빌립에게 말하여 이르되, 일어나서 남쪽으로 향하여 예루살렘에서 가사로 내려가는 길까지 가라 하니 그 길은 광야라. 일어나 가서 보니 에디오피아 사람 곧 에디오피아 여왕 간다게의 모든 국고를 맡은 관리인 내시가 예배하러 예루살렘에 왔다가 돌아가는데, 수레를 타고 선지자 이사야의 글을 읽더라... 빌립이 입을 열어 이 글에서 시작하여 예수를 가르쳐 복음을 전하니"(행 8:26-35)

3) 삶과 전도를 분리하지 말고 삶 속에서 전도하라.

접촉점이 자연스러워야 전도가 자연스럽습니다. 전도 대상자를 멀리서 찾지 말고 생활 속에서 찾아야 합니다. 오늘 내가 만나는 모든 사람이 나의 전도 대상자입니다. 전도 따로 삶 따로 구분하지 말고 실속에서 전도해야 합니다. 일상생활의 현장에서 자연스럽게 만나는 사람들이 하나님께서 나에게 맡겨 주신 전도 대상자입니다.

생활전도는 가까운 이웃집, 슈퍼마켓, 세탁소, 약국, 미장원, 쌀집, 정육점, 문방구, 옷가게, 생선가게, 야채가게 등 일상에서 자연스럽게 만나는 사람들에게 관심을 갖고 복음을 전하는 것입니다.

우연한 만남은 없습니다. 시간과 공간 속에서 우리에게 만남을 주시는 분은 하나님이십니다.

"그들이 날마다 성전에 있든지 집에 있든지 예수는 그리스도라 가르치기와 전도하기를 쉬지 아니하니라"(행 5:42)

4) 좋은 씨앗을 옥토에 뿌려라.

복음은 전할 때 가장 중요한 것은 '좋은 씨앗을 옥토에 뿌려야 한다.'는 것입니다. 아무리 좋은 씨앗이라도 밭이 안 좋으면 결실을 맺을 수 없고, 또 아무리 좋은 밭이라도 종자가 안 좋으면 풍성한 열매를 맺을 수가 없습니다.

영적인 측면에서 씨앗은 복음이며 밭은 사람들의 심령 상태입니다. 밭은 골라서 뿌리면 되지만 종자가 안 좋으면 아무리 좋은 밭을 골라서 뿌려도 소용이 없습니다. 그러므로 무엇보다도 전도자는 품질 좋은 복음의 씨앗을 가지고 있어야 합니다.

"좋은 땅에 뿌려졌다는 것은 말씀을 듣고 깨닫는 자니 결실하여 어떤

것은 백 배, 어떤 것은 육십 배, 어떤 것은 삼십 배가 되느니라"(마13:23)

5) 관계 중심으로 전도하라.

교회성장연구소가 조사한 자료에 의하면 한국 교회 성도들의 약 85%가 친구, 친척, 이웃, 직장 등 관계전도를 통해 예수님을 믿게 되었다는 사실을 알 수 있습니다. 나머지는 자기 스스로 나온 경우가 3%, 목회자의 심방을 통한 경우가 5%, 축호전도나 노방전도가 약 3%, 부흥집회나 전도집회가 1%, 전도지나 주보를 통한 문서전도가 1%, 질병이나 고난 등으로 인도된 경우가 2% 등으로 조사되었습니다.

이러한 통계는 우리에게 관계전도의 중요성을 강하게 인식시켜 줍니다. 전도를 효과적으로 하기 위해서는 관계전도에 집중해야 합니다.

관계전도를 다른 말로 바꾸면 이웃사랑을 실천하는 것입니다. 우리를 먼저 구원하시고 그들을 우리에게 붙여 주신 것은 우리로 하여금 그들에게 복음을 전해서 그들의 영혼을 살리게 하시기 위한 하나님의 계획이기 때문입니다.

"요한의 말을 듣고 예수를 따르는 두 사람 중의 하나는 시몬 베드로의 형제 안드레라. 그가 먼저 자기의 형제 시몬을 찾아 말하되, 우리가 메시아를 만났다 하고, 데리고 예수께로 오니 예수께서 보시고 이르시되 네가 요한의 아들 시몬이니 장차 게바라 하리라 하시니라"(요 1:40-42)

6) 이론만 배우지 말고 현장으로 가서 부딪쳐라.

바다에는 물고기가 많습니다. 하지만 바다에 나가지 않으면 물고기를 한 마리도 잡을 수가 없습니다. 물고기를 잡으려면 바다로 나가야 합니다. 고기 잡는 방법이 좀 서툴지라도 일단 바다에 나가서 그물을 던져야 합니다.

운전을 배울 때 강의실에서 이론을 아무리 잘 배워도 도로에 나가서 직접 운전대를 잡고 실전 경험을 쌓지 않으면 평생 운전을 할 수 없는 것처럼, 강의실에서 전도 이론을 아무리 많이 배워도 현장에 나가서 직접 전도를 해보지 않으면 평생토록 한 영혼도 살릴 수가 없습니다.

"예수께서 모든 도시와 마을에 두루 다니사 그들의 회당에서 가르치시며 천국복음을 전파하시며 모든 병과 모든 악한 것을 고치시니라"(마 9:35).

"너는 말씀을 전파하라. 때를 얻든지 못 얻든지 항상 힘쓰라. 범사에 오래 참음과 가르침으로 경책하며 경계하며 권하라"(딤후 4:2).

7) 깊은 곳으로 가라.

어부생활로 잔뼈가 굵은 베드로였지만 밤새도록 물고기를 한 마리도 잡지 못하고 허탈감에 빠져 있었습니다. 그때 예수님께서 베드로에게 찾아오셨습니다. 그리고 말씀하셨습니다. "깊은 데로 가서 그물을 내려 고기를 잡으라"(눅 5:4).

베드로는 "우리들이 밤이 새도록 수고하였으되 잡은 것이 없지마는 말씀에 의지하여 내가 그물을 내리리이다"(눅 5:5)하고 예수님의 말씀에 순종하여 깊은 곳에 그물을 던졌습니다. 그랬더니 밤새도록 한 마리도 잡히지 않던 물고기가 그물이 찢어지도록 많이 잡혔습니다.

같은 바다에서 같은 사람이 같은 배를 타고 같은 그물을 던졌는데, 그 결과는 너무나 달랐습니다. 모든 것이 다 똑같았고 다른 것은 '어디에 그물을 던졌느냐?'의 차이 뿐이었습니다.

사람 낚는 어부에게 깊은 곳은 인생의 깊은 수렁에 빠져 허우적거리는 갈급한 영혼을 가리킵니다. 밤새도록 그물을 던졌지만 고기를 한 마리도 잡지 못하고 실의에 빠져 있던 베드로가 바로 갈급한 영혼이었습니다.

갈급한 영혼은 인생의 무게에 짓눌려 신음하며 생의 막다른 길목에서 고통하고 있는 자들입니다. 특히 현실에 대한 절망감과 상실감에 빠져 있는 자, 절박한 환경에 처해서 어쩔 줄을 몰라 하는 자, 사업에 실패해서 물질적인 고통을 겪고 있는 자, 부부문제나 자녀문제 또는 고부갈등으로 사람에게 시달리는 자, 몸이 아파서 육체적인 고통을 겪고 있는 자, 모든 것을 다 소유하고 정상에 앉아 있을지라도 인생에 대한 허무감과 우울증에 빠져 있는 갈급한 영혼들이 우리 주변에 많이 있습니다. 그들에게는 지금 예수님이 필요합니다.

2. 전도의 5가지 방법

1) 접촉점이 자연스러워야 전도가 자연스럽다. 삶과 전도를 분리하지 말고 생활 속에서 만나는 사람들을 복음으로 터치해 보고 그 중에 무르익은 영혼만 골라내서 전도대상자로 정한다.(눅 5:1-11)

*관계전도 : 과일가게, 빵집, 미장원, 부동산 등

*교회성장연구소가 조사한 자료에 의하면 한국 교회 성도들의 약 85%가 친구, 친척, 이웃, 직장 등 관계전도를 통해 예수님을 믿게 되었다는 사실을 알 수 있습니다. 나머지는 자기 스스로 나온 경우가 약 3%, 목회자의 심방을 통한 경우가 약 5%, 축호전도나 노방전도가 약 3%, 부흥집회나 전도 집회가 1%, 전도지나 주보를 통한 문서전도가 1%, 질병이나 고난 등으로 인도된 경우가 2% 등으로 조사되었습니다.

이러한 통계는 우리에게 관계전도의 중요성을 강하게 인식시켜 줍니다. 전도를 효과적으로 하기 위해서는 관계전도에 집중해야 합니다.

2) 전도수첩에 전도 대상자의 이름을 적고 매일 그 영혼을 위해 이름을 부르며 기도한다(막 1:35-38). 불신자는 이름이 지옥 호적에 올라가 있기 때문에 그 영혼을 천국 생명책으로 옮겨 달라고 구체적으로 이름을 부르며 기도한다.

3) 주 1회 정기적으로 관심과 사랑을 베푼다 (마 9:35-38).

사람들은 먹을 것이 없어서 굶주리는 것이 아니라 사랑에 굶주려 있다. 그러므로 진정으로 그 영혼을 사랑하는 마음과 그 영혼을 불쌍히 여기는 마음으로 다가가서 관심과 사랑을 베풀면 마음을 연다.

"예수께서 모든 도시와 마을에 두루 다니사, 그들의 회당에서 가르치시며 천국 복음을 전파하시며, 모든 병과 모든 약한 것들을 고치시니라. 무리를 보시고 불쌍히 여기시니, 이는 그들이 목자 없는 양과 같이 고생하며 기진 함이라."

4) 복음편지와 소책자로 복음의 내용(말씀)을 전한다 (롬 10:9-17).

아무리 기도를 하고 관심과 사랑을 베풀어도 복음의 내용인 말씀을 전하지 않으면 그 영혼에 변화가 오지 않고 그 영이 자라지 않는다. 믿음은 들음에서 나고 들음은 그리스도의 말씀으로 말미암기 때문에 반드시 복음의 내용을 구체적으로 전해야 영적인 변화가 온다.

(1) 복음편지로 전한다.

(2) 만나서 직접 전한다.

(3) 어느 정도 받아들이면 일주일에 한 번씩 시간과 장소를 정하고 체계적으로 양육한다.

"그런즉 그들이 믿지 아니하는 이를 어찌 부르리요, 듣지도 못한 이를 어찌 부르리요, 전파하는 자가 없이 어찌 들으리요, 보내심을 받지 아니하였으면 어찌 전파하리요, 기록된바 아름답도다 좋은 소식을 전하는 자들의 발이여 함과 같으니라... 믿음은 들음에서 나며 들음은 그리스도의 말씀으로 말미암았으니라"

5) 서두르지도 말고 포기하지도 말고 계속한다 (딤후4:2).

곡식이 익어야 추수할 수 있는 것처럼 그 영혼을 향한 하나님의 때가 있기 때문에 서두르면 안된다. 하지만 동시에 포기하면 안된다. 그 영혼이 무르익어 하나님께 돌아올 때까지 기도하고 관심과 사랑을 베풀며 지속적으로 말씀을 전하다가 때가 되어 무르익을 때 기쁨으로 거둔다.

"너는 말씀을 전파하라. 때를 얻든지 못 얻든지 항상 힘쓰라. 범사에 오래 참음과 가르침으로 경책하며 경계하며 권하라"(딤후4:2).

5. 목회자의 부부 생활전도

신연식 교수
중앙대학교 교수역임
한신대학교 교수역임
계명대학교 교수역임

1. 사랑에 대한 테스트 20가지

1. 모든 것을 그와 같이 하고 싶은가?

2. 누구보다도 그를 자랑하고 싶은가?

3. 어떤 경우에도 그를 의심하지 않는가?

4. 그와 떨어져 있을 때는 항상 보고 싶은가?

5. 그를 기쁘게 하고 싶은 마음 간절한가?

6. 간혹 싸움을 하더라도 그와 같이 있고 싶은가?

7. 그에게 당신의 자녀들에게 기대하는 장점이 있는가?

8. 어떤 경우에도 그의 진실성을 믿는가?

9. 다른 사람 보기에도 당신이 그를 진정으로 사랑하는가?

10. 그가 당신보다 훌륭하게 될지라도 시기하지 않는가?

11. 그가 훌륭하게 보이는 것은 그의 인격 때문인가?

12. 그의 친구나 가족까지도 사랑하는가?

13. 항상 서로 이야기할 것이 많은가?

14. 상대방에게 어떤 곤란이나 불행이 닥칠 때도 그와 더 가까워질 수 있는가?

15. 장래를 생각할 때 언제나 두 사람의 행복을 생각하는가?

16. 그가 늙은 때의 모습을 상상해 보고, 그래도 여전히 전과 같이 애정을 느끼겠는가?

17. 그와 싸우고도 헤어지기 전에 화해를 하고 싶은가?

18. 상대방이 당신의 어떤 잘못을 용서해 줄줄 믿고 모든 것을 솔직하게 고백하는가?

19. 그의 곁에 있을 때 참 자유와 안락함을 느끼는가?

20. 그가 없이는 못 산다고 생각하는가?

2. 부부 이십계명

1. 두 사람이 동시에 화를 내지 말라 – 던지는 사람이 있으면 받는 사람이 있어야 하는 것처럼 화를 내고 싶으면 교대로 하라.

2. 화가 날 때도 고함지르지 말라 – 여자가 소프라노로 나오면 남자는 베이스로 받고, 남자가 테러로 나오면 여자는 엘토로 받아라.

3. 눈이 있어도 허물을 보지말고 입이 있어도 실수를 말하지 말라 – 사랑으로 대할 때 허물은 매력 있고 실수는 애교로 보여진다.

4. 부부간을 타인과 비교하지 말라 – 아내를 어머니와 비교하든지 남편을 친정 아버지와 비교하는 것은 결코 어른스럽지 못한 일이다.

5. 피차 아픈 상처는 박박 긁지 말라 – 긁고 싶으면 가려운 곳을 긁어줄 일이요 아픈곳은 고이 싸매어 주는 것이 좋다.

6. 분한 마음으로 잠자리에 들지 말라 – 분을 품으면 곱절로 늘고 풀면 절반으로 줄어드는 법이니 해지기 전에 풀어라.

7. 처음 사랑을 잊지 말라 – 연애시절 혹은 결혼 초기의 사랑을 가끔 속삭이는 일은 로맨틱한 활력소가 된다.

8. 부부는 소유물이 아니고 반려자임을 명심하라 – 무엇보다도 남편의 신뢰와 아내의 애정을 재산목록 1호로 삼아라.

9. 적은 일에도 관심을 나타내라 – 하찮은 일에도 긍정적인 예의와 적극적인 자세를 잃지 말아라.

10. 결혼을 성사시켜 준 이들을 기억하라 – 중매자의 수고와 주례자의 교훈, 그리고 주변 여러분들의 우정 있는 권면을 고맙게 받아라.

11. 중대한 손실이 없는 한 상대방이 원하는 대로 하라. 참된 사랑은 상대방 중심이다.

12. 하루 한가지 이상 상대방을 기쁘게 해 주라. 상대방이 좋아하고 필요한 것을 알아서 그를 기쁘게 해주라.

13. 꼭 충고해야 할 경우에는 사랑스러운 태도로 하라. 자존감에 상처를 주지 않기 위해서이다. 존경과 이해하는 마음으로 조심스럽게 말하라.

14. 절대로 과거의 실수를 끄집어 내지 말라. 과거의 잘못을 들추어내는 것은 그를 용서하지 않았다는 것이다. 상대방에 대한 좋지 못한 선입견을 버리고 새사람처럼 감격스럽게 대하라.

15. 타인 앞에서 배우자의 흉을 보지 말라. 이것은 열등감을 갖게 해서 그의 인격을 손상시키는 것이다.

16. 하루 한가지 이상 칭찬하지 않고는 잠자리에 들어가지 말라. 칭찬은 자존감을 갖게 하는 가장 아름답고 훌륭한 하나님의 작품이 되기 위해서 서로가 최선의 도움을 주는 방법으로 서로 칭찬해서 그들 속에 잠재해 있는 최선을 발굴해 내야 한다.

17. 전 세계를 소홀히 할지언정 상대방을 소홀히 하지 말라.

18. 날마다 대화하는 시간을 가져라.

19. 같이 기도하는 시간을 날마다 가지자.

20. 날마다 사랑을 충분히 표현하자.

3. 남편의 십계명

1. 결혼 전과 신혼초에 보였던 관심과 사랑이 계속 변치 않도록 노력하라.

2. 결혼기념일과 아내의 생일을 잊지 말라.

3. 평소 아내의 옷차림과 외모에 관심을 보여라.

4. 아내가 만든 음식에 대해 말이나 행동으로 아내에 대한 감사를 표시하라.

5. 모든 일을 아내와 의논하고 결정하는 습관을 길러라. 결혼의 행복이란 부부가 얼마나 많은 대화를 나누는가에 달려 있다.

6. 아내의 마음에 상처를 주는 농담이나 행동을 삼가라.

7. 가정불화가 있을 때 남편은 한 걸음 아내에게 양보하라. 아내의 매력이 사랑스러움이라면 남편의 매력은 너그러움이다.

8. 가정 경제는 아내에게 일임하여 아내가 보람을 갖도록 하라.

9. 아내의 개성과 취미를 존중해 주고 키워 주도록 하라.

10. 하루에 두 번 이상 아내의 좋은 점을 발견하여 칭찬함으로써 아내에게 기쁨을 주도록 하라.

4. 아내의 십계명

1. 자기 자신과 가정을 아름답게 꾸밀 줄 아는 재치와 근면성을 길러라.

2. 음식 준비에 정성을 기울이고 남편의 식성에 유의하라. 식탁은 가정의 화목을 도모하고 대화를 나누는 친교의 광장이며, 하루의 피로를

풀고 내일을 꿈꾸는 희망의 산실이다.

3. 혼자만 말하지 말라. 남편에게 말할 기회를 주지 않아 부부가 충돌하는 경우가 의외로 많다.

4. 남들 앞에서 남편의 결점을 늘어놓거나 지나친 자랑을 하지 말라.

5. 남편에게 따져야 할 말이 있을 때는 그의 기분 상태를 참작하라.

6. 남편에게는 혼자만의 정신적 휴식시간을 갖고 싶어하는 심리가 있음을 잊지 말라.

7. 중요한 집안 일을 결정할 때는 남편의 뜻을 따르라.

8. 남편의 수익에 맞춰 절도있는 살림을 꾸려 나가도록 하라.

9. 모든 일에 참을성을 가져라.

10. 하루에 두 번이상 남편의 좋은 점을 발견하고 지적해 줌으로써 남편이 기쁨과 긍지를 갖게 하라.

5. 사랑을 표현하는 방법

1) 신체 접촉을 통해서

피부를 적당하게 자극시켜 주는 것은 신체건강과 성격발달이나 지능발달에 있어서 필요한 것이다. 신체 접촉을 원하는 욕구는 인간의 기본적인 욕구이다. 이 욕구가 채워지지 않으면 인간을 따뜻한 마음으로 감싸주고 동정하고 이해하기보다는 비판적으로 대하고 잔인하게 대하고 싶은 마음을 가지기 쉽다.

2) 언어를 통해서

칭찬, 격려, 위로, 감사, 그리고 직접 "나는 당신을 사랑합니다." 라는 말을 통해서 강력하게, 직접적으로 사랑을 포현해서 사랑이 전달되게 해야 한다. 언제나 긍정적인 말만하고, 부정적인 말, 욕, 저주, 나쁜 것을 예상하는 말을 하지 말아야 한다. 언어는 인간의 운명을 좌우한다. 창조하고 파괴하는 힘이 있다.

3) 눈길 접촉을 통해서

사랑이 가득찬 눈으로 상대방이 이 세상에서 하나밖에 없는 귀중한 존재처럼 기쁨과 감격스러운 눈으로 바라보는 것이다.

4) 미소를 통해서

사랑을 표현하는 가장 아름다운 도구다. 상대방을 극진히 사랑하는 자비로운 눈길, 미소는 상대방의 마음을 따뜻하게 밝게 사랑스러운 마음을 가지게 한다.

5) 집중적인 관심을 통해서

어떤 개인 한 사람에게만 온통 관심을 쏟아 주어서 그가 확실하게 사랑을 받고 있으며 그가 이 세상에서 없어서 안될 귀중한 존재임을 느끼게 하는 사랑의 표현 방법이다.

6) 집중적인 경험을 통해서

상대방이 어떤 말을 할 때 그가 말하고 있는 것을 내가 잘 알아들었다는 것을 상대방에게 확신시켜 줄 수 있도록 귀를 기울여 주는 것이다. 들어야 이해하고, 이해해야 사랑할 수 있다. 들어주는 것은 그만큼 상대방 중심임을 알아야 한다.

7. 남편과 아내의 요구(필요)

　대단히 행복하다고 생각하는 2천 부부에게 남편과 아내가 배우자에게 해주기를 바라는 요구, 필요를 다섯 가지씩만 쓰라고 했는데 제일 많이 나온 것들을 발표했다.

　1) 아내들의 필요

　　　⑴ 자상한 보살핌과 보호를 받고 싶어한다.

　　　⑵ 대화를 갈망한다.

　　　⑶ 남편을 신뢰하기를 원한다.

　　　⑷ 경제적인 필요를 채워 준다.

　　　⑸ 처갓집이나 가정 일에 이해해 주고 관심을 가져 주기를 원한다.

　2) 남편들의 필요

　　　⑴ 성적인 만족을 원한다.

　　　⑵ 취미 활동에 같이 참가해 주기를 원한다.

　　　⑶ 가정 살림을 좀더 잘해 달라.

　　　⑷ 존경받고 칭찬 받기를 원한다.

　　　⑸ 아름답고 깨끗한 외모를 원한다.

　3) 목회자 부부 생활전도

　목회자와 사모는 신자들과 불신자에게 정말 행복한 기독교 가정의 본보기를 보여줌으로써 성공적인 전도를 할 수 있다.

6. 현장전도 목회의 방법과 노하우

박상철목사(인천 온제자교회 담임)
H.P 018-420-0191

저희 교회는 모든 조직을 영혼구원에 초점을 맞추었습니다. 교회의 생명은 오직 전도, 영혼구원에 있다고 봅니다. 예수님은 이 땅에서의 사역을 기도와 말씀 외에는 오직 전도에 모든 시간을 보내셨습니다.

그러므로 우리도 교회 부흥을 원한다면 교회의 체질을 오직 전도체질로 조직화해야 한다고 생각합니다. 영혼이 메말라 애타게 갈구하는 자들, 길을 잃고 방황하는 자들을 향하여 우리는 마냥 기다리고만 있지 말고 그 유리하는 생명들을 위하여 지금 당장 달려나가 봅시다. 오직 영혼 구령에 모든 시간을 드리고 사력을 다하는 것을 우리 예수님이 원하시는 것이라는 것은 두말할 것도 없고 하늘의 축복을 허락해 주신다는 것입니다.

저는 구할 때마다 기적을 크게 맛보고 절로 감사와 영광을 돌리는데 그때마다 느끼는 점은 전도하면 필요한 것을 채워 주신다는 것입니다. 물질이 없어 고통받을 때 약 일천만원의 자원을 받았으며 또 올해는 전도용품을 약 8천개의 자원을 받았다는 것입니다. 그러므로 전도하는 교회는 반드시 영적, 인적, 물적인 축복을 더하여 주시고 부흥의 역사를 허락하여 주신다는 것입니다.

그러면 축복을 받기 위해서는 전도대가 조직되어야 한다는 것입니다. 저의 교회는 구역을 더 발전시켜서 전도대를 세웠습니다. 예를 들면 베드로, 바울, 모세, 빌립, 여호수아 등의 전도대를 세우고, 전도대는 한주간 동안 시간을 정하여 모임을 갖고 성경 읽기와 중보기도는 물론이고 전도에 대하여 중점적으로 대화를 나눕니다. 그리고 그 전도대의 리더는 반드시 교회 부흥을 위하여, 모임과 가족을 위하여, 이웃과 형제, 믿지 않는 전도대상자를 위하여 반드시 돌아올 것이라는 것을 믿고 기도하며 사랑의 실천을 감당케 한다는 것입니다.

그러면 반드시 주님께서 생명의 열매를 약속하신다는 것입니다. 그 수고의 대가는 우리 주님께서 열납하시고 허락하시며 놀라운 기적의 역사를 허락하시는 것을 느끼게 될 것입니다. 우리 모두 전도대를 통하여 기적의 역사를 체험해 봅시다.

1. 지속적인 전도

전도는 지속해서 해야만 열매를 맺을 수 있습니다. 내집 앞을 깨끗하게 치우는 것 즉, 작은 일부터 시작하는 것처럼 주위에서 복음의 불을 지펴 나간다면 지역이 살아나고 더 나아가 한국 교회가 살아나며 세계의 교회가 뜨겁게 살아나는 것입니다. 언제까지 전도를 해야 하냐고 질문하시는 분이 계시는데 저는 이렇게 대답합니다. 지속적이며 끝까지 하라고 대답합니다. 왜냐하면 우리가 이 땅에서 영혼을 위해 울며 씨앗을 뿌리는 날과 시간을 따져 보면 그리 많지 않습니다. 한 영혼을 주님께 인도하는 것은 내 혼자 힘으로는 무척이나 어렵습니다.

그러나 우리 주님이 동행하시면 매우 쉽고도 간단합니다. 지속적인 전도가 꾸준히 이어질 때 어느 날부터 아주 쉽게 열매가 맺어지는 것을 경험하실 것입니다. 영혼을 사랑하는 간절한 마음으로 전도하면 그분께서 그 수고와 희생의 땀을 보시고 영혼을 보내 주시는 것입니다.

저의 교회는 지역을 떠나서도 전도를 합니다. 매달 마지막 주에는 미자립교회나 개척교회, 개척은 하였지만 전도하는 방법을 몰라서 망설이는 교회에 전도 지원을 해 주는데 매우 하기 쉬운 전도법을 가르쳐 주고 돌아옵니다.

특히 앞으로 지역에서 전도할 수 있는 방법들을 선정해 줍니다. 이를테면 차전도법, 호떡전도법, 팝콘전도법, 팥빙수전도법, 전도지전도법 등을 알려 주어 망설이고 좌절하였던 교회들이 쉽게 전도에 적응하여 매우 열심히 하셔서 부흥된 교회들이 많이 생겼습니다.

이 얼마나 감사한 일입니까? 같은 장소에서 몇 년동안 지속적으로 복음을 전하다 보니 동네 통 반장이 되는 경우도 있고, 또한 이웃들과 친숙해져서 저절로 교회에 등록하는 경우가 많으며, 매일 전도하다 보니 교회가 소문이 나서 전도하는 교회를 모르는 분이 없을 정도라고 합니다.

우리 스스로 전도가 된다, 안된다고 망설이지 말고 끝까지 지속적으로 세상의 빛이 되시고 소망이 되시는 그분을 피가 되도록 알립시다. 그러면 그분께서 우리를 강하고 담대하게 큰 힘과 능력으로 붙들어 주시고 꼭 사용하시게 됩니다. 세상 사람들은 우리들이 살아가는 삶을 세심하리만큼 유심히 보고 있습니다. 무엇이든 가에 한가지라도 끝까지 감당한다면 지역에서 꼭 열매를 맺을 수 있을 것입니다. 망설이고 실망치 말고 지속적인 전도를 꼭 합시다.

2. 전도초소의 능력

저는 교회 가까운 곳에 오직 전도만을 위한 아름다운 전도초소를 설치하여 운영하고 있습니다. 그 초소에서는 어린이부터 어른, 노약자, 술꾼 등 수많은 영혼을 만날 수가 있는데 더 좋은 점은 주민들에게 친밀하게 다가갈 수 있고 따뜻한 차 한잔으로 쉬어 가면서 속마음을 털어놓고 가는 곳이 되었다는 것입니다.

주님이 베드로에게 사람을 낚는 어부가 되라고 말씀하셨던 것처럼 전도초소가 영혼 낚시터가 된 것이죠. 교회 안으로 들어오기에는 쉽지 않지만 이 초소만큼은 봄, 여름, 가을, 겨울 할 것 없이 일년 사시사철 지나는 이들에게 쉽게 말을 건넬 수 있고 복음을 전할 수 있기에 너무나 감사합니다. 그런 이유로 이 초소가 크나큰 역할을 감당하고 있는데, 여름에는 팥빙수와 냉커피와 녹차로, 봄가을에는 떡볶이, 겨울에는 호떡과 생강차를 무료로 제공하니 그냥 거절하지 못하고 받아 가면서 한 번은 가벼운 인사로, 두 번은 앉아서, 세 번은 가정형편 및 삶의 이야기를 나누는 터전이 되어 사랑방처럼 따뜻한 대화가 꽃피고 있습니다.

그렇게 자연스런 대화 속에서 현재의 마음 상태나, 믿음생활을 하다가 실족되었는지, 새로 이사를 왔는지, 직장으로 인하여 문제가 있다든지 등에 대하여 대화하다 보면 친숙하고 손쉽게 인간관계도 맺어지게 되더라는 것입니다.

이렇듯 1년 365일 전도초소를 잘 활용하여 봅시다. 덥다고 춥다고 비 온다고 밖으로 나가지 않으면 언제 영혼들을 만나겠습니까? 어떠한 환경에서도 주를 위하여 우리들이 해야 할 일, 영혼 구령 사업에 적극 나서 봅시다. 그것을 보시고 매주 주님께서는 새로운 성도들을 보내 주신다는 것입니다.

우리가 전하지 않으면 누가 전하겠습니까? 영혼 구원을 간절히 바라시는 우리 주님의 모습을 떠올리며 지금 당장 세상 밖으로 나갑시다. 그곳에는 구원을 기다리는 영혼이 수없이 많이 있습니다.

3. 전도의 습관화

전도는 습관적으로 하는 것이 매우 중요하다고 봅니다. 매일 우리는 잠에서 깨어나 습관적으로 세수를 하고 밥을 먹고, 직장인은 직장으로 학생들은 학교로 등교하듯이 전도를 습관화하여야 합니다.

제가 성도들에게 전도의 사명을 전도할 때에는 처음부터 무리한 것을 요구하지 않았습니다. 그냥 매일매일 전도지를 들고 나가서 5장만 돌려라. 사람들에게 전하든지, 대문에 꽂아 두든지 혹은 세상 사람들의 눈에 띄는 곳에 놓아두든지 하루도 빠지지 말고 습관적으로 하라고 합니다. 한 달이면 150장이요 1년이면 1,800장의 전도지를 전할 수 있으니, 이 또한 무시할 수 없는 것이 아니겠느냐고 권합니다.

작은 시작을 습관적으로 하다 보면 크나큰 결실을 하나님께서 반드시 허락해 주신다는 것입니다. 작은 것부터 실천으로 옮깁시다. 세상에 부딪치며 실천할 수 있도록 이끌어 준다면 그 중에서 꼭 전도자가 나오게 되어 있습니다.

또한 전도는 지속적이어야 하기 때문에 습관에서 나오는 훈련이 매우 중요합니다. 저의 교회는 전도에 대하여 많은 시간을 투자합니다. 예배때 마다 설교의 결론을 꼭 영혼을 살리자는 말씀으로 결론을 맺습니다. 저 또한 습관을 쫓아 실천하기 위해서 매일매일 시간을 내어 꼭 전도를 합니다. 그것 또한 성도들의 전도 열정을 불태우는데 큰 몫을 한다고 생각합니다.

전도의 습관만 잘 익혀 둔다면 그 습관 때문에 하루도 전도를 하지 않으면 견디지 못합니다. 전도는 특정인이 하는 것이 아닙니다. 예수님처럼 습관적으로 세상 밖으로 나가서 죽어 가는 많은 영혼을 주님 품에 안겨 드립시다. 그것이 바로 우리 주님을 기쁘게 하는 일이 아니겠습니까?

여러분! 전도를 습관화하여 지금 당장 세상 밖으로 뛰쳐나갑시다.

4. 전도의 불씨를 살려라

한국에 5만여개의 교회 중 80%를 차지하는 개척교회의 어려움과 고초는 '눈물 젖은 빵' 만으로는 설명이 안될 정도로 눈물겹습니다.

저는 사명감에 불타 목회자가 되고 교회를 개척했습니다. 교회 문만 열어 놓으면 사람들이 구름 떼처럼 몰려들 것 같았습니다. 하지만 가족만 앉혀 놓고 예배드리던 때가 비일비재했습니다. 경제적인 어려움은 말할 것도 없었습니다. '하나님, 왜 이렇게 힘든 겁니까?' 하며 눈물로 기도했습니다. 만약 기도가 없었다면 일찌감치 교회 문을 닫았을지도 모릅니다.

결론적으로 말하자면 개척교회가 살길은 전도밖에 없습니다. 전도하기 위해선 반드시 기도가 선행되어야 합니다. 기도 외에는 더 좋은 방법이 없습니다. 우리 교회는 개척한 이래 지금까지 매일 밤 성경봉독 20분, 찬송 30분 부르고 기도시간을 갖습니다. 목회자는 기도의 갈급함을 느끼고 찾아오는 성도들을 위해 한사람 한사람 호명하면서 기도하고, 모든 성도들이 통성기도 할 수 있도록 유도합니다. 그렇게 기도하다 보면 1시간 30분 가량은 금방 지나갑니다.

동역자도 없이 사모와 단 둘이서 개척하는 경우도 많습니다. 그렇다면 그 지역을 위하여 기도하고, 지역 교회를 위해 기도하며 그날그날 만난 사람들을 위하여 기도하면 됩니다. 기도하다 보면 반드시 주님이 성도를 보내 주십니다. 기도 없이는 절대로 개척교회가 부흥될 수가 없습니다. 기도가 원천이 되어야 합니다. 그런데 요즘 개척교회의 많은 목회자들이 기도 시간이 너무 부족하고, 너무 나갈 데가 많다는 것이 문제입니다. 기도는 적게 하고 여기저기 세미나 참석이나 공부하는데 시간을 너무 많이 보내고 있습니다. 염려스러운 것은 그런 지식만으로는 안된다는 것입니다. 현재 알고 있는 것 가지고도 열심히 연구하고 무릎 목회로 간다면 반드시 승리할 수 있다고 믿습니다.

기도하지 않는 목회자는 세상의 현상만 보고 설교할 수밖에 없지만 기도하는 목회자는 하늘의 영을 소유하여 목회 하기 때문에 하늘의 비밀을 선포할 수 있는 것입니다. 목회자는 하늘의 소망을 성도들에게 알려야 합니다.

5. 전도지의 중요성

교회 소개는 오직 전도지밖에 없다는 것을 항상 염두에 두어야 합니다. 대기업의 광고지나 TV광고를 보면 '아! 다시 보고 싶다' 는 생각이 들어 눈길을 사로잡습니다.

우리도 이제는 전도지를 만들 때마다 기존의 평범한 틀에서 벗어나 좀더 세심하고 아름답게 가슴에 와 닿는 전도지를 작성한다면 한층 더 돋보이지 않겠습니까? 그러면 전도지를 그냥 버리지 않고 다시 한 번 유심히 바라보게 됩니다. 그러므로 심사숙고하여 교회의 이미지를 충분히 살리도록 전도지를 제작해야 합니다.

저의 교회는 전도지를 최고로 고급스럽게 만들었으며 내용도 충실하게 제작하였습니다. 많은 사람들이 그 전도지를 받고 나서 '너무나 성의가 있게 만들어서 버릴 수가 없었다' 고 했습니다. 어떤 신학생은 그 전도지를 보고 저희 교회를 섬기기도 했습니다. 전도지는 그 교회의 얼굴과 같습니다. 그만큼 중요하다는 것을 꼭 명심하기 바랍니다.

그리고 개척교회는 기도하는 교회, 타오르는 불꽃같이 꺼지지 않고 뜨겁게 살아 역사하는 교회가 되어야 합니다. 365일 기도하는 교회, 갈급함을 채워 주는 교회, 그렇게 보여지기 위해서는 언제나 기도가 살아 있다는 인식을 심어 주어야 합니다. 그러면 주님이 그 지역에 기도 동역차를 꼭 붙여 주십니다. 저녁 9시 기도회, 새벽 5시 기도회로 승부를 건다는 슬로건을 걸어 봅시다. 기도의 동역자들이 하나 둘 모여들기 시작할 것입니다. 갈급한 심령들은 전도지를 접하게 되면 구름떼와 같이 모여들게 되어 있습니다.

그러므로 기도하는 목사, 사모, 성도들을 보여 주기 바라며 전도지를 최대한으로 활용함으로써 많은 동역자들과 더불어 불꽃같이 타오르는 부흥의 역사를 이루어 봅시다.

6. 지역을 위해 봉사하라.

저는 많은 교회를 방문해 보았습니다. 부흥이 되지 않는 교회들은 대부분 전도에 관심이 없었습니다. 모두 전도를 하면 부흥된다는 것을 알고 있으나 실천이 없었다는 것입니다.

전도는 그저 막연하게 어렵다고만 생각하기 때문입니다. 전도는 누구나 손쉽게 부담 없이 시작하면 되는 것입니다. 그래서 저는 많은 목회자들과 성도들에게 전도방법을 가르쳐 주면 쉽게 전도를 시작하는 것을 보았습니다.

첫째, 어려운 교회는 몸으로 뛰어라. 지역의 청소부터 시작하면 되는데 지역에 있는 휴지, 담배꽁초 및 비닐과 쓰레기 등을 하나하나 깨끗하게 청소하는 것입니다. 그것이 곧 전도의 초석이 됩니다. 그리고 넓은 지역을 청소하는 것보다 교회 주위를 날마다 청소하는 것만 보여 주어도 일단 큰 호응을 얻게 됩니다. 지나가는 사람들 역시 '좋은 일 하시네요?' 하며 격려를 해 줍니다.

둘째, 교회 앞이나 가까운 곳에서 겨울에는 뜨거운 차 한잔, 여름에는 시원한 차 한잔을 지역 사람들에게 대접해 보세요. 사람들과 대화의 시간을 많이 가질 수 있습니다.

이것이 바로 전도입니다. 전도는 어렵다고 생각하면 할수록 어렵게 느껴지지만 아주 쉽다고 생각하면 매우 쉽게 여겨집니다. 또한 기쁨이 넘쳐 납니다. 세상의 수많은 영혼을 주께 돌릴 수 있는 기회가 되니까요. 기도하고 전도하면 정말 놀라운 부흥이 보장된다는 것을 알고도 우리는 전도 그 자체에 겁부터 내기 때문에 어렵게 느껴질 뿐입니다.

결론적으로 말씀드리자면 살아서 움직이지 않는 교회는 결코 부흥을 맞이할 수 없습니다. 몸과 발로 뜁시다. 그것만이 부흥의 불꽃을 타오르게 하는 원천이요 사명이 아니겠습니까?

7. 관계전도법

과거에는 많은 전도자가 뚜렷한 목표 설정이나 방법의 뒷받침 없이 전도를 했으나, 이제는 전도의 방법을 모색해 가면서 전도를 하거나 노하우를 가지고 전도하는 것을 많이 볼 수 있습니다.

그 중에서도 관계전도법은 매우 중요한 부분입니다. 지역에서 사람들을 만날 수 있는 계기를 만들면 한 사람을 알게 되지만 그 한사람 한사람으로 인하여 여러 사람을 접할 수 있게 됩니다.

우리 주위에서 가장 가까운 예로 슈퍼마켓, 미용실, 이발소, 문구점, 식당, 철물점 및 지역 공원 등을 대상으로 정하고 전도를 시작하는 것입니다.

이런 곳에서부터 우리는 관계를 맺으면서 아주 쉽게 지역을 파악할 수 있고 그들과 자주 접하게 되는 것이 아닌가요?

일상생활을 관계로 맺자는 것인데 자연스럽게도 그 지역을 아군으로 만들면서 아픈 이가 없는가? 교회를 다니다가 실족한 이는 없는가? 상처받은 이는 없는가? 삶에 실패한 자들은 누구인가? 이러한 영혼들을 소개받을 수 있도록 환경을 조성하면 되는 것입니다.

이러한 것이 관계에서 비롯되는 것인데 이들은 그 분들이 소개해 주십니다. 그렇게 소개를 해주면 꼭 찾아가 만나 보아야 합니다. 저도 처음 개척 당시에 사모와 함께 관계전도를 시도하였더니 전도대상자를 쉽게 만날 수 있었습니다. 그 다음은 그분들 위하여 생명 걸고 기도하기 시작했습니다. 놀라운 것은 우리 주님께서 그 모습을 지켜보시고 한사람 한사람 그들의 심령을 노크해 주시고 인도하여 주셨습니다. 만나고 나면 반드시 기도를 해야 합니다.

전도를 어떻게 해야 할지 망설이는 분들이여! 절대로 망설이지 말고 논밭에 나가서 씨를 뿌리면 만이 나오든 적게 나오든 간에 목에 넘어갈 양식을 거둘 수 있듯이, 현장에 나가서 복음의 씨앗을 많이 뿌려 놓으면 관계가 형성되어서 목마른 자들이 인도하여 주기를 바라며 기다리고 있게 됩니다.

8. 전도 세일즈맨

저는 보험 세일즈맨들의 투철한 영업 정신을 보고 너무나 놀랐습니다. 왜냐하면 그들은 세상의 상품을 판매하는 세일즈맨인데도 불구하고 밤낮없이 목숨걸고 뛰어다니는 것이었습니다. 그렇다면 영혼구원을 위해 살아가는 주님의 자녀인 저희들은 과연 어떠한 삶을 살아갑니까?

많은 분들이 이렇게 말을 합니다. 그들은 먹고살려고 뛰어다닌다고. 그러나 성경에는 분명히 먹고마시는 것은 이방인이 찾는 것이라고 하였으며, 그 나라 그 의를 구하라 그리하면 그 외의 것을 더하여 주리라고 말하고 있습니다. 그러므로 우리는 천국의 세일즈맨이라는 자부심을 가지고 영혼을 사랑하는 마음으로 세상으로 뛰쳐나간다면 이 땅에서 보장받고 하늘에서도 보장받는 놀라운 사실을 알게 될 것이요, 또한 이미 천국 백성임을 느끼게 될 것입니다.

우리 모두 예수 세일즈맨이 됩시다. 많은 영혼을 지옥으로 가게 할 수는 없습니다. 우리가 앞장서서 사망에서 생명으로 인도합시다. 보험에 가입시키듯이 예수님께 가입만 시키면 그 다음은 주님이 역사 하실 것입니다. 교회에 일꾼이 없다고들 하는데 없으면 없는 대로 지금 이 글을 읽는 분부터 시작하면 되는 것입니다.

예수 세일즈맨의 자부심을 가지고 시작만 하면 성령님이 함께 하시고 천군 천사가 도와 주실 것입니다. 주님은 전도하는 자를 최고로 여기시며 기뻐하신다는 것을 우리 모두가 잘 알고 계실 것입니다.

그럼에도 불구하고 전도에 태만하시겠습니까? 지금 당장 전도지 한 장이라도 들고 세상에 나가서 우리 주님의 복음을 세일합시다. 그리고 크게 자랑만 합시다. 간단 명료하지만 그 속에 큰 능력이 있습니다. 처음에는 전도지를 주기만 하세요. 그 다음엔 말을 하게 될 것이고 자랑하게 될 것입니다. 그렇게 하다 보면 성령님이 강권적으로 인도하셔서 숙달되고 전도에 자신이 붙게 됩니다. 열매를 급하게 수확하려고 하지 마시고 씨만 뿌리세요. 언젠가는 그 씨앗 속에서 싹이 나오게 되어 있습니다.

처음부터 전도를 잘하는 사람은 없습니다. 불철주야 전도에 임하다 보면 성령님이 역사 하심을 깨닫게 될 것입니다. 우리 모두 복음의 세일즈맨이 됩시다.

9. 지역을 갈아엎어 주님의 성도로

오직 십자가 사랑으로 우리가 구속의 은총을 받았으니 그 은혜 어찌 다 갚으리요! 늘 기도하고 찬양합니다. 그러나 정작 그 은혜를 갚는 길은 무엇일까요? 지옥 가는 영혼을 주님께 인도하는 것 아닐까요? 제가 간절히 원하며 주님께 간구하는 것은 가가호호 교패가 붙여지는 그날까지 목숨을 다하여 전도하는 것입니다. 모든 믿는 자들의 마음도 마찬가지라고 믿습니다.

전도를 나가서 가가호호 방문을 하다 보면 개신교 교패도 많지만 요즘은 별별 다른 교패가 붙어 있는 것을 많이 보게 됩니다. 여러분들도 발견했으리라 믿는데 그때는 어떻게 하십니까? 그냥 지나쳐 버린다든지 아니면 전도지를 꽂지 않고 그냥 포기해 버리지는 않습니까?

안됩니다. 그냥 지나치지 마세요. 전도지를 넣으며 기도하고 보혈의 공로로 마귀를 완전히 박멸시켜야 합니다. 그곳에 개신교 교패가 붙여져야 합니다. 마음은 있는데 못하겠다고 하는 분들도 가끔 볼 수가 있습니다. 주저하지 마시고 주님의 심장, 그 심장을 내 가슴에 품고 강하고 담대히 나아갑니다. 전도하면서 가가호호 돌고 또 돕시다. 믿음의 여리고를 말입니다.

저는 무당집 앞에서 전도차를 주차해 놓고 전도를 합니다. 찬양을 틀어 놓고 "예수 믿고 천국 갑시다." 라고 외치며 팝콘을 손에 공손히 들려주면, 그 무당은 "네." 하고 받아 갑니다. 그러면 누가 그렇게 받아 가게 했다고 생각하십니까?

그것은 성령님이 그 무당을 만져 주셨기 때문에 가능한 일이었습니다. 그러면 과연 내가 전도할 날이 얼마나 남았다고 생각하십니까? 때는 지금이라는 확고한 신념으로 세상 밖으로 뛰쳐나가 가가호호 주님의 십자가를 붙이는 그날까지 사력을 다하여 전도합시다.

10. 전도에 생명 걸자.

개척교회는 특정 지역에 무엇인가를 위해 미쳐 있어야 합니다. 처음에 저의 교회는 전도지에 미쳐 있었습니다. 매일 오후1시부터 5시까지 하루도 빠짐없이 6개월을 작정하고 전도지를 들고 다녔습니다. 온 몸이 아파오기도 하고 힘이 들어 지쳐 있었지만 개척정신 하나로 이를 악물고 전도에 매진하였습니다. 오라는 데는 없어도 갈곳은 너무나 많았습니다.

전도는 성경의 말씀처럼 해도 되고 안 해도 되는 것이 아니기 때문에 꼭 해야만 하는 것이지만 역시 힘이 드는 것은 사실입니다. 첫째, 전도는 인내가 필수적이다. 둘째, 전도는 내가 하는 것이 아니라 주님께서 해주셔야 한다. 셋째, 전도는 기도 없이는 안된다. 넷째, 전도는 교회에 성도가 올 때까지 계속해야 한다.

제가 6개월을 작정하여 전도하였지만 아무도 오지 않았습니다. 그래도 꾸준히 전도하여 11개월째 되면서부터 성도가 오기 시작하여 매주 등록하게 되어 부흥되기 시작하였습니다. 부흥이 계속되는 가운데도 전도는 계속하였습니다. 그리고 1년에 무려 11번이나 전도지를 개발하였고 전도지 내용도 늘 새롭게 구성했습니다. 그리고 전도되어 오는 모든 성도들마다 전도와 한 영혼의 귀중함에 대하여 말씀하였으며 천국에서의 상급에 대하여 강조하였습니다. 그리하여 교회의 전도화가 되었으며 전도자의 생명을 깨닫는 성도들이 나오기 시작하였고 매일 하루도 빠짐없이 전도하는 성도가 늘어나기 시작하였습니다. 인생의 문제는 전도로 해결 받고 전도하는 자는 하나님의 축복을 받는다는 것을 알게 되었습니다.

전도는 하면 할수록 한 영혼의 귀중함을 깨닫게 됩니다. 그러면 전도는 누가 해야 되는가? 성도 없이 개척자밖에 없는 교회에서는 목사와 사모가 사력을 다하여 전도를 해야 합니다. 전도는 하지 않고 양이 오기를 기대한

다면 도둑 심보입니다. 전도를 하면 반드시 양떼를 보내 주십니다. 개척만
해 놓고 전도는 하지 않고 다른곳에 정신이 팔려 있으면 절대 안됩니다. 교
회의 재정은 전도와 축복으로 주님이 꼭 채워 주십니다. 교회가 어려우면
전도를 하십시오! 주님이 이 땅에 오신 것은 오로지 영혼 구원에 목적이 있
습니다. 모든 사람들이 예수를 믿어야 하지 않겠습니까?

전도에 생명을 겁시다. 미쳐 봅시다. 그리고 반드시 부흥이 된다는 확신
을 가집시다. 6개월을 작정하여 전도하면 반드시 양떼를 보내 주신다는 확
신을 가져야 합니다.

11. 전도는 즐거운 시간

저의 교회는 '전도가 즐거운 시간' 으로 정착이 되어 있습니다 .교회마다
목사가 전도에 전심전력을 다하게 되면 그 마음을 아시는 주님께서 반드시
열과 성의를 다하는 일꾼(전도자)들을 붙여 주심을 알게 되었습니다.

전도의 문화를 세우기까지는 그리 쉽지만은 않은 것이라고 봅니다. 전도
에 관심만 가지고 있지 말고 무조건 세상 밖을 향해 달려나가 보자는 것입
니다. 그 모습을 보는 순간 성도들은 '우리 목사님은 전도에 정말 미친 목
사' 라고 말을 하게 됩니다.

목사는 성도들에게 무조건 전도하라고 하지만 성도들은 전도를 어떻게
해야 하는지, 또 처음에는 무슨 말부터 꺼내야 하는지조차도 모릅니다. 그
런 성도들의 마음속에는 늘 전도해야지, 해야지 하면서도 머리에 메아리만
울릴 뿐 자신감을 갖지 못하고 행동으로 옮기지 못하는 경우를 볼 수 있습
니다. 그럴 때 성도들과 같이 밖으로 나가서 직접 부딪쳐 보면서 스스로 전
도가 즐겁다는 마음이 생길 때까지 동행하고 기쁨의 소망이 넘칠 때까지
전도하면 됩니다.

누가 와서 도와주는 것도 아닌데 안일하게 앉아서 가난한 개척교회입니다, 라고 표시 내지 말고 힘껏 죽을힘을 다하여 뛰어 봅시다. 인내를 가지고, 주님의 놀라운 사랑을 가슴에 한껏 품고, 이 세상 어디든지 나가 보면 정말 전도의 즐거움을 만끽하게 될 것입니다.

개척만 해 놓고 저절로 부흥이 될 것이라고 믿고만 있는 안타까운 목자들도 때론 많습니다. 전도하지 않으면 이상하게 여길 정도로 매진, 또 매진하면 꼭 예비된 영혼들은 물론 어디엔가 미쳐보고 싶은 갈급함을 가진 성도들을 만나게 될 것입니다. 가만히 앉아만 있지 말고 복음을 들고 세상으로 뛰쳐나가 보지 않겠습니까?

12. 먹이 전도

개척은 먹이전도가 필수적입니다. 새떼가 날아오는 이유를 보면 어디선가 그냥 오는 것이 아니라 먹이를 보고 날아옵니다.

저는 처음 교회를 개척하고서 교회 앞에서 호떡을 굽기 시작했습니다. 아이들이 오기 시작하고, 그 다음에는 중장년층이 호떡을 먹기 위해 모여들었습니다. 사람들과 접촉하는데 매우 용이해졌습니다. 그때마다 복음을 증거했는데 지역 사람들의 특성을 파악하는데는 가장 빠르고 최고의 방법이었습니다.

누구는 예수를 믿고, 누구는 실족 당하여 주님을 떠나 있고, 누구는 아직까지 예수님을 받아들이지 않고 있으며, 믿고는 싶은데 쉽게 걸음을 옮기지 못하는 자 등이 자연스럽게 파악되어 전도대상자가 정해지기 시작하였습니다. 평소 접근하기 어려운 분들도 아주 쉽게 호떡을 먹는 3~5분동안 대화를 하게 됨으로써 복음을 전할 수 있었습니다.

지역 사람들을 파악하게 되니 그 지역 사람들과의 관계가 아주 편해졌고 이제는 서로 인사를 나누며 감사의 마음들을 주고받은 경우가 많이 생겼습니다. 처음에는 매일같이 호떡을 굽는데 비용이 만만찮게 들어가겠구나 생각했는데, 먹이전도 중에서 가장 적은 비용으로 전도 효율성을 올릴 수가 있었습니다. 정말 매우 값진 전도 방법이었습니다.

이제는 개척해 놓고 망설이지 말고 작은 일이라도 실천에 옮겨 봅시다. 날씨가 추워지면 뜨거운 호떡이 생각나서 스스로 찾아오는 이들에게 복음을 함께 전해 봅시다. 주님께서 더 많은 일꾼을 붙여 주어서 더 많은 전도, 더 큰 은혜를 주실 줄 믿습니다.

13. 전도가 부흥이다.

전도는 해도 되고 안해도 되는 것이 아닙니다. 주님이 이 땅에 오신 목적은 '오직 영혼구원' 사역이었습니다. 그러므로 우리도 영혼구원을 목표로 매일 전진해야 합니다. 교회 부흥을 원한다면 최소한 6개월을 하루도 빠짐없이 3시간 이상을 전도해 보십시오. 반드시 일꾼을 붙여 주십니다. 대부분의 사역자들은 개척을 해 놓고 전도에 많은 관심은 있으나 전도에 욕심을 내지 않습니다. 어디든 누구든 가리지 말고 무조건 전도해야 합니다.

전도는 어려운 것이 아닙니다. 전도지를 들고 밖으로 나가십시오. 어렵다고 포기해 버리는 분들이 많이 있지만 그냥 이집저집 길거리에서 만나는 사람들에게 전도지를 나누어주십시오. 그러면 됩니다. 개척자가 한 영혼 한 영혼을 소중하게 사랑할 때 주님은 영혼을 보내 주십니다.

제가 전도할 때, 그 맛을 알기까지 나 자신과의 싸움을 수도 없이 많이 하였지만 결국 승리하게 되니 교회 부흥의 불꽃이 타오르기 시작하였습니다. 전도를 해 봐야 한 영혼의 소중함을 알게 됩니다. 또한 그 영혼을 위하여 기도할 때 자녀를 양육하는 부모의 심정을 깨닫게 됩니다.

전도를 재미있는 예수님의 놀이 문화로 생각해 보십시오. 예수님은 제자들이 갈릴리 바닷가에서 열심히 그물 기우고 고기 잡는 것을 보시며, 세상에서 자기 일에 열심히 살아가는 그들에게 복음증거를 하셨습니다. 그런 다음 그들을 제자로 받아들이셨습니다.

저는 누구든지 다 전도자로 변화시킬 수 있다고 봅니다. 주님이 오신 목적을 알게 된다면 모든 성도들의 심령속에 전도의 불길이 타오를 것입니다. 전도는 정말 재미있습니다. 저는 교회 재정 80%를 전도에 사용하고 있습니다. 개척의 꿈은 차고 넘쳐야 합니다. 전도는 한 영혼이 두 영혼, 두 영혼이 네 영혼으로 배가됩니다. 다른 방법을 찾아 여기저기 다닐 필요가 없습니다. 죽도록 한자리에서 전도합시다. 죽도록 전도하면 부흥이 되지 않을 수가 없습니다.

조금 하다가 중단하지 말고 부흥될 때까지, 부흥의 파도가 밀려올 때까지 수만 장의 전도지를 뿌려 영혼이 주님의 나라로 돌아오면 그것이 바로 우리에게 맡겨진 가장 큰 사명이 아닐까요?

7. 농어촌 특수전도와 교회 자립비결

문종복 목사
(속초 시민교회 담임, 도농선교회 회장)
H.011-9797-7004

본 문 : 사도행전 1장 6~8절, 5장 42절, 다니엘 12장 3절

서 론 : "교회의 양적 부흥은 전도에 있고, 영적 부흥은 말씀과 기도에 있고, 축복은 선한 청지기로 봉사하는데 있다."

저는 스님의 아들로서 목사가 되어 전도와 농촌교회 자립을 위해 일하고 있는 목회자입니다.

현대 교회의 공통된 과오 중의 하나는 전도의 목적을 교인 수의 증가에만 둔다는 데 있습니다. 그래서 그런지 교인 수의 증가를 위해서는 지켜져야 할 아름다운 목회 윤리와 질서를 무시해 가면서까지 혈안이 되어 기성 교회의 기성 교인들까지도 자기 교회로 나오라고 하는 목사도 있다고 합니다. 그렇게 해서 기도원을 세우고 묘지를 구입하고 수양관을 만들기 위해서라고 합니다. 그러나 이런 것이 전도의 목적이 될 수는 없습니다. 그렇다면 어떻게 하는 것이 성경적이며 바람직한 전도일 수 있겠습니까?

다음과 같은 순서로 전도에 대하여 살펴보도록 하십시다.

1. 복음의 뜻은 무엇인가?

2. 복음전도란 무엇인가?

3. 복음전도의 이유는 무엇인가? (우리는 왜 전도해야 하는가?)

4. 복음전도의 방법은 무엇인가?

5. 복음전도자가 받을 축복은 무엇인가?

이상과 같은 순서를 따라서 한가지씩 자세히 살펴보도록 하겠습니다.

1. 복음의 뜻은 무엇인가?

●롬 10:15 – "아름답도다, 좋은 소식(복음)을 전하는 자의 발이여…"

●마 4:23 – "예수께서… 천국복음을 전파하시며…"라고 기록되어 있듯이 복음이란?

1) 한자 : 복음(복복+소리음)으로서 반가운 소리 또는 복된 소리를 뜻한다.

2) 영어 : good news로서 좋은 소식이란 뜻입니다.

3) 헬라어 : "유앙겔리온"(ευαγγελιον)이란 말로서 기쁜 소식을 뜻합니다.

4) 그리스도를 통하여 하나님이 인간에게 주신 계시(revelation) : 말세복음

5) 4복음서 : 마태, 마가, 누가, 요한복음

이상과 같은 뜻을 종합하여 보면 복음이란 예수 그리스도이십니다. 즉주는 그리스도시요, 살아 계신 하나님의 아들이시며, 그의 죽으심이 나의 속죄의 공로가 되고 그의 부활하심이 나의 구원의 능력이 된다는 기쁜 소식, 좋은 소식, 반갑고도 복된 소식을 말합니다. 그리고 이것이 전도의 내용이기도 합니다.

2. 복음전도란 무엇인가?

 1) 전도와 선교의 구분

　① 전도 : 생명의 구원을 위해 그리스도를 개인을 상대로 하여 전하는 것입니다.

　② 선교 : 생명 구원을 위한 복음 전도와 지역 문화권까지의 변화를 포함하는 포괄적인 사역을 말합니다.

　③ 선교의 3대 요소 : 보내는 이(하나님), 보냄을 받은 자(선교사), 피선교지

 2) 복음전도의 성경 어원적 의미

　① 기쁜 소식을 전하는 것입니다.(막 1:15) : 기쁜 소식을 전한다는 말은 신약성경에서 자주 사용된 말인데 다른 말로는 "선전"이란 말로서 상인들이 시장에서 자기 상품을 선전하는 것을 뜻합니다. 선전에는 상품의 내용에 대한 이해와 열심이 필요합니다. 초대교회에는 "예수 그리스도"라는 확실한 선전내용과 그리고 불타는 마음이 있었습니다.

　② "예고한다"는 뜻이 있습니다.

　　●마 3:1-2 : "전파하여 가로되 회개하라 천국이 가까이 왔느니라"

　　●마 4:23 : 전파한다. 헬라어 "케룻소" … 왕명의 전령자라는 뜻이 있습니다.

　③ "가르친다"는 뜻이 있습니다.

　　●마 4:23, 9:35, 13:54, 5:1-2

　　●헬라어 "디다스케인" : 예수님의 복음전파를 표현하는데 가장 많이 사용함.

　　●예수님은 접근해서 - 가르치셨고 - 본을 보이셨습니다.

④ "증인" 이란 뜻이 있습니다.

●행 1:8 : "…땅끝까지 이르러 내 증인이 되라"

●헬라어 "말투래스"는 증명, 증인, 증거라는 뜻인데 여기에서 파생된 "말투래스"는 "순교자"라는 뜻이 있습니다.(행 22:20, 계 17:16)

●하나님의 교회는 이런 순교자적인 증언에 의하여 확장되어집니다. 그러므로 복음 전도자가 되라는 말은 순교를 각오하면서까지 복음을 전하라는 말이 됩니다.

●폴리갑 : "가이사를 주라고 했다가 후일 어떻게 다시 그리스도를 주라고 할 수 있겠는가?" 라는 말과 함께 순교의 길을 갔습니다.

⑤ "제자" 라는 뜻이 있습니다.

●마 28:19-"제자를 삼아" 라는 말은 동사형으로서 개인적으로는 개심하여 믿음을 가지게 할뿐더러 교회적으로는 조직하여 교육하라는, 즉 학생이 되게 하여 가르치고 그리스도의 제자로 훈련시키라는 의미가 있습니다.

이와 같이 복음전도란 정열에 넘치는 마음과 주를 향한 순교자적인 정신으로 모든 사람을 개심시켜 예수 그리스도의 제자를 삼는다는 목적을 가지고 가르치고 전파하는 것을 말합니다.

3. 복음전도의 이유는 무엇인가? (우리는 왜 전도해야 하는가?)

1) 주님의 명령이기 때문입니다.

●막 16:15, 마 28:19, 행 1:8 등은 복음을 전하라는 주님의 명령 입니다. 명령이란 강제성이 있는데 복음전도는 주님의 지상 명령으로서 우리에게는 대장 예수님의 명령에 대한 복종만이 있을 뿐입 니다. 선택의 여유가 없습니다.

2) 한 영혼이 천하보다 귀하기 때문입니다.
●마 16:26

3) 모든 사람에게 최후의 심판이 있기 때문입니다.
●롬 6:23 : "죄의 삯은 사망이라"고 하는데 이 죄의 문제를 해결받고 구원받을 수 있는 것은 복음을 듣고 믿음을 가지는 길밖에는 없습니다. 천국과 지옥으로 구분되는 최후의 심판이 분명히 있기에 전도하라고 하십니다.

4) 예수님의 유언을 지키기 위함입니다.
●마 28:20 … 이 말씀은 주님의 자녀와도 같은 모든 성도에게 주신 유언과도 같은 말씀입니다.

5) 죄인을 구원하는 일이기 때문입니다.
●마 1:21 : "예수"라는 이름의 뜻 : 죄에서의 구원자
●요 12:47 : 예수께서 오신 목적 : 세상을 구원하기 위해서 오셨다고 합니다.
●아브라함을 부르신 목적

6) 빚을 갚기 위해서입니다.
●롬 1:14 : "헬라인이나 야만인이나… 다 내가 빚진 자라" "빚진자"라는 말은 빚을 갚으려는 의무감에서 살고 있는 자라는 뜻입니다.

7) 전도하지 않으면 화가 미치기 때문입니다.

그리스도인에게는 누구에게나 전도의 책임이 있습니다. 맡은 책
임을 다하지 않으면 화를 받을 것이 너무도 분명합니다.
(고전 9:16)

●왕하 7:9-"오늘은 아름다운 소식이 있는 날이어늘 우리가 잠잠
하고 있도다. 만일 밝은 아침까지 기다리면 벌이 우리에게 미칠찌
니 이제 떠나 왕궁에 가서 전하자"

8)교회가 요구하는 필요성 때문에 전도해야 합니다.

① 전도는 교회의 사명이며

② 전도는 교회 부흥의 동인이며

③ 전도는 신자의 육성에 필요하기 때문입니다.

"전도하는 성도는 하나님께 칭찬 얻고, 상을 얻고, 감사를 얻고,
복을 받습니다."

4. 복음전도의 방법은 무엇인가?

1) 말로서 전도했습니다.(구설전도)

여기에는 개인전도, 축호전도, 공중전도가 있습니다. 예수님께서는 두
가지 전도, 즉 공중전도와 개인전도를 병행하셨습니다. 사도행전에 나오
는 전도의 방법도 공중전도와 개인전도의 병행이었습니다. 현대의 과학
과 기술의 발달, 인쇄술의 발달은 말의 전도를 더욱 효과있게 해 줍니
다.(확성기, 라디오, 텔레비전, 비디오)

●문서와 방송전도 : 비행기와 함포사격이요, 개인전도는 육군
보병과도 같습니다. 가장 효과있는 전도는 개인전도를 통해 한사
람씩 인도하는 것입니다.

2) 착한 행실로 그리스도를 증거 했습니다.

　　말과 행위의 일치가 복음전도를 더욱 효과있게 합니다.

　　●마 5:13-16 : "소금과 빛"

　　●벧전 3:1 : 아내의 순종으로 남편을 구원함.

　　●바울은 스데반의 순교의 모습에 감화를 받았을 것이다. "초대교회의 진실, 성결하고 실천적인 사랑의 생활은 무언의 전도가 되었습니다."

　　●행 9:36-43…욥바의 다비다

3) 교회생활로 전도했습니다.

　　●행 2:36-42 :이들은 사도의 가르침에 순종하였고, 성도의 교제를 가졌고, 항상 모이기에 힘썼고, 유무상통하고, 상부상조하고, 떡을 떼고 기도에 힘썼습니다. 이러한 생활은 당시 주위의 사람들에게 칭송이 되었고 하나님의 은혜로 구원받은 사람이 구름같이 교회로 모여들었습니다. 예루살렘 교회의 이와 같은 동인은 오순절의 성령 충만에 있었습니다.

4) 기도로 전도할 수 있습니다.

　　●골 4:2-3 "우리를 위하여 기도하되 하나님이 전도할 문을 열어주사 그리스도의 비밀을 말하게 하시기를 구하라"

　　●3겹줄 전도(기도 전도대) : 한 사람이 두 사람을 위해서 기도하고, 또 그 두 사람이 각각 두 사람을 위해서 기도하면 된다.

5) 물질로 전도할 수 있습니다.

●눅 8:1-3 : "다른 여러 여자들이 자기 소유로 저희를 섬기더라
(돕더라)"

5. 복음전도자의 받을 축복은 무엇인가?

1) 영원히 빛나는 축복을 받습니다.
●단 12:3

2) 자기의 믿음이 확고해지는 축복을 받습니다.
●롬 10:10 : 구원의 확신에 찬 신앙인이 된다.

3) 허다한 죄가 가리움을 받습니다.
●약 5:20 :"너희가 알 것은 죄인을 미혹한 길에서 돌아서게 하는
자가 그 영혼을 사망에서 구원하여 허다한 죄를 덮을 것이니라"
이 말씀은 진리에서 떠났던 자가 돌아서기만 하면 그 영혼이 사망
에서 구원되고 그의 많은 죄가 사유되었다는 의미입니다.

4) 현세와 내세에 많은 상급을 받습니다.
●눅 18:29

5) 현세와 내세에 영원한 기쁨이 됩니다.
●살전 2:19-20 : "우리의 소망이나, 기쁨이나, 자랑의 면류관이
무엇이냐? 그의 강림하실 때 우리 주 예수 앞에 너희가 아니냐"
●보상의 관념 : 성도들은 오직 믿음으로 구원을 받으나(엡 2:8-
하나님의 은혜요 선물인 구원) 성도의 전도 행위에는 그리스도의
재림 시 상급으로 보상된다는 개념(마5:12, 고후5:10)

6) 생활 보장의 복을 받게 됩니다.

●마 10:9-10- "…이는 일꾼이 저 먹을 것을 받는 것이 마땅함이
니라"

지금까지 위에서 살펴본 것처럼 주님의 지상명령인 복음전도를 순교자
적인 각오로 잘 감당하여서 다른 사람의 영혼을 구원하고, 명령자이신
그리스도를 기쁘시게 하는 가운데 축복된 승리의 삶이 있기를 바랍니다.

6. 농어촌교회 문제와 자립비전

 1) 농어촌교회 문제점

●전도를 안하고 교회 부흥을 바라고 있기 때문이다.

●교역자가 이동이 심한 것이 문제이다(자녀교육문제).

●일꾼이 부족한 것이 문제이다(교사, 반주자).

●교인들이 도시로 이사를 가는 것이 문제이다(정부 이농정책으로).

 2) 농어촌교회 대책과 비전

●도시 교회와 여러 선교 단체에서 농어촌을 지키고 사랑하는 목
회자를 해외 선교사 이상으로 대우를 하면 된다.

●각 신학교마다 농어촌 선교학과를 두고 전액 장학금으로 길러
서 농어촌 선교사로 파송하여서 사역하게 하면 된다.

●도시 교회와 자매를 맺고 도시 교회에서는 농어촌 교회를 자기
교회처럼 관심을 가지고 농어촌 교회를 적극 지원하면 된다(교
사, 반주자, 농장, 진료, 이미용, 전도집회).

●농어촌교회 자립을 위하여서 부지런하게 노력하므로 (양봉, 토
봉, 양돈, 계량머루 재배와 가공, 계량 두릅재배, 산야채, 가공 각
종 농산물 가공으로 농가소득과 도시교회와 직거래 운동을 통하

여 자립하자).

(고소득 농작물인 참나무톱밥을 이용한 표고버섯 특수 재배법을

전수받으실 분은 연락주세요!).

8. 맺는 글

한국교회 부흥의 불길이 타오르고 천국의 빈자리는 채워지고 전도의 태풍이 불어오도록 "이렇게 전도하면 교회가 부흥된다"는 책을 내놓게 되었다.

모든 영광을 하나님께 돌립니다. 교회 부흥은 주님의 소원이요, 목회자님들의 소원이요, 성도들의 소원이다. 교회 부흥의 해답은 열매 맺는 추수꾼 전도다. 전도는 주님의 명령을 순종하는 일이요 영혼을 살리는 일이요 자신이 복 받고 상급 받을 일이요 세상에서 고귀하고 값진 일이다. 저는 세상에서 불쌍한 세 종류의 사람이 있다고 생각 한다. 복음을 전해 주어도 깨닫지 못하고 지옥 가는 사람이 너무 불쌍하다. 그리고 교회는 다니는데 구원의 확신이 없고 미지근한 성도들이 한국교회에 54.5%나 많다는게 안타깝고 불쌍하다.

전도하면 주님의 은혜에 보답하고 주님을 사랑하는 가장 큰 표현이요 세상에서 100배 복 받을 일이요 상급 받을 일인데도 오늘의 이익만 생각하고 전도하지 않는 성도들을 보면 정말, 정말 불쌍하다.

이 책이 불신자는 영혼이 살아나고 구원의 확신이 없는 교인들은 구원의 확신을 갖고 전도하지 못하는 성도들이 전도하는데 크게 쓰임 받는 도구가 되길 바란다. 이 책속에 전도방법은 제가 직접 전도하여 많은 열매 맺는 내용을 담았으므로 이대로만 전도하면 분명히 교회는 부흥된다. 전도의 부담을 느껴 전도하지 못하는 성도나 전도 방법을 몰라서 못하는 성도나 전도의 길을 찾지 못하고 목회자도 새로 나온 초신자도 모두 전도자가 되고 구원의 감격 속에 살아 갈수 있도록 안내하는 책이 될 것을 확신한다. 전도하시다 힘을 잃고 계시는 개척교회 목사님과 사모님께서는 새로운 소망과 용기를 주는 책이 되길 빈다. 하나님께서 우리에게 주신 것을 생각해보니 모든 것이 영혼을 살리라고 주신 것이 분명하다. 물질의 복을 주심은 전도 선물을 사서 전도하라고 주셨다. 선물은 복음이 건너가는 중요한 다리가 된다. 주머니를 털어, 오늘 전도비로 10,000원 썼다면 100배로 채워주시면 1.000.000원이 된다. 시간을 주신 것은 짬짬이 틈내어 전도하라고 주셨다.

우리의 신체를 생각해 봐도 귀를 주심은 전도대상자의 얘기를 많이 들어주어야 전도 된다고 주셨다. 귀는 영적인 귀를 열고 하나님의 대명을 듣고 지옥 간 영혼들의 호소하는 소리를 들으라고 주셨다. 눈은 전도 대상자를 바라보면서 웃는 얼굴로 사랑의 인사를 할 수 있도록 주셨다. 영안을 열고 지옥 간 영혼의 고통 받고 절규하는 모습을 보고 전도하라고 주셨다. 입을 주심은 사랑의 대화를 나누고 위로해 주고, 칭찬하고 격려하고 존경하며 덕스러운 말을 많이 하여 전도의 문을 열라고 주셨다. 마음 문이 열리고 나면 핵심적인 복음을 확실하고 쉽게 증거 하여 영혼 살리는 도구로 쓰라고 주셨다. 입은 하나님께 찬양과 기도와 말씀 선포를 위해 주신 위대하고도 값진 선물이다.

코는 좋은 향기를 맡아보고 기분 좋아 하듯 우리의 삶이 그리스도의 향기를 날리는 삶을 살아서 전도 대상자가 꽃향기 따라 나비가 찾아오듯 나를 따라 교회에 오도록 하라고 주셨다.

우리의 착항 행실을 삶으로 하나님께 영광 돌리고 전도문이 활짝 열리고 복음이 들어 갈수 있도록 살자.

손을 주심은 제자들의 발을 씻기신 예수님의 손처럼 세상 때가 묻어 고생하는 이웃들을 씻어 주어 전도하라고 주셨다. 이 손은 사랑의 손, 희생의 손, 봉사의 손 ,전도대상자의 손목을 잡고 교회 오는 손, 능력의 손이 되어 병든자를 치료하는 손으로 주셨다. 발은 예수님께서 바다로 회당으로 마을로 우물가 여인에게로 직접 찾아 가셔서 전도하셨다. 그러므로 전도는 찾아가야 한다는 것을 깨우쳐 주실려고 주셨다. 주님께서 복음 전하는 자의 발은 아름다운 발이라고 말씀하셨다. 우리에게 주신 물질, 시간, 환경, (직장, 사업체, 이웃, 가족) 신체 한 가지 한 가지 생각해 볼 때 우리 성도를 얼마나 사랑하셨으면 이렇게도 전도하여 복 받고 상급 받아 잘 살도록 주셨을까! 너무 감사하다. 우리가 잘살고 잘 죽을 준비(천국에서 잘살 준비) 하는 정말 지혜로운 성도가 되는데 꼭 쓰임 받는 책이 되길 바란다. 한 번 읽고 끝내지 말고 일 곱 번 읽으면 전문 전도자가 될 수 있다. 지금부터 이 생명 다하는 날까지...

복음을 위해 전도를 위해 살겠노라 주님께 다짐의 기도를 드리고 영혼을 살리러 가자. 할렐루야!

아~멘!